本研究得到浙江理工大学科研启动基金资助（项目编号：23252185-Y），
同时系浙江理工大学横向课题（项目编号：23250115-J）的研究成果。

政府法律实务讲义

LECTURES ON GOVERNMENT LEGAL PRACTICE

陈建华 讲授

赵青航 狄佩宇 张驰翔 徐晓阳
罗 浩 褚 亮 赵昕阳 郑泽煜 编

法律出版社
LAW PRESS · CHINA
北京

图书在版编目（CIP）数据

政府法律实务讲义 / 赵青航等编. -- 北京 : 法律出版社, 2025. -- ISBN 978-7-5244-0264-0

Ⅰ. D926.5

中国国家版本馆 CIP 数据核字第 2025A1V675 号

政府法律实务讲义
ZHENGFU FALÜ SHIWU JIANGYI

赵青航 等 编
陈建华 讲授

责任编辑 李 群 陈 熙
装帧设计 鲍龙卉

出版发行 法律出版社
编辑统筹 法规出版分社
责任校对 张红蕊
责任印制 耿润瑜
经　　销 新华书店

开本 710 毫米×1000 毫米 1/16
印张 18　**字数** 268 千
版本 2025 年 6 月第 1 版
印次 2025 年 6 月第 1 次印刷
印刷 北京盛通印刷股份有限公司

地址:北京市丰台区莲花池西里 7 号(100073)
网址:www.lawpress.com.cn
投稿邮箱:info@lawpress.com.cn
举报盗版邮箱:jbwq@lawpress.com.cn
销售电话:010-83938349
客服电话:010-83938350
咨询电话:010-63939796

书号:ISBN 978-7-5244-0264-0
定价:68.00 元
凡购买本社图书,如有印装错误,我社负责退换。电话:010-83938349

讲授者简介

陈建华

浙江理工大学法学与人文学院兼职教授，杭州市西湖区司法局调研员。历任杭州市西湖区人民法院经济审判庭庭长、行政审判庭庭长、审判委员会委员、院长助理，杭州市西湖区人民政府法制办公室主任，杭州市西湖区司法局党委书记、局长。亲历周某东诉浙江大学不授予学位证案、钱某荣诉杭州市国土资源局拆迁案等案件，曾深度参与制定《杭州西溪国家湿地公园保护管理条例》。长期从事司法审判工作、司法行政管理工作和政府法律实务的教学研究工作。

编者简介

赵青航

法学博士，浙江理工大学特聘副教授、硕士生导师，浙江理工大学法学与人文学院工会主席，浙江金道律师事务所品牌与文化建设委员会主任。在核心期刊发表《数字时代下协同主义诉讼模式的建构》《律师持令取证的实践现状与制度构建》等数十篇学术论文，并被《中国社会科学文摘》《法治日报》摘编，出版独著5部，出版合著1部，主持省部级课题多项，撰写的多份研究报告获得浙江省和杭州市领导的肯定性批示，并被相关部门采纳。

机　缘

（代序）

我曾经讲过，一个人的过往，包括其所经历的事、所遇到的人、所阅读过的书、所做过的思考，都是他所积攒的财富。而作为财富，它应当以什么样的形式出现？依托什么样的载体而存在？如果这种财富是以一个人内在感受体悟的“经验”存放于他的大脑之中，那么，很多人无法知道这种经验的存在，更无法因之受益。如何让他人从我的经验中得到启发并从中有所感悟，体现这种财富的价值，唯有让它外化，使它以让人能感受到的形式展现在人们的面前，并由人们去选择、体验。

如何外化？开讲座、做分享，当然是一种有效的方法。但存在许多不足，如受时间、受众、场地或者空间等的限制。是否还有更好的方式？我一直困惑于这个问题，纠结于自己的能力和水平，能否找到其他更好的路径和空间，让这份敝帚自珍的财富能够发挥一点点的价值，让这份并不珍贵的经验发挥出一点点的作用。

当年与被称为“谷神”的浙大法学院资深教授闲聊起一桩桩往事，他提议把它们写下来，并说道：“这就是历史。”我当然知道，这就是历史，但小人物的小历史，终究会被大时代的大潮流所淹没，加上自己的懒惰，所以一直不敢有所行动。但是，他的动议，确实触激了我内心的活跃。

这或许就是一种机缘吧。

著书，的确是我分享经验、展示“财富”的好方法、好路径。问题是我有这样的能力吗？我有这样的水平吗？去年读过何帆翻译的《汉德传》，汉德法官就是一个自我怀疑者，他怀疑自己、怀疑自己的判词。如他这样一位“在判词中永生的”法官都如此怀疑自己，更何况渺小如我——充其量只是一个在法律实务操作层面耕耘三十多年的“工匠”而已，怎能没有深深的惶恐？怎能不深深地怀疑自己？尽管在法律事务的实际操作层面，需要接触和探寻某些理论层面的东西用来引领现实问题的解决，但总归是浅显的，而所掌握的理论也总是碎片化、非系统化的，把这些东西展示出来恐怕会贻笑大方。故此，著书一事，于我而言是一件奢侈如登天的大事、难事。此为原因之一。说白了，就是自己水平能力欠缺、有限。其二，对我来说，著书本就带些神圣的意味。试想，连被尊为“万世师表”的孔子也没有著书，他主张的是“述而不作”，最多也就是在他的晚年，编作了《春秋》，修订了《诗》《书》《礼》《乐》《易》，正是这些编修和他的述而不作，创立了影响这个世界数千年的儒家学说。所以，我对能够著书者，哪怕就是编修，都怀有一种敬仰的心情，套用司马迁的话，那就是“高山仰止，景行行止，虽不能至，心向往之”。

由于心向往之的情愫，恰巧我曾经的学生赵青航副教授劝慰我，把三十多年法治建设的亲历者、参与者的经历、感悟记录下来，也是自我突破的一种努力。他特别提议，可以先易后难，首先把在浙江大学城市学院讲授的政府法律实务课程，修编成讲义，予以出版。彼时，经此冲击，我似乎脑洞大开，灵光乍现。对啊，有过往的学生帮助，仿《论语》结集成书，不也是一条路径吗？

这正是一种机缘。

至于为什么会在2005年开始为浙江大学城市学院开设政府法律实务这门课程，回忆起来，很有意思。

我是1987年从杭州法律学校（现为杭州师范大学沈钧儒法学院）进入法院工作，从乡间法庭的书记员起步，经历岁月的磨砺，成为助理审判员、审判员、副庭长、庭长、审判委员会委员、院长助理，历经法庭、执行庭、经济审判庭、行政审判庭，多岗位多专业的训练，其间办理了一些自己认为有一定影响力的案件，如在试行的《民事诉讼法》实施期间的执行程序中追加被执行人案、职业体验式的打假案、大学不授予学位案。司法审判这个平台，拓展了我的视野、打开了我的思维、提升了我的认知。其间，与一些专家学者诸如胡建淼、孙笑侠、朱新力、章剑生等教授建立了良好的关系。就我个人而言，我们这一代人就是在那个时代的大潮中成长起来的。2004年，由于政府法治建设的需要，我离开了挚爱的司法审判岗位，转入政府法制系统担任法制办副主任，此后又得到组织和同志们的信任和认可，成为法制办的主任。在此期间，2005年的下半年，经朱新力和孙笑侠两位教授的力荐，去浙江大学城市学院的法学院开设被称为“政府法务”的方向课，彼时，我是如此的诚惶诚恐，而朱新力教授的“你行的”一句话，给了我无穷的信心与力量。此后，每一年一个学期的传授与分享，就这样坚持了下来，直到2024年的一月份。

这难道不是一种机缘吗?

这就是一种机缘，一种让我从法律职业的实践者转向传授者、一种实践与教学相结合而成就自己的最好的机缘。

我们这一代人，出生于物资匮乏、精神贫瘠的年代，得益于国家的改革开放，我们从“读书改变命运”的口号中汲取了极大的精神动力，顺应时代的发展，改变了我们自己，也为社会的进步、国家的法治建设，贡献了绵薄之力。如果能够将我们从实践中获得的经验、感悟，去大学里进行分享，将我们始终保存的珍惜机会、向善向上的精神内力，传递给年轻人，不因代际之间的分歧、差异的存在，携手共进、互相成就、共创美好，不就是一件极有意义的事吗？至少，从我年近六十的过往经历来看，从教的二十年的历程，是我生命历程中最重要的岁月——我们目睹了国家的飞速发展，亲历了法治建设的快速进步，人民对美好生活的向往正在实现。而以往的学生，正在逐步成长，在各领域创造他们的未来。

感谢我曾经工作过的单位、同事以及领导，是你们的信任与支持让我一路走来。感谢前面叙述到的各位教授学者，是你们不因我的学识不足而依旧给予我机会和帮助，让我成为最好的自己。

这更是一个值得终身珍惜的机缘。

本讲义是以所开设的政府法律实务课程讲授的内容为蓝本，经过多次的修正和推进，特别是青航博士及其学生团队的努力，精心整理而成。希望此讲义，能够给莘莘学子带来帮助，也给从事法律实务工作的同行带来启发。由于知识结构、知识储备的缺陷，难免会存在很多的不足和差错，敬请谅解宽容并批评指正。

陈建华

2025 年 4 月 25 日于杭州

目录

第一章　依法行政的基本理论

2020年11月16日至17日，中央全面依法治国工作会议在北京召开，将习近平法治思想明确为全面依法治国的指导思想。会议强调，习近平法治思想内涵丰富、论述深刻、逻辑严密、系统完备，从历史和现实相贯通、国际和国内相关联、理论和实际相结合上深刻回答了新时代为什么实行全面依法治国、怎样实行全面依法治国等一系列重大问题。习近平总书记在浙江省工作期间，擘画了作为浙江省域治理总纲领和总方略的“八八战略”，并明确提出了建设“法治浙江”的规划，对浙江发展作出了顶层设计和战略部署。[1]党的十八大之后，习近平总书记提出的“法治中国”建设目标，即是对“法治浙江”建设的提炼与升华。习近平总书记在中央全面依法治国工作会议上强调，要坚持依法治国、依法执政、依法行政共同推进，法治国家、法治政府、法治社会一体建设。全面依法治国是一个系统工程，要整体谋划，更加注重系统性、整体性、协同性。[2] 在法治国家、法治政府、法治社会三位一体的法治建设进程中，法治政府建设具有示范带动作用。而依法行政，作为法治政府建设中最关键的一个内容，是要逐渐建立并不断发展与成熟的社会主义市场经济相适应的行政权力运行机制。其不仅是现代法治国家所要遵循的一项法治原则，更需要法治国家围绕其建立一套具体的

〔1〕 参见《中共浙江省委关于建设“法治浙江”的决定》，载浙江在线新闻网2006年5月8日，https：//zjnews. zjol. com. cn/05zjnews/system/2006/05/08/006605154. shtml。

〔2〕 参见《习近平在中央全面依法治国工作会议上强调　坚定不移走中国特色社会主义法治道路　为全面建设社会主义现代化国家提供有力法治保障》，载司法部官网2020年11月18日，https：//www. moj. gov. cn/pub/sfbgw/zwgkztzl/xxxcgcxjpfzsx/fzsxgdtp/202011/t20201118_ 173004. html。

行政法律制度；不仅是现代政府管理方式的全面革新，更是现代政府管理模式的深刻革命。有众多事实印证这一点。1994 年，韩国圣水大桥的坍塌，致使时任韩国总理引咎辞职。[1] 2016 年，因暴力拆除部分违章建筑，海南省某区长引咎辞职。[2] 2018 年，吉林长春长生公司问题疫苗案件调查后，中央对多名领导干部进行问责。[3] 2024 年，广东省梅大高速茶阳路段发生塌方灾害，导致 23 辆车掉落，造成 52 人死亡、30 人受伤。调查组在查清事实、厘清责任的基础上，对 4 个责任单位及 32 名公职人员进行了追责问责。[4] 诸如此类的事件处理，在几十年前是难以想象的。

党的十八届三中全会通过了《中共中央关于全面深化改革若干重大问题的决定》。报告指出，必须切实转变政府职能，深化行政体制改革，创新行政管理方式，增强政府公信力和执行力，建设法治政府和服务型政府。[5] 党的十八届四中全会通过的《中共中央关于

〔1〕 1994 年 10 月 21 日，竣工通车 15 年的韩国圣水大桥中，一块长达 48 米的桥板从大桥中段落入江中，6 辆汽车包括 1 辆载满学生及上班族的巴士和 1 辆载满警员前往庆祝会场地的客货车跌进汉江，导致 32 人死亡、17 人重伤。韩国国会因此召开紧急会议，强烈谴责这一劣质工程的承建者、建筑行业的腐败行为及政府对国家投资工程缺乏有效的监督和检查。韩国总理李荣德召集内阁紧急会议后，向金泳三总统递交了辞呈，以示承担圣水大桥坍塌事件的责任。

〔2〕 2016 年 5 月 1 日，海南省海口市有关部门通报了海口市秀英区拆除部分违建过程中引发事端的情况及初步处理结果，确认联防队员打人属实。对于这一事件的问责，除打人联防队员被拘留之外，中共海口市委 5 月 1 日决定，同意对此事负有领导责任的秀英区区长黄鸿儒引咎辞职。

〔3〕 参见《吉林长春长生公司问题疫苗案件相关责任人被严肃处理》，载中国政府网 2019 年 2 月 2 日，https：//www. gov. cn/xinwen/2019 - 02/02/content_ 5363488. htm。

〔4〕 参见《梅大高速茶阳路段“5·1”塌方灾害调查评估报告》，载广东省人民政府网 2025 年 1 月 23 日，https：//www. gd. gov. cn/zwgk/zdlyxxgkzl/zhsgjy/content/post_ 4659608. html。

〔5〕 参见《中共中央关于全面深化改革若干重大问题的决定》，载中国政府网 2013 年 11 月 15 日，https：//www. gov. cn/jrzg/2013 - 11/15/content_ 2528179. htm。

全面推进依法治国若干重大问题的决定》，提出了全面推进依法治国的总目标，并强调要坚持依法治国、依法执政、依法行政共同推进，法治国家、法治政府、法治社会一体建设。[1] 依法治国作为党执政的基本方略，已经在实践中逐步展开。同时，中国特色社会主义法律体系于2011年宣告建成，行政诉讼、行政复议等现代行政纠纷解决机制已经齐备，行政执法机构和政府法治工作队伍得到进一步充实。国务院印发的《全面推进依法行政实施纲要》（国发〔2004〕10号）、《关于加强市县政府依法行政的决定》（国发〔2008〕17号）、《关于加强法治政府建设的意见》（国发〔2010〕33号）等文件，以及2015年12月27日《法治政府建设实施纲要（2015—2020年）》的发布，亦表明中央政府在推进社会经济事业发展的同时，也在积极加强自身建设。彼时，法治政府、服务型政府的理念已然深入人心，成为社会共识。政府机构设置的科学化水平显著提升，行政立法的公开性、行政执法的规范性均得到了前所未有的改善。2020年，中央全面依法治国工作会议提出的"十一个坚持"，既是重大的工作部署，又是重大的战略思想。

习近平总书记在党的二十大报告中强调，坚持全面依法治国，推进法治中国建设。[2] 这说明中国的法治建设水平已经在党的全面领导下达到了前所未有的高度。全面依法治国理论可被拆解为如下几个方面进行理解：第一，在政治方向上，坚持党对全面依法治国的领导，坚持以人民为中心，坚持中国特色社会主义法治道路。第二，全面依法治国的关键地位要求我们应坚持依宪治国、依宪执政，

〔1〕 参见《中共中央关于全面推进依法治国若干重大问题的决定》，载中国政府网2014年10月28日，https://www.gov.cn/xinwen/2014-10/28/content_2771714.htm。

〔2〕 参见《习近平强调坚持全面依法治国，推进法治中国建设》，载中国政府网2022年10月16日，https://www.gov.cn/xinwen/2022-10/16/content_5718818.htm。

坚持在法治轨道上推进国家治理体系和治理能力现代化，坚持建设中国特色社会主义法治体系。第三，在工作布局上，要坚持依法治国、依法执政、依法行政共同推进，坚持法治国家、法治政府、法治社会一体建设，实现科学立法、严格执法、公正司法、全民守法，促进国家治理体系和治理能力现代化。第四，全面依法治国的重点任务为坚持统筹推进国内法治和涉外法治。根据形势的发展，2023年，杭州市西湖区专门举办了第七届西湖律师论坛，就涉外法治人才培养问题展开了深入探讨，以响应涉外法治建设的号召。未来，中国的企业会不断走出去，而外商也将不断进入中国投资，在此背景下，法律服务领域展现出巨大的发展潜力，培养一批专业化的涉外法治人才显得尤为迫切。第五，作为全面依法治国的重要保障，必须坚持建设德才兼备的高素质法治工作队伍，坚持抓住领导干部这个“关键少数”。按照现在的制度设计，每年党政主要负责同志需要进行述法工作。有学者指出，法治意识的培养能够使领导干部形成一种运用法律的自觉意识，即“法感”。在现实中，党政领导可能难以精通具体的法律条文，也未必能像法学家那样对案例进行深入分析，但其具备“法感”便能在面对具体法律问题时，将之交由专业人士处理，从而有效解决实践操作中的诸多重大问题。

一、依法行政的概念

法治国家、法治政府、法治社会三位一体共同推进，其中，法治国家是法治建设的目标，法治政府是法治国家的主体，法治社会是构筑法治国家的基础，三者之间互相联系，各有侧重，共同构成了一个有机的整体。法治政府建设居于主要地位，具有示范引领作用。而法治政府建设的核心，就是政府的依法行政。

但是，在社会现实中仍存在一些消极的事例。如有的法律法规未能全方位反映客观规律和人民意愿，针对性、可操作性不强，立法工作中部门化倾向、争权诿责等情况较为突出。此外，有法不依、执法不严、违法不究的现象比较严重，执法体制权责脱节、多头执法、选择性执法的情况仍然存在。领导干部依法办事观念不强、能力不足，知法犯法、以言代法、以权压法、徇私枉法等现象持续存在。究其原因在于当前只有依法行政的原则，而没有形成与之相配套的完善的理论和制度。

《宪法》[1]第二条第一、二款规定："中华人民共和国的一切权力属于人民。人民行使国家权力的机关是全国人民代表大会和地方各级人民代表大会。"《宪法》第三条第三款规定："国家行政机关、监察机关、审判机关、检察机关都由人民代表大会产生，对它负责，受它监督。"可见，依法行政是宪法所确立的基本要求，也是行政机关行使行政权力的基本准则。行政机关的主要任务就是执行法律，贯彻和落实权力机关的意志。从定义上而言，依法行政是指行政机关必须根据法律法规的规定设立，并依法取得和行使其行政权力，对其行政行为的后果承担相应的责任。

〔1〕 为行文方便，本书法律、法规名称中的"中华人民共和国"省略，例如《中华人民共和国宪法》简称为《宪法》。

二、依法行政的现实背景

（一）市场经济的确立和发展必然要求政府依法行政

依法行政概念的提出，与国家政治、经济、社会发展的变化有着密切的联系。中国的改革开放政策始于20世纪70年代末，并由农村改革逐步扩大到城市改革。在“文化大革命”的十年中，社会经济的进步受到了严重的阻碍，农村地区为了解决温饱问题，率先将集体的土地以联产承包的方式分配到户，实验性地实现了生产方式的转变。在党中央的支持下，以包产到户、包干到户为主要形式的家庭联产承包责任制迅速推广。到20世纪90年代，邓小平同志作为中国改革开放的总设计师，在南方谈话后推动召开了党的十四大，正式确立了中国经济体制的改革目标，即建立社会主义市场经济体制。社会主义市场经济的基本特征之一是主体的多元化与经营方式的多样化。此时，若政府依旧单纯地依靠传统的行政命令，显然无法对其实现有效的管理。只有通过法治手段为市场主体划定活动的范围，确定其权利的边界，为其指明发展的方向，提供运行的规则，才能真正促进市场经济的有序发展。

国家的社会经济发展和国家法治化进程相伴而行。我们这一代人既目睹了中国社会主义市场经济从无到有、从小到大、从弱到强的过程，也见证了法治从薄弱到勃发、从原则性到严密性的演进过程。因此，我们既是改革开放的亲历者，也是法治进程的亲历者，更是法治进步的参与者。由此可以引申出另一个话题，社会主义市场经济本质上就是法治经济。国家治理权可被划分为立法权、行政权、监察权、审判权、检察权等职权，其中行政权是国家行政机关执行法律、管理国家行政事务和社会事务的权力，是国家政权不可或缺的部分。法治的关键在于对行政权力的控制。法治的实现需要通过行政权的运行来推动，需要由政府及其组成部门来具体地贯彻与执行。市场经济亦需要政府依靠法律手段来管理规范市场主体的行为。社会主义市场经济绝不是不要政府干涉，而是要求政府及时更新管理理念、转变职能，寓管理于服务之中，以依法行政的方式服务市场主体。

（二）法治建设本身的发展必然要求政府依法行政

与此同时，依法行政也是社会主义法治建设自身发展的产物，其发展的大致脉络能够从实践中梳理出来。1982 年，中国第一部民事诉讼法典《民事诉讼法（试行）》的出台，是改革开放后中国民事诉讼制度发展中的关键一步。在《民事诉讼法（试行）》的有关条款中规定，行政案件属于人民法院的受案范围。[1] 彼时，很多的行政诉讼案件是以民事诉讼的方式提起的。但由于民事诉讼与行政诉讼的举证责任方式存在差异，若将行政案件适用民事诉讼的程序，实践中会产生较多的问题。基于民事诉讼“谁主张，谁举证”的举证责任原则，原告应当负有对被诉行政行为提出证据的义务，否则恐会承担败诉的风险。但由于此类证据往往掌握在被告即作出行政行为的行政机关手中，原告的诉讼权利在此时很难得到充分保障。1989 年制定的《行政诉讼法》设置了由被告对作出的具体行政行为

〔1〕《民事诉讼法（试行）》第三条第二款规定：“法律规定由人民法院审理的行政案件，适用本法规定。”

承担举证责任的制度安排,[1] 塑造了“民告官”的社会观念，对推动行政机关树立依法行政理念产生了深远影响。此后，《国家赔偿法》《行政处罚法》《行政复议法》《行政许可法》《行政强制法》相继出台并陆续修订，行政立法扎实推进，理念更明确、规范更科学、框架日益完备。2020 年 5 月 28 日，十三届全国人大三次会议表决通过了《民法典》，自 2021 年 1 月 1 日起施行。《民法典》对权利义务保护的强调，从侧面来看正是对行政机关行使行政权力的合理限制。在“权利”与“权力”的博弈间，行政机关在履行行政管理职责的过程中必须尊重人民基本的民事权利。从中可以归纳总结出中国依法行政或者说行政法治的发展路径。上述法律规范，无疑都对政府及各部门起到了“紧箍咒”式的作用，其要求行政机关必须按照规定的程序和内容开展具体活动的背后，也体现出一个国家法治建设本身的发展规律。

三、依法行政的基本内涵

依法行政的基本内涵可被归纳为行政机关依法行使行政权力，或者说行政机关行使行政权力、管理公共事务，必须有法律的授权，并以法律为准绳。法律是行政机关据以活动和人们对该活动进行评判的标准。依法行政的目的，在于切实保障行政相对人的权利。

---

[1] 《行政诉讼法》（1989）第三十二条 被告对作出的具体行政行为负有举证责任，应当提供作出该具体行政行为的证据和所依据的规范性文件。

（一）依法行政的主体

依法行政的主体是行政机关。这里的“行政机关”，应当包括法律授权的从事公共事务管理的组织。社会组织经过法律法规授权成为行政主体，中国的高等学校是一个典型代表，其对于学生学籍、学位的管理等如若引发行政争议，虽然高等学校并非行政机关，但相对人仍可提起行政诉讼，使之成为适格的被告。[1] 事实上，在立法的语言中若使用“行政组织”或“公权力组织”这样的表述代替“行政机关”可能会更为贴切。因为行政主体的判断要点在于其行使的是公权力，凡是公权力行使过程中对当事人或者相对人的权利义务产生实质性影响的，都应该有相应的救济手段、方法和路径。例如，当村民委员会依据法律法规管理村集体土地征收补偿费用时，若对村民权益产生实质影响而引发争议，村民有权提起行政诉讼。此时村民委员会虽非传统意义上的行政机关，却因法律授权成为行政主体，能够作为适格被告参与诉讼，这便体现了行政主体判断的关键在于公权力的行使及对相对人权益的影响，而不仅局限于行政机关这一狭义概念。

依法治国与依法行政的概念并不完全一致。依法治国作为一种政治宣言，明确了政治方向，体现了终极的法治理念与模式，确立了人民当家作主的地位，通过选举产生人民代表组成人民代表大会，作为国家权力机关制定法律。而行政机关是由人民代表大会产生的，作为权力机关的执行机关，其在履职过程中需要执行国家的法律。

[1] 《最高人民法院关于适用〈中华人民共和国行政诉讼法〉的解释》第二十四条第三款规定：“当事人对高等学校等事业单位以及律师协会、注册会计师协会等行业协会依据法律、法规、规章的授权实施的行政行为不服提起诉讼的，以该事业单位、行业协会为被告。”

而依法行政背后更深层次的含义是依法治官，或者说依法治权，依法管理权力的运行。

（二）依法行政的“行政”

依法行政的“行政”，是指行使行政权力，进行公共管理，输出公共服务。这里的“行政”实际上包含两个方面，即外部行政行为与内部行政行为。

外部行政行为，是指行政主体对行政主体之外的被管理的公民、法人及其他组织所作出的行政行为。例如交通管制行为是交通管理部门为了保障一定的城市运行秩序，决定在某些道路实施通行禁令，从而对原先要正常通过该道路的人产生了实质性的权利义务影响，这即属于一种外部行政行为。内部行政行为，是指行政主体在内部行政组织管理过程中所作的只对行政组织内部发生法律效力的行政行为，包括调整上下级行政机关或其工作人员之间的工作关系以及行政机关与其工作人员之间的内部人事管理关系的行为。在外部行政行为必须坚持依法行政的同时，内部行政行为亦须遵循依法行政的原则。当然，就依法行政而言，社会大众更多关注外部行政行为，因为其可能对不特定的多数的公民、法人和其他组织产生实质性的权利义务影响。反观内部行政行为，往往可以通过与共同的上级协商解决，不直接涉及行政相对人的权利义务，往往不会引发社会公众的广泛讨论。

（三）依法行政的“法”

依法行政的“法”是广义上的法律。中国的法律体系由宪法、法律、行政法规、地方性法规、规章等组成。其中法律，是由全国人民代表大会及其常务委员会以一定的程序通过的规范性文件。行政法规，是国务院根据宪法和法律，按照法定程序制定的有关行使行政权力、履行行政职责的规范性文件的总称。地方性法规是由中国地方的人民代表大会及其常委会所制定的适用于本行政区域的一类规范性文件。其制定主体包括省、自治区、直辖市和设区的市、自治州的人民代表大会及其常务委员会。规章可以分为部门规章和地方政府规章两种类型。前者是国务院组成部门及具有行政管理职能的直属机构在其职权范围内，依据法律、法规制定的规范性文件。后者是省、自治区、直辖市以及设区的市、自治州的人民政府在其职权范围内，依据法律、法规制定的规范性文件，名称一般为办法、规定、决定。

（四）依法行政的内容

依法行政的内容包括两个方面："法律授权"和"依据法律"。

所谓的"法律授权"，是指行政机关的行政权力来源与取得方式有明确的法律规定。例如，在《治安管理处罚法》的授权下，相应部门取得了警告、罚款、行政拘留等治安处罚权力。[1] 在《土地管理法》的授权下，自然资源主管部门有权对买卖或者以其他方式非法转让土地的行为作出没收违法所得的决定。[2] 在"大综合一体化"行政执法改革背景下，《行政处罚法》第二十四条第一款规定：

---

〔1〕《治安管理处罚法》第十条　治安管理处罚的种类分为：

（一）警告；

（二）罚款；

（三）行政拘留；

（四）吊销公安机关发放的许可证件。

对违反治安管理的外国人，可以附加适用限期出境或者驱逐出境。

〔2〕《土地管理法》第七十四条规定："买卖或者以其他形式非法转让土地的，由县级以上人民政府自然资源主管部门没收违法所得；……"

“省、自治区、直辖市根据当地实际情况，可以决定将基层管理迫切需要的县级人民政府部门的行政处罚权交由能够有效承接的乡镇人民政府、街道办事处行使，并定期组织评估。决定应当公布。”这意味着现在的乡镇政府、街道办事处在满足法定的规范与程序要求后，也拥有了一定的行政处罚权。例如杭州市西湖区翠苑街道，作为浙江省第二批乡镇（街道）“大综合一体化”行政执法改革试点单位，集中行使了16方面共770项行政执法事项；自试点以来共办结一般程序案件618件，简易程序案件445件，罚款106.9万元。这就是一种典型的法律授权。

“依据法律”，则是指行政机关在行使权力时，必须有法律的具体规定，其中既包括实体规定，也包括程序规定。仍以行政主体进行行政处罚行为为例，有关部门只有在行政相对人的行为满足了一定实体要件的情况下才能对其施以处罚，同时处罚过程必须遵守《行政处罚法》等规定确立的相关程序性要求。

（五）依法行政的监督工作

依法行政的内涵应当包含对行政权的监督，具体包括权力机关的监督、行政机关基于层级关系的行政监督、司法监督、监察监督、社会舆论监督等形式。

权力机关的监督，是指全国人民代表大会及其常务委员会和地方各级人民代表大会及其常务委员会，可以对行政机关进行监督。人民代表大会在会议召开期间，可对列入会议议程的议案、决议、决定等进行表决，如听取和审议本级人民政府的工作报告、撤销本级人民政府不适当的决定和命令等。[1] 在某些特殊的情况下，权力

〔1〕 参见《地方各级人民代表大会和地方各级人民政府组织法》第十一条。

机关的代表也可以对某些具体的行政行为进行质询。[1] 此外，权力机关也可以对行政机关就某一部法律的执行情况进行监督。例如，杭州市出台《杭州市生活饮用水源保护条例》后，杭州市人大及其常务委员会可以对有关行政部门在水源保护方面的落实情况进行监督检查。

行政机关基于层级关系的行政监督，是指上级行政机关可以对下级行政机关进行监督。倘若上级人民政府在工作中发现下级人民政府制定的规范性文件存在违法或明显不适当，可以提出限期修改、停止执行或废止等意见。[2] 针对下级行政机关作出的具体行政行为，上级机关可以要求其改正不适当的行政行为，或者通过行政复议制度确认其具体行政行为违法，责令撤销、重做。[3] 行政复议在本质上具有“准司法”性质，是与行政诉讼制度所配套的一项权利救济制度。当事人认为行政机关作出的行政决定对其权利义务产生实质性影响，可以向上一级行政机关申请审查该具体行政行为。在行政复议制度运行中，科层监督机制通过层级审查的动态过程，实质上形成了对行政行为的约束效力。试举一例，在新冠肺炎疫情期间，一个小姑娘因看到邻居花坛里有 4 朵漂亮的绣球花，心生喜爱而采摘，被举报后被带到派出所。由于办案民警的疏忽，在等待核酸检测出结果期间，小姑娘被留置了 48 个小时。由于公安机关担心自己

---

〔1〕《全国人民代表大会和地方各级人民代表大会代表法》第二十条第二款规定：“县级以上的地方各级人民代表大会代表有权依照法律规定的程序提出对本级人民政府及其所属各部门、监察委员会、人民法院、人民检察院的质询案。”

〔2〕《安徽省行政规范性文件管理办法》第三十三条第一款规定：“备案审查机构对报送备案的行政规范性文件按照本办法第三十二条规定进行审查后，发现存在违法或者明显不适当等问题的，可以向制定机关提出限期修改、停止执行、废止等意见。制定机关应当将备案审查意见办理情况书面报告备案审查机构。”

〔3〕参见《行政复议法》第六十三、六十四、六十五条。

的过错引起国家赔偿，拟将其行为定性为“盗窃”，拘留48小时以折抵留置时间。该案后来报给我后，我认为小姑娘的行为虽有不当，但未造成重大社会危害，且主观恶意较小。如果将其行为认定为盗窃并留有案底，事实上是在用一个更大的错误掩盖一个轻微的错误，并会对小姑娘未来的生活造成深远影响。于是我让承办人去花卉市场购买相同数量的绣球花，共计花费40元，随后将案件退回承办人，建议通过沟通的方式解决。最终，公安机关撤销处罚决定，小姑娘也承诺不再申请赔偿，双方对处理结果均表示认可。维护行政机关的公信力，提升社会公众对行政机关的满意度，有赖于在实务中像这样以身践行，实现行政监督的法律价值。

司法监督的范围则相对更广。在中国，司法监督的主体是人民法院和人民检察院，这两大司法机关可以在各自的职权范围内，对行政机关的行政行为进行合法性审查，从而实现对行政机关的监督。例如，人民法院在受理行政诉讼后，经审理认定被诉行政行为不当，可以作出要求行政机关撤销、重作或变更被诉行政行为的判决。[1] 人民检察院可以通过提出抗诉、检察建议等方式，对行政诉讼实行法律监督。[2] 同时，人民检察院在履行职责过程中，如果发现生态环境和资源保护、食品药品安全、国有财产保护、国有土地使用权出让等领域负有监督管理职责的行政机关违法行使职权或者不作为，致使国家利益或者社会公共利益受到侵害，应当向行政机关提出检察建议，督促其依法履行职责。行政机关不依法履行职责的，人民检察院可以依法向人民法院提起诉讼，以行政公益诉讼的方式实现

〔1〕 参见《行政诉讼法》第七十、七十四、七十七条。

〔2〕 参见《人民检察院行政诉讼监督规则》第三条。

行政监督。[1] 在当前的行政诉讼中，原告的胜诉比例呈现上升趋势。同时，通过行政争议实质性化解制度，相当一部分案件在诉讼前或诉讼过程中，经原告与被告充分协商，由被告自行纠正错误，从而终结诉讼，实现案结事了。

监察监督，是指国家监察机关对行使公权力的公职人员以及其他主体遵守和执行法律法规、公正履职的情况所进行的监督处置，属于国家监察制度的重要组成部分。例如，某市纪委监委在对该市住建局进行监察监督时，发现该局某科室负责人在工程审批过程中存在违规操作、收受贿赂的行为。经过深入调查，纪委监委依法对该负责人进行了严肃处理，不仅给予了党纪政务处分，还将其涉嫌犯罪的问题移送司法机关依法处理。这一案例充分展示了监察监督在预防和惩治腐败中的重要作用，也彰显了国家监察制度的震慑力和治理效能。

社会舆论监督，也被称作“无权的监督”，在当今的互联网时代已成为一种非常有效的监督手段，对国家的政治、经济、文化等多方面产生了巨大的影响。在西方部分国家，舆论监督也被视为独立于立法权、司法权、行政权、监察权四权之外的第五种权力。如果对舆情的把握不够到位，就可能使之演化成社会的重大事件。例如于2023年发生的“北极鲶鱼”事件中，一位昵称为“北极鲶鱼”的网友在微博发文称“家里有九位数”“家人感觉贪了”等，引发舆论广泛关注。深圳市纪委监委于同年启动调查，最终涉案人员因严重违纪违法被开除党籍，退休待遇降为二级科员（原为处级），并收缴违法所得。实践中，部分行政机关内部的工作人员非常惧怕舆论监督这种形式，其实本质上还是自身的功力不够深厚。善待媒体有

[1] 参见《行政诉讼法》第二十五条第四款。

时就是善待自己，理解媒体也就是理解自己。当公正、文明、规范的行政执法成为执法工作的常态，那么所谓的舆论监督也变成了一种对工作的支持。如果行政机关工作人员能够注意自己的言辞与行为，那么某些问题就不会发生。公权力需要在舆论监督下始终保持对公民权利的敬畏，而公民权利指向每一个具体的人，因此公权力应当对每一个公民都心怀敬畏，这也正是公权力应有的谦卑。

四、依法治国与依法行政的关系

（一）依法行政是依法治国的重要组成部分

法治政府建设作为全面依法治国的重点任务和主体工程，其建设进程和水平深刻影响着国家整体法治建设的进程和水平。法治政府建设最基本的形态是政府依法行政，即法治政府建设通过政府的依法行政来推进。在习近平法治思想中，有很多内容都涉及与法治政府建设相关的依法行政问题。在二者的关系上，法治政府是建设目的，而依法行政是实现这一目的的重要途径。

（二）依法行政是依法治国的核心与关键

第一，宪法规定，国家的权力机关是人民代表大会，而国家的行政机关是权力机关的执行机关。[1] 因此，由权力机关代表人民制定的法律和权力机关授权行政机关制定的行政法规，均由行政机关负责落实。行政权本身具有主导性和主动性，这决定了行政机关是

〔1〕 参见《宪法》第五十七、八十五、九十六、一百零五条。

最主要的法律执行机关，其首要职责是实施法律。现实中大量涉及国家经济、科技等与人民群众利益密切相关的法律，如《反垄断法》《科学技术进步法》，其具体落实主要依赖于行政机关。

第二，依法行政的必要性亦是由行政管理的重要性所决定的。行政机关作为与公共利益和民众权利联系最为密切的国家机关，其活动将对国家经济、科学、教育、文化、医疗卫生等事业的发展以及公民基本权利的保障和完善产生直接影响。同时，在行政机关对公共事务行使管理权的过程中，行政机关的作为与否和作为方式都将深刻影响特定事业的发展方向。例如在文化事业领域，部分劣迹艺人造成的影响波及面甚广。在这个过程中，行政机关是否切实履行了法定职责值得深思，其对艺人群体管理的到位与否，会对整个社会的价值导向造成巨大影响。为了保障行政机关能够完成这类纷繁复杂的任务，法律授予了行政机关强有力的执行权和应对多变情况的行政自由裁量权。此二者在具体的适用过程中，如运用得当，自然利社利民，反之则可能引发各类社会矛盾。例如，在新冠肺炎疫情防控期间，为了维护公共利益而对某一区域施行管制是必要之举，但在出现急需抢救的病人时，相关人员就应该合理运用行政自由裁量权，让权力的行使彰显善意，促成良好结果。行政自由裁量权的行使对基层治理人员的能力构成严峻考验，而其能否被恰当运用，更直接体现管理者治理智慧的高下。在管理中秉持善念和良知，从政治高度而言，就是一切以人民的利益为先，一切以人民为中心。如此一来，日常管理中的那些负面现象就会越来越少。因此，政府官员应当更多发挥服务作用，充分合理运用自由裁量权，给予弱者更多关怀，以良好的政府形象引领社会向善发展。

第三，法治国家的重要标志是具有良好的经济秩序、社会秩序。而良好的秩序是以坚强的、符合社会经济发展要求的法律为后盾的，也是必须以能够依法管理经济秩序、社会秩序，维护公共利益、人民权益的行政机关为依托的，这就决定了行政机关必须强调依法行政。

（三）依法行政是依法治国的难点所在

依法行政之所以是依法治国的难点所在，是因为现实中将不断出现新问题，亟须创新方式方法对其加以解决。修订后的《行政处罚法》将部分行政处罚权授予乡镇街道，此举源于实践中发现上级行政执法机关对于基层即时发生的违法行为存在管理不够到位的问题。例如，某县环保局接到偏远山区有人违法在河道采砂的举报后，由于距离较远，执法人员赶到现场时违法人员往往已经离开。任何行政处罚案件都要求行政机关做到事实清楚、证据充分、程序到位。但在此种情况下，县级行政机关对违法主体的确认存在一定难度。而街道作为人民政府的派出机关，通过法律授权取得部分行政处罚权后，凭借其贴近群众、快速响应的基层治理特点，具备解决这类问题的天然优势。

与此同时，中国所实行的行政领导决策制度是行政首长负责制，这种制度的优点是能够使上级的决策迅速有效地贯彻下去，满足了行政效率优先的原则。行政权必须追求效率，否则可能会使一个国家丧失发展的机遇或优先条件。另外，行政机关在很多情况下需要在重大突发事件中尽快作出决策，效率是其行政权运行的关键。政府的行为起到风向标作用，而政府的办事效率是一个地区经济发展的“晴雨表”。效率优先原则应当在整个行政体制中得到倡导并落实。行政首长负责制下形成的决策往往是权力集中的体现，因此也会产生行政机关习惯于按行政首长的意志办事，忽略依照法律和规则行使行政权力的问题。例如，在“三改一拆”（即旧住宅区、旧厂区、城中村改造和拆除违法建筑）工作中，从法理学角度讲，任何一个人不能因为他的违法行为而获取比守法行为更大的利益。因此，违法行为必须得到纠正，违法建筑必须拆除，这一目标方向毋庸置疑。但在具体拆除工作中依旧需要按照《行政强制法》《行政处罚法》等法律法规中的实体性和程序性要求，保障行政相对人的合法权利，如陈述申辩权、知情权等。否则，一味追求效率，而牺牲程序公平和正义，就与法治精神背道而驰。

依法行政是现代法治国家所普遍奉行的基本原则，反映了社会从人治走向法治的历史进程。人治具有较强的主观随意性，权力的行使多由个人的意志决定。而依法行政则与法治相联系，权力的行使以法律为依据和评判标准。习近平总书记在中央全面依法治国工作会议上强调，要坚持抓住领导干部这个“关键少数”。各级领导干部要坚决贯彻落实党中央关于全面依法治国的重大决策部署，带头尊崇法治、敬畏法律，了解法律、掌握法律，不断提高运用法治思维和法治方式深化改革、推动发展、化解矛盾、维护稳定、应对风险的能力，做尊法学法守法用法的模范。[1] 此处的“关键少数”指的是各级领导干部，他们在数量上是少数，但其所处的地位、拥有的身份、具有的权力及发挥的影响都决定了他们具有关键作用。而抓住“关键少数”，必须落实为依法依规行使权力。

〔1〕 参见《习近平在中央全面依法治国工作会议上发表重要讲话》，载中国政府网2020年11月17日，https：//www. gov. cn/xinwen/2020 – 11/17/content_ 5562085. htm。

五、依法行政对行政机关的基本要求

第一，依法行政对行政机关授权和行政机关取得行政权的要求是职权法定。在中国，中央政府及其部门和地方各级政府及其部门的职权，必须依据法律明文规定予以设定。行政机关的行政职权并不是天生的，而是人民通过他们的代表所制定的法律赋予的。非经法律授权，行政机关就不可能获得某项职权，因此行政机关只能在法律授权的范围内行使权力。相较于公民权利行使的“法无明文禁止即自由”，行政职权在行使中须遵循“法无明文授权不可为”的规定。同时，行政权也不能被放弃，放弃行政权事实上就是怠于履行法定的职责。譬如公安机关接到报案，某道路上有两人打架斗殴，公安机关显然不能以放弃权力行使的借口不去处理。由此可见，法律在授权行政机关行使行政职权时，实际上也赋予了行政机关相应的义务和责任。

第二，依法行政对行政机关行使行政权的基本要求是恪守法律优先和法律保留原则。法律优先是基于国家法制的统一性而产生的要求，具体包括两方面的内容：一是，在已有法律规定的情况下，任何行政法规、地方性法规以及规章等文件，都不得与法律相抵触。例如，《行政处罚法》第十一条第二款规定：“法律对违法行为已经作出行政处罚规定，行政法规需要作出具体规定的，必须在法律规定的给予行政处罚的行为、种类和幅度的范围内规定。”二是，对于法律尚未规定且不属于法律保留的事项，若其他层级的文件已先行作出规定，一旦法律随后作出规定，则法律具有优先地位，其他文件必须符合法律的要求。以《行政复议法》的发展历程为例，在行政诉讼制度建立之初，大量行政案件直接涌入司法机关，对其造成了很大冲击，而行政机关的自我纠正制度尚未建立。出于现实考虑，国务院制定并发布了《行政复议条例》作为过渡阶段的制度措施。此后，《行政复议法》在制定过程中，对相关条例取其精华、去其糟粕，形成了完整统一的法律规定，既往与条例相配套的规定就需要按照《行政复议法》的最新规定进行修订和完善。法律保留则是指凡是属于宪法和法律规定只能由法律作出规定的事项，必须由法律作出规定。《立法法》又将这种情况称为“国家专属立法权”，并对其进行列举，明确了只能由全国人大及其常务委员会制定法律的事项。[1] 根据立法权限的专属程度，法律保留可以分为绝对保留和相对保留。绝对保留的事项仅限立法机关通过法律形式规定，相对保留的事项则允许立法机关有条件地授权行政机关制定实施细则。例如，在拆迁事宜上，国务院曾经出台《城市房屋拆迁管理条例》，后该条例根据《土地管理法》等法律法规作出相应修订，变更为《国有土地上房屋征收与补偿条例》。也即，拆迁相关事宜由法律规定，

〔1〕《立法法》第十一条　下列事项只能制定法律：

（一）国家主权的事项；

（二）各级人民代表大会、人民政府、监察委员会、人民法院和人民检察院的产生、组织和职权；

（三）民族区域自治制度、特别行政区制度、基层群众自治制度；

（四）犯罪和刑罚；

（五）对公民政治权利的剥夺、限制人身自由的强制措施和处罚；

（六）税种的设立、税率的确定和税收征收管理等税收基本制度；

（七）对非国有财产的征收、征用；

（八）民事基本制度；

（九）基本经济制度以及财政、海关、金融和外贸的基本制度；

（十）诉讼制度和仲裁基本制度；

（十一）必须由全国人民代表大会及其常务委员会制定法律的其他事项。

交由政府负责具体施行。

第三，依法行政对行政机关具体行使行政权的要求是行政机关作出具体行政行为必须具有法律依据，这也是依法行政的主要内容。行政机关作出任何影响当事人权利义务的行为都必须具有法律依据，并要严格依据法律规定的程序作出。在具体行政行为的施行过程中，最难把握的是行政自由裁量权的问题。自由裁量权是指行政机关在法律规定的范围内所享有的、根据一定的事实选择行政行为的种类、范围、幅度以及适用的程序的权力。没有行政自由裁量权就没有行政执法权，或者说行政执法将变得非常机械。同时，自由裁量权的行使必须受到合法性、合理性和程序性三个边界的限制和约束。为了控制自由裁量权的运用，比例原则或称过度禁止原则便应运而生。若必须对当事人作出不利的行政行为，应尽可能采用对公民权益损害最小的方式，以最温和的方式实现行政目标。之前，就有这样一个案例，某炒货店因在其店铺内外及包装袋上使用“最好”“最优”等绝对化用语，被当地市场监督管理局认定违反《广告法》第九条第三项规定，[1] 处以六位数罚款。该店不服，先后以处罚行为违反

〔1〕《广告法》第九条　广告不得有下列情形：

（一）使用或者变相使用中华人民共和国的国旗、国歌、国徽，军旗、军歌、军徽；

（二）使用或者变相使用国家机关、国家机关工作人员的名义或者形象；

（三）使用“国家级”、“最高级”、“最佳”等用语；

（四）损害国家的尊严或者利益，泄露国家秘密；

（五）妨碍社会安定，损害社会公共利益；

（六）危害人身、财产安全，泄露个人隐私；

（七）妨碍社会公共秩序或者违背社会良好风尚；

（八）含有淫秽、色情、赌博、迷信、恐怖、暴力的内容；

（九）含有民族、种族、宗教、性别歧视的内容；

（十）妨碍环境、自然资源或者文化遗产保护；

（十一）法律、行政法规规定禁止的其他情形。

比例原则为由申请行政复议和提起行政诉讼。一审法院经审理认为，虽然某炒货店的行为构成违法，但其广告影响力和对市场秩序的扰乱程度较轻，对同行业商品的贬低危害较小，因此将罚款金额降低一半。该店仍不服，提起上诉，二审法院认为一审判决已充分考虑其违法行为性质及社会危害性，最终维持原判并驳回原告的上诉请求。据悉，浙江省内的行政机关都制定了相应的行政自由裁量基准，大部分的行政自由裁量行为在行政机关内部受到了一定的制约。但在现实生活中，仍然会出现各种各样的问题。例如法律条文在列举规范事项时经常使用“等”字，对此存在等内解释和等外解释两种解释方法。自由裁量权在实践过程中非常复杂，但是能不能就此取消行政自由裁量权制度？显然不能。行政自由裁量权更多是对行政机关的专业执法技术作出要求，这也恰恰体现出公平和正义的行政行为落实要求，把握好行政自由裁量权的行使能够让社会公众真正体会到行政执法的温度。我可以描述一个能够体现自由裁量权意义的案例：一位父亲开车时小孩不慎掉出车外，父亲因视觉盲区未能察觉，车辆继续行驶并左转离开。此时，有几辆车辆目睹了这一情况，其中一辆车在小孩掉落的位置压线停下，另外两辆车绕到前方，在红绿灯路口停下，打开车门将小孩抱起。按照交通法规，这三辆车都存在违法行为，如压实线停车、在禁止停车的地点停车等。然而，交警并未对这三辆车进行处罚。这种处理方式是基于价值判断，而非单纯的法律技术性判断。如果没有自由裁量权，那么行政机关对社会的管理会过于空泛，最终使法律无法真正融入社会公众的日常生活。

第四，依法行政不仅要求行政机关在行使行政权力时依据实体法，还要遵循程序法的规定。如果说行政实体法规定的是行政机关行使行政权力追求的目的，那么，行政程序法规定的就是达到目的的程序、方式、时限及流程。中国长期以来存在“重实体、轻程序”的法律传统，在法律规范的制定中也往往实体规定多而程序规定少，这给执法实践带来困惑。各地对此积极开展了相关制度探索。湖南省人民政府于2008年4月制定《湖南省行政程序规定》，这是中国第一部针对行政程序进行专门立法的地方政府规章，涉及行政决策、行政执法、行政听证、行政公开、行政监督等多个方面。随后，山东省、江苏省、浙江省等省级人民政府以及汕头市、西安市、兰州市等设区的市级人民政府也先后制定了专门的行政程序规章。如果能够基于现有的地方行政程序立法的实践经验，通过系统总结与提炼，在未来制定一部统一的“行政程序条例”或“行政程序法”，这将是一次有益的探索与尝试。

第二章　行政组织

政治学中有一个理论名为“塔西佗陷阱”，通俗地讲就是指当政府部门失去公信力时，无论说真话还是假话，做好事还是坏事，都会被认为是在说假话、做坏事。倘若行政机关在日常工作中没有及时且充分地履行其法定职责，其不作为将逐步消解民众对公权力的信任。试举一例。近几年恶犬伤人事件频发，如2023年10月，在四川省成都市崇州市某小区，一幼儿被没有拴绳的大型犬撕咬，造成右肾挫裂和肋骨骨折。中国大多数城市对大型犬、烈性犬的饲养作出了限制性规定，[1] 然而违规养犬的现象却屡禁不止。我们曾办理过一个案件，一位医生违规饲养了一条烈性犬，相关执法部门发现后用麻醉枪进行捕捉。然而，在发出正式处罚通知前，该烈性犬就因麻药过量而死亡，由此引发了纠纷。其中，违规养犬的公民个人固然有过错，但发生如成都市这样惨烈的案件，可以得出“相关行政组织在履行法定职责的过程中亦存在一定疏漏”的结论。

行政组织存在的正当性基础，在于实现公共服务供给与公共治理效能的结构性统一。就大型犬、烈性犬的管理而言，虽然目前存在相关的禁止性规定，但在违规养犬责任类型、责任承担方式等具体落实层面，相关实施细则仍有待进一步明确。有关问题涉及行政立法、行政组织管理、行政组织履职等多方面。以小见大，上述问题也恰恰是依法行政工作中需要解决的最基础、最根本的问题。恶犬伤人从来不是“狗”的问题，而是“人”的问题，希冀以道德约

[1] 例如，《杭州市限制养犬规定》第八条第一款规定：“重点限养区内禁止饲养烈性犬、大型犬，禁止从事犬类的养殖、销售活动。”《上海市养犬管理条例》第十二条第三款规定：“禁止个人饲养烈性犬只。”

束“恶人”，不外乎缘木求鱼。故此，法律的价值需要得到彰显，犬主的责任理当被依法追究。行政组织和行政立法应更加关注现实中的各类问题。行政法学的发展旨在从社会现象中发现那些尚未被现行法律规范涵盖的问题，而行政立法的任务正是填补此类法律空白。面对行政执法过程中遇到的各种问题，亟须推进相关法律规范的制定和完善，以确保行政组织能够依法全面履行职责。如何丰富行政执法的手段，提升行政管理的效能与水平，做到真正解决实际问题，希望以这一案例引发大家的思考。

一、法治原则下行政组织的一般原则

（一）行政组织的现状考察

行政立法、行政执法和行政司法等概念为动态行政法制度，而行政组织和公务员制度则构成了静态的行政法基本制度框架。虽然行政组织从理论上来说是静态的行政法组成部分，但随着国家经济社会发展，行政组织的职能必定有所变化，以期满足社会管理需求，适应国家治理要求。行政组织应当如何设立、组建以及取得正当的授权，都是十分重要的行政法问题。

依照职权法定或宪法至上的原则，任何公共行政组织的职权都应当由权力机关通过法律予以授权和限制。然而在中国，就行政组织的设立、构成及其职权规范而言，能够援引的法律规范实际上是非常有限的。现阶段有三部法律对行政组织作出相应规定。第一部为《宪法》，为国务院及地方人民政府的组成、职权等内容提供了原则性规范。第二部为《国务院组织法》，对国务院及其组成部门的组织和工作制度作出规定。第三部为《地方各级人民代表大会和地方各级人民政府组织法》，系统地规范了地方各级权力机关和行政机关的组织结构。然而，其他行政组织大多没有直接的法律规定予以规范，这导致现实中出现了一些问题。在中国过去的一段历史时期中，经济发展虽取得显著成就，但矿难事故数量却长期居于世界首位。当时，矿难事故的处置主要由煤炭工业部及其下属部门负责，但这种“政监合一”的体制在面对严重的问题时显得力不从心，于是后来国务院设立了专门的安全生产监督管理局。然而，该行政组织的设立并未伴随着配套法律规范的同步调整。《宪法》《国务院组织法》《国务院行政机构设置和编制管理条例》仅概括性地授权国务院可以调整部门职能，却未明确授权国务院可以直接设立此类部门。这引发了关于国务院是否超越职权、剥夺全国人大及其常委会立法权的质疑。不过，随着《安全生产法》的出台，该法明确授权国务院设立安全生产监督管理局，使其从合法性危机状态转变为合法状态。这一转变在一定程度上解决了此前的法律困境，也为后续的安全生产监管工作提供了明确的法律依据。此后，该行政组织不断调整。2005 年，国务院发布《国务院关于国家安全生产监督管理局（国家煤矿安全监察局）机构调整的通知》（国发〔2005〕4 号），将国家安全生产监督管理局变更为国家安全生产监督管理总局。[1] 2018 年 3 月，第十三届全国人民代表大会第一次会议批准了《国务院机构改革方案》，组建应急管理部，不再保留国家安全生产监督管

〔1〕 参见《国务院关于国家安全生产监督管理局（国家煤矿安全监察局）机构调整的通知》（国发〔2005〕4 号），载中国政府网 2005 年 8 月 12 日，https://www.gov.cn/zwgk/2005-08/12/content_21687.htm。

理总局。[1]

为适应行政管理的发展要求，国家常通过法律法规将某些行政职能授予行政机关以外的组织行使。以高校为例，高校作为事业单位，虽然不享有行政机关的法定地位，但依据《高等教育法》《学位法》等法律的授权，可以行使学籍管理、毕业证书和学位证书管理等特定的行政管理职权。此类说法在学理上仍然存在一定争议，部分专家认为，学生入学时，实际上与学校达成了一种社会管理契约，学生必须服从学校所设立的制度。如果因此引发争议，其性质并非行政争议，而是民事争议。在中国台湾地区，此类案件法院也予以受理，但将其作为民事案件处理，而非行政案件。事实上，无论此种争议通过民事诉讼还是行政诉讼来解决，都符合一定的道理与逻辑，比之更重要的是，当行政组织作出对相对人不利或对其权利义务产生实质影响的行政决定时，必须为相对人提供明确有效的救济途径，而就诉讼救济而言，民事诉讼或行政诉讼都可以提供这样的救济渠道。

通过法律法规的授权，行政机关的内设机构、直属单位等可以独立行使特定职权。例如，杭州市公安局下设的交通警察支队（交通警察局），虽然属于杭州市公安局的内设机构，但其对外能以“交通警察支队”的名义直接对相对人进行管理，包括实施罚款、处罚交通违法行为，甚至可以在必要时依法定程序采取行政拘留等强制措施。这种模式的合理性在于，交通管理是一项高度专业化的事务，需要由具备专业知识和技能的单位来执行。交通警察支队通过专业化管理，能够更高效地预防和处理交通事故、维护交通秩序，从而

〔1〕 参见《国务院机构改革方案》，载中国政府网 2018 年 3 月 17 日，https：//www. gov. cn/xinwen/2018 -03/17/content_ 5275116. htm。

提升行政效能。然而，这种管理模式也催生了关于权力运行和监督机制的讨论。一方面，行政机关的内设机构、直属单位需要严格依照法律法规的授权范围行使权力，以确保其行为的合法性；另一方面，封闭的职能部门可能存在权力不合理使用的问题，甚至产生利益输送的风险。近年来，杭州机动车道上的硬隔离设施经历了从几乎被取消到重新增多的变化。双黄线作为禁止跨越标线，已具备有效规范车辆分道行驶的功能，那么设置硬隔离设施的必要性便值得探讨。此外，硬隔离设施的设置还可能带来一些副作用。例如，当驾驶员车速过快发生碰撞时，硬隔离设施可能断裂并插入驾驶室，造成严重的人员伤害，此类事故也确有发生。由此便引发了如下问题：交警部门在设置硬隔离设施时的管理决策是否足够科学？是否存在权力边界的过度扩张？就相关话题，需要进行持续思考。

目前，中国在行政组织设置方面尚未形成明确的规则，行政组织与事业单位、社会团体以及党组织之间的关系也未完全厘清。例如，在机构改革方面，2018 年 3 月，根据党中央关于深化党和国家机构改革的决策部署，原司法部和原国务院法制办公室的职责被整合，重新组建司法部，作为国务院组成部门。[1] 而在地方层面，不同省份的机构改革路径存在差异。河南省的法制机构与司法行政部门合并后，截至 2023 年，河南省大部分地级市的复议机构仍是政府办公室，[2] 也即行政复议职责并未转到司法局，这在全国属于非常少见的情形。相比之下，浙江省的改革路径和全国其他地区保持一

〔1〕 参见《深化党和国家机构改革方案》，载中国政府网 2018 年 3 月 22 日，https://m. mofcom. gov. cn/article/zt_ topic19/gzap/201803/20180302721494. shtml。

〔2〕 参见《河南省人民政府关于推进行政复议体制改革的意见》（豫政〔2020〕33 号）。

致，与河南省的模式则明显不同。在行政组织内部的统一性方面，以杭州市内的司法局为例，杭州市西湖区司法局现有10个内设科室，而杭州市其余各区司法局的内设科室数量并非皆为10个，也即杭州市内的司法局机构设置数量并未完全统一。在内设机构方面，近期杭州市正在开展内设机构监督检查工作，并要求在区司法局内设立一个行政合法性审查中心。按照相关要求，该中心的性质应为内设机构或事业单位。但内设机构的设置受“三定”规定的约束，[1] 人员编制无法随意扩充，而事业单位的总量同样受到严格控制，难以增设。

临时机构的设置、职能定位及其与其他部门的衔接协调，也是当今社会高度关注的重点问题。临时机构系指为完成某项阶段性、临时性的工作而设置的机构，多在工作完成后即宣告解散。《突发事件应对法》对突发事件发生时政府应急管理部门和卫生健康、公安等有关部门的职责作出了规定。[2] 但现实中，常出现以临时机构代替正式机构的现象。需要注意的是，对这一问题的讨论并非否定特殊状态下设立临时机构的必要性与可行性，而是要进一步思考临时机构的权力行使和常设机构的职能履行是否会发生冲突，前者是否会影响后者履行职责的权限、方式、程序等，其中又将牵涉公民最

〔1〕《“三定”规定制定和实施办法》（中办发〔2020〕38号）第二十四条 部门（单位）应当按照“三定”规定履行职责，不得越位、缺位、错位；录（聘）用人员、配备干部、核拨人员经费，应当以“三定”规定确定的机构、编制和领导职数为基本依据，不得擅自增设机构、变相增设机构或者提高机构规格、挤占挪用基层编制、在机构加挂牌子、自行设置领导职务名称或者提高领导职务层级、擅自设置职务序列、超编进人、超职数配备领导干部等。未经批准，部门（单位）及其内设机构的主要职责不得委托或者授权所属事业单位承担。

〔2〕《突发事件应对法》第二十一条 县级以上人民政府应急管理部门和卫生健康、公安等有关部门应当在各自职责范围内做好有关突发事件应对管理工作，并指导、协助下级人民政府及其相应部门做好有关突发事件的应对管理工作。

基本的权利保护问题。由于临时机构不具备适格的主体资格，复议或诉讼救济途径的可行性便将存疑。诸如此类情况，反映出中国行政组织法在实践中存在的一些客观问题，这些问题值得关注，并且应当在具体实践中提出切实可行的解决方案。

与此同时，党的职能部门在多个领域、以多种方式行使国家权力。例如2018年3月，国家监察委员会依法组建，与中央纪委合署办公。合署办公后的中央纪委国家监委，一套人马、双重职责，既是执纪机关，履行党章赋予的监督执纪问责职责，又是执法机关，履行宪法法律赋予的监督调查处置职责，实现党内监督和国家机关监督、党的纪律检查和国家监察有机统一，〔1〕从而达成了国家监察权全覆盖的目标。又如，党的十九届三中全会通过的《深化党和国家机构改革方案》提出，中央机构编制委员会作为党中央决策议事协调机构，统筹负责党和国家机构职能编制工作。〔2〕此外，《国务院关于机构设置的通知》（国发〔2023〕5号）提出，“国家互联网信息办公室与中央网络安全和信息化委员会办公室，一个机构两块牌子，列入中共中央直属机构序列”，如当事人对其作出的行政行为不服，可以依法申请行政复议或者提起行政诉讼。〔3〕从中国的政治体制来看，中国共产党的领导是中国最基本的政治事实，也是一项基本的宪法原则。党在整个改革过程中都必须在宪法和法律的范围内活动，这体现了中国共产党坚持依宪执政、依法执政的理念。

---

〔1〕《中国共产党纪律检查委员会工作条例》第七条　党的中央纪律检查委员会与国家监察委员会合署办公，党的地方各级纪律检查委员会与地方各级监察委员会合署办公，实行一套工作机构、两个机关名称，履行党的纪律检查和国家监察两项职责，实现纪委监委领导体制和工作机制的统一融合，集中决策、一体运行，坚持纪严于法，执纪执法贯通。

〔2〕参见《中国共产党机构编制工作条例》第五条。

〔3〕参见《网信部门行政执法程序规定》第四十九条第一款。

（二）行政组织应满足的要求

当前在一些公共行政中出现的部门之间争权夺利、推诿扯皮、人浮于事等现象，凸显了将公共行政组织纳入法治框架的必要性。为此，应当通过法律明确界定各个行政机关的职权范围、工作程序，以法治手段督促行政机关向精简、统一、高效方向发展。

第一，行政组织的设立须有宪法或法律依据，而不能由行政组织自我授权。在党的十八大以前，中国的行政体制调整中曾出现过自我授权的现象。例如，在征收农村集体土地方面，按照规定，涉及基本农田的征收必须由国务院批准。[1] 然而在特定时期，为了推动经济发展，国务院曾将这一权力下放到省级政府，由各省自行审批。[2] 原本土地管理机构隶属于县级以上人民政府，在权力下放后则创制了省级以下垂直管理的制度，也即市县的土地管理局不再属于地方政府的工作部门，而是实行垂直管理。垂直机构的设置理应取得法律的正式授权，因此这种现象的出现事实上是国务院自我授权以调整国家土地管理体制。当然后来法律进行了相应的修改，此类问题得到了妥善的解决。习近平总书记曾多次指出，凡属重大改

---

〔1〕《土地管理法》第四十六条　征收下列土地的，由国务院批准：

（一）永久基本农田；

（二）永久基本农田以外的耕地超过三十五公顷的；

（三）其他土地超过七十公顷的。

征收前款规定以外的土地的，由省、自治区、直辖市人民政府批准。

征收农用地的，应当依照本法第四十四条的规定先行办理农用地转用审批。其中，经国务院批准农用地转用的，同时办理征地审批手续，不再另行办理征地审批；经省、自治区、直辖市人民政府在征地批准权限内批准农用地转用的，同时办理征地审批手续，不再另行办理征地审批，超过征地批准权限的，应当依照本条第一款的规定另行办理征地审批。

〔2〕参见《国务院关于授权和委托用地审批权的决定》（国发〔2020〕4号）第二条。

革都要于法有据,[1] 这也是对职权法定的诠释与强调。正如前面所提到的，监察制度改革曾经历了由试点迈向全面深化阶段的发展历程。2016 年 11 月，中共中央办公厅印发《关于在北京市、山西省、浙江省开展国家监察体制改革试点方案》，在试点地区设立监察委员会，由监委会行使监察职权，并依法对本地区所有行使公权力的公职人员进行监察。2017 年 10 月，中共中央办公厅印发《关于在全国各地推开国家监察体制改革试点方案》，对深化国家监察体制改革作出部署，完成省、市、县三级监察委员会组建工作，实现对所有行使公权力的公职人员监察全覆盖。2018 年 3 月 20 日，十三届全国人大一次会议通过《监察法》，确立国家监察委员会是最高监察机关。由此可见，监察制度和监察机构的变革，都需要有相应的法律依据作为支撑。综上，行政组织可能面临的合法性危机需要通过宪法或法律的授权加以解决，其中包括行政组织的划转归并、层级管理等问题。从大历史观角度出发，行政组织的发展始终处于不断扩张与精简的循环过程中，改革精简后，事务性工作增加又导致机构扩张，随后需要再行精简。这种动态调整是必然发生的，因为国家机构和国家职能在不断变化。此处最为典型的例子是有关军人安置的问题，组织实施退役军人优抚安置工作的职责原本属于民政部门，军队转业干部被安排进入国家机关或国有企业；然而随着国家职能的变化和社会关注重点的转移，国有企业改革后部分转业干部的退休待遇与机关工作人员相差很大，由此产生了一定的矛盾。为了更好地解决这一问题，2018 年 3 月，国务院根据第十三届全国人民代表大会第一次会议批准的《国务院机构改革方案》，专门组建了退役军人事

---

[1] 参见《凡属重大改革都要于法有据》，载人民网 2014 年 3 月 1 日，http://www.people.com.cn/24hour/n/2014/0301/c25408-24498821.html。

务部。[1] 此次调整将原本属于民政部门的退役军人优抚安置职能划归到该部门，同时对人社部的军官转业安置职责及中央军委政治工作部、后勤保障部相关职责进行了有效整合。[2]

第二，规定公共行政组织的法律必须具有公开性、确定性、一致性。目前，中国在行政组织组成部门的职能配置、内设机构设置等方面，尚未制定出台统一的法律。现行有效的规定为2020年中共中央办公厅发布的《“三定”规定制定和实施办法》，该办法以中央党内法规的形式，对“三定”规定的制定和实施作出了全面具体的规定。“三定”方案（即定职能、定机构、定编制）并非一成不变，以我的亲身经历为例，2004年，我从杭州市西湖区人民法院院长助理调任西湖区人民政府法制办公室副主任。彼时，法制办和政府办合署办公，作为区人民政府的内设机构，专门负责办理行政复议、行政诉讼案件，并承担政府法律顾问相关工作。区政府制定的“三定”方案将法制办和政府办放在一起，即政府办中设有一个法制办，法制办下设法制科。我作为办公室副主任，当时管理一个科室，这个科室加上我共有两个编制。2008年，“三定”方案进行了修订，我管理的科室扩张到3个，包括综合科、应诉科和复议科，总编制数也相应地扩充到4人。2012年，西湖区法制办与政府办分离而单独设立，人员编制增加到6人，科室数量则保持不变，其中综合科不仅是法制办内部的日常管理机构，还承担着对全区法治事务进行督察的职责。2019年至今，区政府法制办与区司法局整合，加挂区行政复议局牌子。“三定”方案随着社会经济发展状况的变化而动态

〔1〕 参见《国务院机构改革方案》，载中国政府网2018年3月17日，https：//www.gov.cn/xinwen/2018－03/17/content_ 5275116.htm。

〔2〕 参见中共中央印发《深化党和国家机构改革方案》（二十九）。

调整，属于正常现象，而在调整的过程中其将始终遵循公开性、确定性、一致性这“三性”的要求。所谓“三性”，强调的是行政组织的设定模式与其行为方式间不能存在矛盾，否则可能不利于社会的正常运行和秩序维护。

第三，公共组织法必须确保国家和社会之间的良性互动，进而推动经济的健康发展，并保障不同的公民群体都能享受到各种基本的权利。这也是法治原则在公共行政组织领域中的实质性要求。法治国家、法治政府、法治社会一体建设是当下法治建设的重要任务；由此可见，尽管国家和社会在各自的领域中有着独特的运作模式，但二者并非相互对立，而是应当相互促进、彼此成就。行政组织法作为一种静态的法律制度，本身存在一定的滞后性，当社会中某些领域的发展超前于行政组织法律制度的发展时，便会出现不相适应的问题，就像没有哪位法学家能够事先预测一个国家所需行政组织的精确数量，也难以完美预判行政组织的权限设定范围。这种不确定性既源于社会发展的不可预见性，也与个体思维的局限性有关。法律人应当努力让这种“不适应”成为暂时的现象，而非长久的困境。与此同时，国家应在合理限度内尊重社会成员的自由权利，只有当出现社会成员自身无法解决的问题时，才需要通过国家设立的矛盾纠纷化解机制来解决。目前，法院“案多人少”的问题依旧较为普遍，而社会中设立的矛盾化解自治组织的存量却仍显有限。事实上，司法有广狭二义：狭义的司法仅指国家司法机关的审判活动；而广义的司法则包含民间司法，即社会民间组织根据社会规则所作的纠纷化解活动。习近平总书记在中央全面依法治国工作会议上明确指出，中国国情决定了中国不能成为“诉讼大国”。[1] 党中央高度重视矛盾纠纷多元化解机制在基层社会治理中的作用；而相关社会组织通过规范有序运行，能够有效助力基层争议的解决。例如，于2016年成立的杭州律谐调解中心，是由杭州市律师协会发起设立的具有法人资格的非营利性社会组织，也是全国首家以律师为主体的专业性社会调解组织；其致力于帮助当事人达成调解协议，维护社会和谐稳定。截至2023年12月底，杭州律谐调解中心专职律师调解诉前调收案3万余件，调解成功9700余件，调解成功率达32.12%，获得了当事人普遍好评，同时也减轻了法院的审判执行压力。[2]

第四，行政机关对公共行政组织的设立必须依法进行，任何违法行为都将被追究责任。法治原则要求政府、公民、法人及其他组织均须同等地遵守法律规定，违法行为都将受到法律制裁。如果在公共行政领域缺乏相关的责任追究机制，那么将难以遏制违规设置机构、擅自增加编制等行为以及推诿扯皮、争权越位、滥用权力等现象。例如中国的法律对于噪声污染的防治规定分类很细，其中商业经营活动造成的噪声污染往往由城管部门负责管理，社会生活噪声则由公安部门负责管理。[3] 这就导致两家部门之间容易互相推诿，针对同一噪声，城管认为是社会生活噪声，公安则认为是商业经营活动造成的噪声。之前在商住楼一层有许多小餐饮店，店家会在水

〔1〕 参见《习近平：坚定不移走中国特色社会主义法治道路　为全面建设社会主义现代化国家提供有力法治保障》，载中国法院网2021年2月28日，https://www.chinacourt.org/article/detail/2021/02/id/5825278.shtml。

〔2〕 参见王春：《浙江律师去年以来参与办理调解案件4.3万件　解纷需求与专业力量“双向奔赴”》，载《法治日报》2024年1月18日，第7版。

〔3〕 参见《噪声污染防治法》第八十一、八十七条。

缸里养鱼，到了晚上停业时，为了防止鱼死亡，店家会使用增氧泵。增氧泵发出的声音中包含低频声波，有些人听到这种声音会感到不适，因此进行举报，而相关部门却可能表示均不对此负责，最终导致问题难以解决。当然，在这起事件中，城管部门的执法人员对水缸进行了排查，在为水缸增装了四个橡皮垫圈后解决了噪声问题。在行政执法过程中需要强调这样的办事智慧与技巧。

二、中国行政组织制度的变化情况

回顾过去的目的是检视现在，检视现在的目的则是更好地展望未来。中华人民共和国成立初期，社会动荡尚未完全平息，代议制机构的设立条件还不充分。但当时的新政权迫切需要建立强大的行政组织以推动国内各项改革、恢复社会经济秩序，于是设立了中国人民政治协商会议以代行全国最高权力机关的职权。在第一届中国人民政治协商会议上，通过了具有宪法性质的《中国人民政治协商会议共同纲领》和《中央人民政府组织法》，选举产生了中央人民政府委员会，下设政务院、最高人民检察署、最高人民法院、人民革命军事委员会四个机构，统一领导国家各机构、各部门。这一时期的行政组织法律规范虽然为行政组织法律体系提供了制度基础，但由于国家权力的组成和结构尚未完全定型，因此相关法律规范的功能也仅具有暂时性。

1954 年，第一部宪法（即“五四宪法”）正式颁布，中央人民政府委员会这一过渡组织被取消，改为由全国人大直接选举产生国家机构，中国的国家治理结构正式确定为“一府两院制”。由于社会环境的相对稳定，此阶段的政府工作重心在于持续恢复社会秩序，保障人民最基本的生产和生活需求。在公共行政领域中，全国人民代表大会常务委员会先后制定了《公安派出所组织条例》《城市街道办事处组织条例》等条例。作为国家法制机构的国务院法制局也第一次出现在国务院组织架构中。就内容而言，这一时期的行政组织法律规范在确保整个国家的管理体系得到有效运行的同时，保留了初创阶段的特色。

“文化大革命”时期，中国行政组织法律规范的发展陷入停滞。除了国务院在形式上保留了名称并继续运作外，地方各级人民政府大多被改组为“革命委员会”。同时，中华人民共和国成立初期制定的大量行政组织法被忽视，初步建立的行政组织系统也被以阶级斗争为导向的机构所取代。1978 年，党的十一届三中全会作出了把党和国家的工作重心转移到经济建设上来、实行改革开放的历史性决策。1982 年，《宪法》（即“八二宪法”）正式颁布。“八二宪法”以“五四宪法”为基础对 1978 年《宪法》进行了全面修改，总结了中国社会主义发展的丰富经验，并吸取了国际上的合理经验，是对“五四宪法”的继承和发展。此后，全国人大重新制定了《国务院组织法》，并对 1979 年制定的《地方各级人民代表大会和地方各级人民政府组织法》进行了修订。国务院机构则从 1982 年至今，以适应市场经济为主线连续进行了 9 次重大改革。1997 年，《国务院行政机构设置和编制管理条例》正式发布，使国务院行政机构的设置和人员编制管理自此有章可循。

就实践而言，任何立法在制定与实施过程中所暴露的问题及其产生的实效，都可以为后续立法提供经验参考，从而推动法律体系的持续完善。任何行政组织的发展也均处于动态的变化之中，以适应国家经济社会结构的发展需要。行政组织的法治化始终是一个任重而道远的任务。当前的行政组织法中也仍然存在一定的缺陷：其一，基本的行政组织法律既没有明确行政机关的设置及其职权必须由法律或地方性法规规定，也没有明确授予行政机关对公共行政进行组织规制的权限。其二，数字化改革通过机制安排保障了公民权利的实现，但行政组织法律规范中仍缺乏对公民、法人和其他组织权益的保障性条款，公民对现有的保障性条款的认识亦不够深刻。其三，法律责任追究机制的缺位，致使部分行政官员可能存在违规扩编行为，导致财政供养规模无序扩张，增加公共财政负担。其四，行政组织法律规范对中央、地方在规制公共行政组织的权限方面没有规定，一定程度上导致地方行政机关的设置与职权的划分较为混乱。其五，现行行政组织法体系尚缺少必要的与国务院组织法和地方政府组织法相匹配的法律、法规，缺少经法律授权制定的其他行政组织的规范性文件。

正因为上述问题的存在，党积极推进党和国家机构改革，各方面机构的职能不断优化、逐步规范。在 2018 年国务院机构改革方案中，国务院正部级机构减少 8 个，副部级机构减少 7 个，除国务院办公厅外，国务院设置组成部门 26 个。其中经济调节、市场监管、社会管理、公共服务、生态环境保护职能得到加强。按照“一类事项原则上由一个部门统筹、一件事情原则上由一个部门负责”的工作思路，重点对自然资源确权登记、国土空间规划、城乡污染排放监管、农业投资项目管理、反垄断执法、城乡医疗保障、退役军人服务保障、应急管理、援外工作协调、自然保护区监管、国家物资储备等职责作了调整优化，解决了 60 多项长期存在的部门职责交叉、关系不顺的问题。[1] 2023年国务院机构改革方案的内容则包括重新组建科学技术部、组建国家金融监督管理总局、深化地方金融监管体系改革等13项重要内容，突出重点行业和领域，针对性比较强，力度比较大，涉及面比较广，触及的利益比较深，着力解决一些事关重大、社会关注的难点问题，对经济社会发展产生重要影响。[2] 在未来，行政组织的改革方向也会根据实际需要不断进行相应的调整。

三、行政组织法治化的设想

行政组织法治化需要解决各级公共行政组织如何设置、变更、撤销以及行政组织的性质、地位、任务、职权如何确定等问题。行政组织法治化事关法治政府建设，只有真正实现行政组织的法治化，才能从根本上解决依法行政过程中存在的难点问题。行政组织法治化具体将从行政组织法与行政组织编制法两方面具体展开。

（一）行政组织法

目前，行政组织法体系主要由《国务院组织法》《地方各级人民代表大会和地方各级人民政府组织法》和散见于宪法与其他法律中有关政府组织的规范共同构成。为了适应庞大、繁杂的行政组织

〔1〕参见《国务院机构改革方案》，载中国政府网2018年3月17日，https：//www.gov.cn/xinwen/2018-03/17/content_5275116.htm。

〔2〕参见《国务院机构改革方案》，载中国政府网2023年3月11日，https：//www.gov.cn/xinwen/2023-03/11/content_5745977.htm。

及其无所不在的行政职权，行政组织法律体系在修改上述两个基本行政组织法律规范的同时，应制定国务院各部委和直属机构的组织条例，并适时制定省、市、县、乡以及各级自治地方政府所属机构的行政组织规范。

试举一例。青海省和浙江省，前者位于西北内陆，后者地处东南沿海，二者在地理地貌、自然资源禀赋、历史文化、人口组成等方面均存在显著差异。在具体行政组织的设置上，一方面，两省在公共安全治理、教育、医疗卫生等领域的机构设置上具有共通性；另一方面，在部分机构的设置过程中，应充分彰显各自的地域特色，以实现行政组织设置的科学性和合理性。青海省虽然名称中有“海”字，但事实上没有海，反而在省内拥有广阔的草地资源，为其畜牧业发展提供了丰富的天然牧场，是全国五大牧区之一。由此，在青海省设置相应的畜牧业管理机构就有其内在必要性。而浙江省虽然名称中没有“海”字，却是中国岛屿数最多的省份，其海岸线总长居全国前列，拥有丰富的海洋资源。2024 年，浙江省组建了海洋经济发展厅，这也是全国首个以“海洋经济发展”命名的省级政府部门，为推动浙江“强港经济”发展提供了重要机制保障。

行政组织的性质、地位及其设置、变更、撤销，均需结合各地区的自然资源条件与社会人文环境进行合理调整，这便涉及授权立法或称委任立法的问题。行政组织法在构建时应当更为灵活，例如在宪法和相关法律中，可明确赋予省级国家权力机关相应的权限，使其能够在一定范围内依据本地区的自然资源条件与社会人文环境自主设置相应的管理机构，以适应各地纷繁复杂的社会事务需求。事实上，我们在地域更小的范围内曾经有过类似的尝试，1990 年 3 月，浙江省政府批准成立杭州高新技术产业开发区，高新区管委会设立在西湖区。而后，随着高新技术产业规模的不断扩大，杭州高新区开启了跨钱塘江发展的进程。1996 年，滨江区成立；2002 年，杭州高新区与滨江区二区合署办公，成立杭州高新区（滨江）。该行政组织的设立正是为了更好地适应社会管理需求，推动形成高新技术产业聚集，以形成扩大规模效应。

在未来的行政组织法立法过程中，应当考虑以下几点：第一，修订制定行政组织相关法律文件所依据的宪法或法律规范，以使地方能够在一定范围内取得授权，根据实际情况对本地行政组织进行适时的调整。第二，确定行政组织及其直属机构的数量规模。仍以青海省和浙江省的人口数据作为对比，浙江省杭州市西湖区三墩镇的常住人口为 36 万人左右，而青海省某县的总人口数可能仅为 20 万左右，这意味着在行政组织数量上二者应当存在一定差异。第三，调整行政组织与其上级业务主管行政组织间的关系。有句非常形象的比喻叫“上面千条线，下面一根针”，这一方面形象地说明了基层行政组织工作的重要、复杂和繁重，另一方面也说明若欲切实为基层行政组织减负，不能只盯着基层，必须善于从源头上找准病灶、勇于从根子上对症下药，需要明确行政组织与其上级业务主管行政组织的地位、性质及二者间的关系等问题。第四，理顺行政组织内部各机构间的关系。目前行政组织呈现出一种“大部制”改革的趋向，即为推进政府事务综合管理与协调，按政府综合管理职能合并政府部门，扩大一个部门所能管理的业务范围，把多种内容有联系的事务交由一个部门管辖，从而最大限度地避免多头管理问题，提高行政效率。例如，市规划和自然资源局将城市、乡村规划职责与土地、矿产等自然资源管理职责整合在了一起；但行政是具有一定专业度的行为，在这个过程中需要理顺内部行政的工作流程，增强各工作环节的内部配合度。第五，划清行政组织的职权范围。以合并前的法制办与司法局各自的职权为例，法制办主要负责代表同级人民政府进行行政复议和应诉，对各部门的行政执法活动进行监督和指导，同时承担法规草案的审查与起草等工作。司法局的职责则侧重于面向社会的司法行政服务和管理，包括法治宣传、法律服务监管、社区矫正、人民调解、法律援助等。在两个单位整合后，职权范围相应地扩大，在实践中也产生了一些问题。在杭州市的基层司法行政机关中，富阳区司法局的公共法律服务范围包括法律援助、公证服务和司法鉴定，而西湖区司法局的公共法律服务范围则不包含公证和司法鉴定。同一地区内的司法行政机关掌握不同的公共资源，可能会引发社会管理问题。第六，明确行政组织行使职权的基本方式与程序，重视公民权利保护，构建权限冲突解决、监督及责任追究机制。同时，在行政组织的变更和撤销问题上，如行政组织确有必要变更或撤销，需谨慎判断其变更或撤销后可能造成的影响，并评估承接其职权的机构是否有能力承接相应的工作。

（二）行政组织编制法

行政组织的法治化应涵盖编制管理问题，其与行政组织规则紧密相关。然而，中国行政组织编制管理长期以来较为混乱，尚未完全纳入法治轨道，具体表现为决策层面存在一定的盲目性和随意性。《浙江省行政合法性审查工作规定》要求各级人民政府、有关部门对拟作出的行政规范性文件、重大行政决策、重大行政执法决定、行政协议是否符合法律、法规、规章和上级行政规范性文件规定，开展前置审查。[1] 由于这是一项专业性很强的工作，浙江省司法厅作为省内合法性审查的牵头单位，要求各地的机构编制部门和司法行政部门高度重视合法性审查工作，成立实体化运作的行政合法性审

〔1〕 参见《浙江省行政合法性审查工作规定》第三条。

查中心。行政组织的增设必然涉及人员扩编的问题，而杭州市主城区的机构编制管理权主要由杭州市机构编制管理机关负责。如果个别区县出现人员超编的情况，从市级层面来看，就等同于市级整体超编，因此必须进行总量控制，这给相关改革带来了一定的阻碍。

在行政组织编制法体系的建立方面，可以将立法模式的科学化和系统化作为努力方向，在强调科学合理的同时，必须与现行行政组织法的修订同步进行，并就行政编制管理的各个方面作出原则性规定。同时，还需要通过法律授权的方式，完善国务院、地方人大在行政编制方面的立法工作，拟定相应的授权条款、审查条款和监督条款。具体而言，第一，明确行政编制管理机关的地位、性质和权限，厘清中央与地方各级行政编制管理机关之间的关系；第二，制定行政编制管理的程序性规定，包括行政编制管理机关的审查、论证、批准、公布、备案等程序；第三，确立行政编制管理的基本标准，并根据实际情况进行调整和优化，以适应政治、经济和社会发展的需要。

第三章　行政人员

一、改革开放以前的国家干部制度

二、改革开放时期的国家干部人事制度改革

三、公务员制度的法制建设

一、改革开放以前的国家干部制度

法学这门学科需要从多个方面去理解把握，如借助宪法学、法理学和法史学等视角。法律制度的变迁往往与社会发展的变迁相一致，因此对任何法律制度的考察，都可以从社会历史发展变迁的角度切入。国家公务员制度也是如此，从行政人员的安排到整个公务员制度的设计，都可以循其历史脉络展开分析。

1949 年中华人民共和国成立之后，中国政府在人事行政体制上汲取了两方面的经验：一是民主革命时期解放区和人民军队干部制度的实践经验，二是苏联计划经济体制下高度集中的干部管理模式经验。

这一时期的国家干部制度具有以下特征：第一，采用“国家干部”而非“公务员”的称谓体系，管理的对象十分复杂，包括权力机关、行政机关、审判机关、检察机关、政协机关、人民团体等公共部门（组织）和全民所有制企业等经济组织的工作人员。因此，在当时的社会背景下存在独特的干部调配机制。例如，杭州市中级人民法院在特殊时期后恢复司法审判工作职能，为维护社会秩序的稳定，亟须进一步充实法官队伍，便将杭州市很多中学的老师引入了法官序列。这是由于彼时的杭州市公立中学在性质上属于全民所有制事业单位，中学老师同属于国家干部，可以通过组织的调配进入司法系统。与此同时，由于这一时期采用了国家统一的调配方式，所以国家干部的分配、升迁、工资福利待遇等都参照一定的行政级别来划分和享有。第二，人员管理权限集中于各级党委的组织部门，管理方式较为单一，没有建立系统的人事分类管理体系。为了严格贯彻国家干部选用的政治标准，各级国家干部均由同级或上一级党委的组织部门进行统一管理，而具体的工作部门或用人单位则不享有人事管理权。在实际的人员调配中，这种垂直管理模式可能会产生权力寻租的问题，从而阻碍真正需要的人才调入相应的部门内部。第三，人事制度的法治化水平滞后，行政管理的人治色彩浓厚。国家干部的录用选任、考核评价等关键环节依旧缺乏科学的标准与完善的程序。

二、改革开放时期的国家干部人事制度改革

行政人员的制度安排与国家法律制度、行政组织的变化密切相关。鉴于改革的推进需要行政人员，故应构建与之适配的行政人员制度框架。中国从计划经济转向市场经济过程中的干部人事制度变革，是中国行政法治发展中的一个重要环节。

在社会转型与国家法治建设的双重驱动下，传统的高度集中的干部制度与社会现实需要逐渐脱节，倒逼人事管理体系进行改革创新。1978 年中共十一届三中全会的召开拉开了改革开放的大幕，中国自此步入了以经济建设为中心、全面推进社会主义现代化建设的新时期。以邓小平同志为主要代表的党中央期望通过一系列的体制改革加速中国经济的发展速度，摆脱国家在经济上落后、人民在精神上匮乏的发展困境，其中正涉及对行政人员体制的改革措施。1979 年 7 月，邓小平同志明确提出要建立干部退休制度。1980 年 2 月，中共十一届五中全会提出要废除领导干部职务终身制，这标志

着干部人事制度改革的正式启动。事实上，中华人民共和国成立以来的干部退休问题在此前一直没有得到妥善解决，导致各级干部队伍老化严重。“文化大革命”结束后，领导班子普遍青黄不接的局面更是进一步加剧。为此，邓小平同志主动提出退休，为废除领导干部职务终身制作出表率；随后，1982 年召开的中共十二大为解决中央领导机构新老交替问题，设立了一个独特的机构——中国共产党中央顾问委员会，使老同志能够以顾问的身份在二线上做参谋，顾问的级别不低于同级党委成员。在完成其历史使命后，中国共产党中央顾问委员会于 1992 年召开的中共十四大上被撤销，领导干部职务终身制顺利过渡到常规退休制。

这一时期，与市场经济相适应的干部人事制度初步建立。纵观其变化趋势，国家对各类干部的管理模式正逐渐从“大一统”模式向分类管理模式转变。其中，行政机关已经适应国家公务员制度的管理，党群机关、权力机关、政协机关则参照公务员的管理制度进行管理。事业单位开始实行以聘用制为主的任用制度，对管理人员实行职员制，对专业技术人员实行专业技术职务聘任制。改革开放初期，为解决农村贫困地区的劳动就业问题，政府推动建立了大量乡镇企业。这些乡镇企业不仅通过灵活的用人制度缓解了农村的就业压力，还依托市场竞争机制倒逼国有企业进行人事制度改革，进而推动现代企业制度的初步建立。国有企业通过下放人事管理权，逐步建立起与现代法人治理结构相契合的企业人事制度。与此同时，人才资源配置摆脱了传统的统包统配模式，竞争机制开始发挥作用。与市场经济相适应的收入分配制度和社会保障制度在探索中逐步建立并完善，1987 年中共十三大提出“以按劳分配为主体，其他分配方式为补充”的分配原则，首次从政策层面肯定了债券利息、股份分红、经营风险补偿金等非劳动收入的合法性。

三、公务员制度的法制建设

在学习行政法的过程中需要借助比较行政法的研究方法，考察域外行政法文化，吸收借鉴经过检验的具有普遍适用性的制度成果和法律思想。公务员在西方国家被称为文官，西方的文官制度往往遵循“两官分途”的基本原则，“两官”分别指的是政务官和事务官。其中，政务官通过选举产生，有一定的任期，随选举胜负而进退。事务官则通过公开考试选拔，实行“无过失不受免职处分”的职务常任制。狭义上的西方“公务员”仅指通过非选举程序被任命担任政府职务的事务官。在“公务员”的具体涵盖范围上，各国间也仍存在差异。例如，在英国，“公务员”一般是指政府中常务次官及以下的所有文员，他们经公开考试择优录用，不与内阁共进退，而经选举或政治任命的工作人员和地方政府工作人员则不属于“公务员”序列。在美国，“公务员”仅指在美国联邦政府行政机构中执行公务的人员，国会雇员和法院法官均不适用公务员法，军人（文职人员除外）及在政党等非政府机构内工作的人员也不是“公务员”。在法国，中央政府、地方政府和公立公益机构（如医疗卫生机构）等单位的所有公职人员都统称为“公务员”，但不包括议会工作人员和法院工作人员。

中国公务员制度的法制建设主要经历了以下五个阶段：第一，研究起草阶段。1978 年，中共十一届三中全会提出“加强社会主义法制”，进一步凸显了法律在国家经济、政治、社会和文化发展中的重要地位。“有法可依、有法必依、执法必严、违法必究”这 16 个字成为法制建设的指导方针。为了推动党政机关干部人事制度朝着科学化、民主化、法治化方向发展，以法律形式对干部的选拔、考核、奖惩等关键环节予以规范，党和国家于1984年提出要加快干部人事工作立法进程。此后，由中共中央组织部、原劳动人事部等有关部门牵头起草《国家机关工作人员法》，该法的适用对象为国家行政机关工作人员。随后在起草过程中因实际需要，原拟制定的《国家机关工作人员法》更名为《国家行政机关工作人员条例》。1986年下半年至1987年，按照当时政治体制改革的总体要求，提出了干部分类管理和建立国家公务员制度的设想，并将起草中的《国家行政机关工作人员条例》更名为《国家公务员暂行条例》。1987年召开的中共十三大正式提出要在中国建立和推行国家公务员制度。1988年，《国家公务员暂行条例（草案）》交由新成立的人事部继续修改完善。以我的个人经历为例，我当时在人民法院工作，而当时人民法院的工作人员，诸如法官、书记员等，并未纳入公务员序列，但实际管理方式是参照公务员的相应制度来执行的。第二，试点修改阶段。为了检验《国家公务员暂行条例（草案）》的科学性，1989年年初，在国家审计署、海关总署、统计局、环保局、税务局、建材局率先进行公务员制度试点。1990年，哈尔滨市和深圳市也加入试点行列。其中，哈尔滨市是老牌工业城市的代表，而深圳市则走在改革开放前沿。国家选择这两个地方作为试点，若这两个地区都能取得成功，便可有力证明该制度具备广泛适用性。各试点单位及地方相关部门依据《国家公务员暂行条例（草案）》推进制度实施工作，有效增强了干部队伍的活力。此外，条例起草小组还在全国范围内广泛征求意见，并组织专家团队进行多次修改。第三，法规颁布实施阶段。1993年，国务院正式颁布了《国家公务员暂行条例》，并在各级国家行政机关中实施，《国家公务员暂行条例》的颁布和实施标志着中国公务员制度的正式建立。该条例共有 18 章 88 条，对公务员从入职到退休的各个管理环节，均作出了明确且详细的规定。第四，总结阶段。按照中央部署，各级组织人事部门遵循“整体推进、突出重点、分步到位”的思路，每年聚焦一个重点，稳步推进公务员制度建设。至 1997 年年底，全国基本建立起公务员制度，构建一支高素质的专业化行政管理队伍成为当时推进行政法治化的重要任务。同时，由于《国家公务员暂行条例》主要适用于行政机关的工作人员，审判机关与检察机关在参照公务员制度进行管理的过程中，出现了诸多不便。如公务员制度的基本规则要求下级无条件服从上级命令，而在审判机关，工作人员只对法律负责。为此，1995 年，立法机关参照公务员管理制度，分别制定了《检察官法》和《法官法》，进而规范了检察机关和审判机关工作人员的管理问题。第五，制定颁布法律阶段。《国家公务员暂行条例》在稳步实施的同时依旧存在一些问题，如在考试录用方面，公开考试仅适用于国家行政机关主任科员以下的非领导职务岗位，且考试内容与实际工作脱节；在考核激励层面，领导干部考核机制与工资福利的挂钩机制尚未完全明确等。2005 年，《公务员法》经全国人大常委会审议通过，共计 18 章。《公务员法》在《国家公务员暂行条例》的基础上进行了全面修订，系统规定了国家公务员的条件、义务与权利，职务职级与级别，录用，考核，职务、职级任免，职务、职级升降，奖励，监督与惩戒，培训，交流与回避，工资、福利与保险，辞职与辞退，退休，申诉与控告，职位聘任以及法律责任等核心内容。中国公务员制度的法制化进程虽然起步较晚，却在短短数十年间构建起一个复杂完备的体系，充分彰显了党和国家对人才培养的高度重视，也映射出国家行政法治建设的长足进步。

相较于《国家公务员暂行条例》，《公务员法》进一步扩大了

"公务员"的涵盖范围，凡是依法履行公职、纳入国家行政编制、由国家财政负担工资福利的工作人员均属于公务员范畴。[1] 权力机关、政协机关、群团组织的工作人员和各大民主党派的中央领导同志等均被纳入国家公务员编制。审判机关、检察机关等单位的工作人员也作为特殊类别的公务员加入公务员序列。拓宽公务员范畴，将多类工作人员纳入其中。从中央层面看，此举对实现统一管理和优化治理体系具有重大意义，但同时也带来了不容忽视的财政支出压力。随着公务员队伍规模的不断扩大，财政支出压力显著增加。这一压力既表现为现有的公务员薪酬、福利和培训等费用的增加，还包括未来可能的扩编需求和相关福利提升所带来的长期财政负担。公务员定义的宽泛还导致统计口径不统一，这也会造成公务员数据统计的困难。美国 2015 年总人口数是 3.2 亿，政府公务员人数是 2800 万左右。而中国是 13 亿人口，公务员数量为 716.7 万。中国总人口数是美国的 4 倍，而公务员人数仅为美国的 1/4。可见，事实上相对于发达国家，中国公务员人数并不多。[2] 同时鉴于国家财政供养负担的加重，党的十八大后，国家提出机构编制"只减不增"的长期管理目标和硬性约束，党的十九大报告提出"统筹使用各类编制资源，形成科学合理的管理体制"，[3] 2019 年起实施的《中国共产党机构编制工作条例》把"坚持机构编制瘦身与健身相结合"确定为机构编制工作必须遵循的基本原则之一。[4] 在一系列政策措施的叠加推

---

〔1〕 参见《公务员法》第二条。

〔2〕 参见《我国公务员总数首披露：截至 2015 年底共有 716.7 万人》，载人民网 2016 年 6 月 21 日，http：//politics. people. com. cn/n1/2016/0621/c1001 –28464163. html。

〔3〕 参见《新时代新征程做好机构编制工作的根本遵循》，载求是网 2023 年 12 月 15 日，http://www. qstheory. cn/dukan/qs/2023 –12/15/c_ 1130027256. htm。

〔4〕 参见《中国共产党机构编制工作条例》第三条第一款第四项。

动下，目前实际的公务员数量与2015年的数据应当没有太大差异。但诸如“庞大的公务员数量是国家财政的负担”的质疑依旧存在，对此，相关制度须及时作出回应。另外，随着公共服务向基层下沉，受限于人员数量不足，基层行政人员公共服务质效不足的问题逐渐显现。对此，很多地区的单位招收了一定数量的辅助工作人员。例如，公安机关聘用的合同制、临时性辅助警察开展工作的协勤人员，主要负责路段巡查、交通管理协助等工作。法院中也存在一批类似的工作人员，他们被称作司法雇员。其余如司法行政机关中的司法协理员、社区中的社区工作者也均属于行政辅助人员队伍。编外人员的不断增加也引发了一系列新的治理效应，如基层政府机构愈发臃肿、行政效率降低、财政资源负担加重等。

2018年新修订的《公务员法》自2019年6月1日起正式施行，主要在以下几个方面作了补充和调整：

第一，突出政治要求。新修订的《公务员法》将党对公务员工作的全面领导原则系统嵌入总则设计，[1] 并贯穿于公务员“进、管、退”全流程。这一修订的制度逻辑在于中央全面依法治国委员会成立后，法治中国建设迈入系统协同推进的新阶段。因此，公务员队伍作为行政权力行使的具体执行者，其管理制度必须与“法治政府建设是全面依法治国的重点任务”的战略定位相契合。在《公务员法》总则部分确立党的领导原则并构建全链条规范体系，既实现了“党管干部”原则的法治化转型，也为行政权力运行提供了组织保障。

第二，完善公务员职务、职级等有关规定，并通过制定《公务员职务与职级并行规定》对其进行细化。《公务员法》第十七条规

[1] 参见《公务员法》第四条。

定："国家实行公务员职务与职级并行制度，根据公务员职位类别和职责设置公务员领导职务、职级序列。"对于非领导职务人员而言，若其长期致力于某项工作，可能会成为特定领域内的专家。然而，如果他们的薪资福利待遇未建立相应的增长机制，将会不可避免地对其工作积极性产生负面影响。因此，职务与职级并行制度改革的初衷就是使非领导职务的公务员也能通过职级晋升获得相应的待遇提升，从而解决基层公务员晋升难、待遇低的问题，增强其职业归属感和尊荣感，激发其工作热情。具体而言，首先，公务员领导职务根据宪法、有关法律和机构规格进行设置。领导职务层次分为：国家级正职、国家级副职、省部级正职、省部级副职、厅局级正职、厅局级副职、县处级正职、县处级副职、乡科级正职、乡科级副职十个级别。[1] 一般说的厅级干部、处级干部指的就是职务上的区别。其次，公务员职级在厅局级以下进行设置。综合管理类公务员职级序列分为：一级巡视员、二级巡视员、一级调研员、二级调研员、三级调研员、四级调研员、一级主任科员、二级主任科员、三级主任科员、四级主任科员、一级科员以及二级科员等十二个级别。综合管理类以外其他职位类别公务员的职级序列则根据《公务员法》由国家另行规定。[2] 最后，公务员的领导职务、职级应当对应相应的级别。[3] 公务员级别与职务相对应的规定，最早出现在《国家公

〔1〕 参见《公务员法》第十八条。
〔2〕 参见《公务员法》第十九条。
〔3〕 参见《公务员法》第二十一条。

务员暂行条例》中，其将国家公务员级别分为十五级。[1] 2016 年颁布的《公务员职务与级别管理规定》则规定了二十七级的公务员级别，[2] 该级别数也一直沿用至今。2018 年《公务员法》的修订则使公务员级别与职级开始对应。假设一个人进入司法局工作后，一直没有机会在职务上取得晋升，在工作表现良好且符合其他条件的基础上，其职级会随着资历和任职年限的增长而提高，薪酬待遇也将同步调整。当然，现实中，在制度执行层面上仍存在“路径依赖”现象，部分地区没有严格贯彻落实职务与职级并行的制度，导致该制度在基层落实中出现“空转”现象。部分公务员既没有在职务上有所提升，其职级也并未得到相应的调整。这不仅削弱了职务与职级并行制度的实施效果，也导致基层公务员职业发展通道的拓展目标未能完全实现。在具体的对应关系上，《公务员职务、职级与级别

〔1〕《公务员暂行条例》第十条　国家公务员的级别分为十五级。

职务与级别的对应关系是：

（一）国务院总理：一级；

（二）国务院副总理，国务委员：二至三级；

（三）部级正职，省级正职：三至四级；

（四）部级副职，省级副职：四至五级；

（五）司级正职，厅级正职，巡视员：五至七级；

（六）司级副职，厅级副职，助理巡视员：六至八级；

（七）处级正职，县级正职，调研员：七至十级；

（八）处级副职，县级副职，助理调研员：八至十一级；

（九）科级正职，乡级正职，主任科员：九至十二级；

（十）科级副职，乡级副职，副主任科员：九至十三级；

（十一）科员：九至十四级；

（十二）办事员：十至十五级。

〔2〕《公务员职务与级别管理规定》第十一条　公务员级别由低至高依次为二十七级至一级。

管理办法》第五条规定了公务员领导职务层次与级别的对应关系，[1]《公务员职务与职级并行规定》则明确了综合管理类公务员职级所对应的级别。[2] 实践中，公务员的领导职务、职级与级别的对应可能会更为复杂。例如，某中央行政机构因机构改革由正部级降格为副部级后，其内设部门的职级体系也需要同步重构。又如，杭州市作为副省级城市，其公务员职务、级别与一般的地级市存在区别。

第三，调整充实从严管理干部的相关规定。首先，2018 年修订后的《公务员法》坚持严管和厚爱相结合，使“全链条管理”机制更加健全。《公务员法》将原《公务员法》的第九章章名“惩戒”

〔1〕《公务员职务、职级与级别管理办法》第五条　公务员领导职务层次与级别的对应关系是：

（一）国家级正职：一级；

（二）国家级副职：四级至二级；

（三）省部级正职：八级至四级；

（四）省部级副职：十级至六级；

（五）厅局级正职：十三级至八级；

（六）厅局级副职：十五级至十级；

（七）县处级正职：十八级至十二级；

（八）县处级副职：二十级至十四级；

（九）乡科级正职：二十二级至十六级；

（十）乡科级副职：二十四级至十七级。

副部级机关内设机构、副省级城市机关的司局级正职对应十五级至十级；司局级副职对应十七级至十一级。

〔2〕《公务员职务与职级并行规定》第八条第三款规定：“综合管理类公务员职级对应的级别是：（一）一级巡视员：十三级至八级；（二）二级巡视员：十五级至十级；（三）一级调研员：十七级至十一级；（四）二级调研员：十八级至十二级；（五）三级调研员：十九级至十三级；（六）四级调研员：二十级至十四级；（七）一级主任科员：二十一级至十五级；（八）二级主任科员：二十二级至十六级；（九）三级主任科员：二十三级至十七级；（十）四级主任科员：二十四级至十八级；（十一）一级科员：二十六级至十八级；（十二）二级科员：二十七级至十九级。”

调整为“监督与惩戒”，并增加了两条监督方面的规定，[1] 在法律层面将监督明确为从严管理公务员工作的一个重要环节。其次，2018 年修订后的《公务员法》进一步强化了纪律约束，将“不担当，不作为”列入不得违反的纪律行为。[2] 最后，2018 年修订后的《公务员法》在重点监督措施方面更具有针对性，增加了“公务员不得在其配偶、子女及其配偶经营的企业、营利性组织的行业监管或者主管部门担任领导成员”等内容，[3] 体现了对“关键少数”进行从严管理的要求。此类任职回避的限制既体现了从严管理干部的法治要求，也有效避免了可能的利益冲突与公正性质疑。

第四，贯彻落实党中央关于加强公务员队伍管理正向激励体系建设的要求，健全公务员激励保障机制，加强对公务员合法权益的保护。具体包括：其一，加强考核评价机制，如新增专项考核方式[4]、强化考核结果运用[5]等。例如，在浙江省重大改革项目的推进过程中，若某地区能推出一个在全省范围内应用的项目，那么该地区的有关单位将在相关考核评分中提档升级，增加综合考核的奖金数。同时，公务员个人若连续三年在年度考核中被确定为优秀

[1] 《公务员法》第五十七条 机关应当对公务员的思想政治、履行职责、作风表现、遵纪守法等情况进行监督，开展勤政廉政教育，建立日常管理监督制度。

对公务员监督发现问题的，应当区分不同情况，予以谈话提醒、批评教育、责令检查、诫勉、组织调整、处分。

对公务员涉嫌职务违法和职务犯罪的，应当依法移送监察机关处理。

第五十八条 公务员应当自觉接受监督，按照规定请示报告工作、报告个人有关事项。

[2] 《公务员法》第五十九条规定：“公务员应当遵纪守法，不得有下列行为：……（四）不担当，不作为，玩忽职守，贻误工作；……”

[3] 参见《公务员法》第七十四条第二款。

[4] 《公务员法》第三十六条 公务员的考核分为平时考核、专项考核和定期考核等方式。定期考核以平时考核、专项考核为基础。

[5] 《公务员法》第三十九条 定期考核的结果作为调整公务员职位、职务、职级、级别、工资以及公务员奖励、培训、辞退的依据。

等级，将被授予三等功。[1] 其二，健全奖励机制。对工作表现突出，有显著成绩和贡献，或者有其他突出事迹的公务员或者公务员集体，给予奖励。奖励将遵循定期奖励与及时奖励相结合，以精神奖励与物质奖励相结合、精神奖励为主的原则。[2] “勇于担当”成为公务员或公务员集体被给予奖励的有关情形，[3] 进一步提升了公务员的职业荣誉感。其三，完善权益保障机制。例如《公务员法》第八十二条第二款规定：“公务员执行国家规定的工时制度，按照国家规定享受休假。公务员在法定工作日之外加班的，应当给予相应的补休，不能补休的按照国家规定给予补助。”公务员的申诉控告条款也进一步得到完善，[4] 明确公务员不因申请复核、提出申诉而被

〔1〕 参见《公务员奖励规定》第十条。

〔2〕 参见《公务员奖励规定》第三条。

〔3〕《公务员法》第五十二条规定：“公务员或者公务员集体有下列情形之一的，给予奖励：（一）忠于职守，积极工作，勇于担当，工作实绩显著的；……”

〔4〕《公务员法》第九十五条　公务员对涉及本人的下列人事处理不服的，可以自知道该人事处理之日起三十日内向原处理机关申请复核；对复核结果不服的，可以自接到复核决定之日起十五日内，按照规定向同级公务员主管部门或者作出该人事处理的机关的上一级机关提出申诉；也可以不经复核，自知道该人事处理之日起三十日内直接提出申诉：

（一）处分；

（二）辞退或者取消录用；

（三）降职；

（四）定期考核定为不称职；

（五）免职；

（六）申请辞职、提前退休未予批准；

（七）不按照规定确定或者扣减工资、福利、保险待遇；

（八）法律、法规规定可以申诉的其他情形。

对省级以下机关作出的申诉处理决定不服的，可以向作出处理决定的上一级机关提出再申诉。

受理公务员申诉的机关应当组成公务员申诉公正委员会，负责受理和审理公务员的申诉案件。

公务员对监察机关作出的涉及本人的处理决定不服向监察机关申请复审、复核的，按照有关规定办理。

加重处理，[1] 保障公务员申诉、控告的权利。同时，公务员提出申诉、控告，应当尊重事实；不得捏造事实，诬告、陷害他人。对捏造事实，诬告、陷害他人的，依法追究其法律责任。[2] 另外，《关于机关事业单位工作人员养老保险制度改革的决定》（国发〔2015〕2 号）明确了中国公职人员养老金制度的改革方案，并在改革的基础上设立了 10 年“过渡期”，提出了公职人员养老金制度改革的基本原则、适用范围、制度模式与制度设计，旨在统筹城乡社会保障体系建设，建立更加公平、可持续的养老保险制度。[3] 2018 年修订后的《公务员法》第八十三条第一款规定，“公务员依法参加社会保险，按照国家规定享受保险待遇”，对公务员的参保规定进行了相应修改。2024 年 10 月 1 日，中国机关事业单位与企业职工养老保险制度并轨改革的 10 年“过渡期”正式结束，标志着养老保险制度改革的完成。

第五，根据公务员管理的实践需要，对分类考录、分类考核、分类培训等进一步提出明确要求，并对公务员考核方式、宪法宣誓、公开遴选等方面作出修改。其中，宪法宣誓是 2018 年《公务员法》修订中新增的一项重要内容，公务员就职时应当依照法律规定公开进行宪法宣誓。[4] 宪法是国家的根本法，而公务员是国家治理的中坚力量，必须自觉忠于宪法，遵守宪法，维护宪法。

---

〔1〕 参见《公务员法》第九十六条第三款。

〔2〕 参见《公务员法》第九十九条。

〔3〕 参见《关于机关事业单位工作人员养老保险制度改革的决定》（国发〔2015〕2 号），载中国政府网 2015 年 1 月 14 日，https：//www. gov. cn/zhengce/content/2015 - 01/14/content_ 9394. htm。

〔4〕 参见《公务员法》第九条。

第四章　行政立法

一、行政立法的概念

“行政立法”这一概念在不同的使用语境下存在不同的含义；其既是一种立法行为，也是一种行政行为。行政立法的主体是特定的行政机关，这些行政机关依据宪法和法律的授权，在其职权范围内，依照法定程序制定行政法规和规章。

值得注意的是，行政立法其实可进一步划分为形式上的行政立法和实质上的行政立法。这种分类既不同于法定分类，也并非纯粹的学术分类，而是从提升行政立法科学性的视角出发所采用的一种研究方法和分析路径。形式上的行政立法文件，特指依据《立法法》明确授权制定的行政法规、部门规章和地方政府规章。[1] 而实质上的行政立法所涵盖的范围则更广，无论相关法律文件是否以行政法规、部门规章或地方政府规章的形式呈现，只要由行政机关直接立法或间接主导立法，且内容涉及行政权力配置，便构成实质意义上的行政立法。例如，部分行政管理类法律或地方性法规虽然表面上是由权力机关颁布出台，但其立法过程实际上由行政机关主导或经多部门博弈，此类情形即仍属于实质上的行政立法范畴。这也促使学界对许多关于行政立法的科学性问题展开深入研究。又如，从规范论角度而言，《立法法》并未将创制行政规范性文件的行为纳入其调整的范围，也即制定行政规范性文件不属于“立法”范畴。然而在实践中，行政规范性文件的确立和执行需要以法律、法规和规章

〔1〕 参见《立法法》第七十二、九十一、九十三条。

为依据，其制定程序等外在形式与行政立法的要求高度相似。本章后续讨论所涉的“行政立法”，均是指实质意义上的行政立法。

形式上的行政立法性文件可以分为法规和规章两种类型。其中，规章的范围在2000年《立法法》出台后发生了一定变化。在此之前，除地方政府规章以外，其他规章被称为部委规章，专指由国务院组成部门制定的规范性文件；而国务院直属机构颁布的规范性文件，其效力低于部委规章。2000年起实施的《立法法》第七十一条针对此问题作出调整，国务院的组成部门及具有行政管理职能的直属机构均成为规章的制定主体。[1] 地方政府规章的制定主体则包括省、自治区、直辖市和设区的市、自治州的人民政府。[2] 试举一例，2023年，浙江省根据有关法律、法规，结合省内实际，发布了《浙江省行政合法性审查工作规定》这一省级地方政府规章，对行政合法性审查的范围、内容、程序以及时限等作出要求。一方面，行政合法性审查工作覆盖各级人民政府及其职能部门拟作出的行政规范性文件、重大行政决策、重大行政执法决定及行政协议等事项，这是对审查工作机制、组织保障及经费保障的系统性考验。[3] 另一方面，一个地区的法治文明程度与其立法、司法、执法的文明程度呈正向关系。作为法治政府建设中的重要环节，行政合法性审查工作将通过规范公权力的运行边界，进一步提升浙江省的法治政府建设水平。

---

〔1〕《立法法》(2000) 第七十一条　国务院各部、委员会、中国人民银行、审计署和具有行政管理职能的直属机构，可以根据法律和国务院的行政法规、决定、命令，在本部门的权限范围内，制定规章。部门规章规定的事项应当属于执行法律或者国务院的行政法规、决定、命令的事项。

〔2〕参见《立法法》第九十三条第一款。

〔3〕参见《浙江省行政合法性审查工作规定》第三条。

二、对中国行政立法发展的评价

总体上讲，中国的行政法治建设虽然起步较晚，但发展迅速，取得了显著成就。党的十一届三中全会强调要发展社会主义民主，健全社会主义法制，确立了“有法可依、有法必依、执法必严、违法必究”的十六字方针。[1] 其中，有法可依是法治建设的基础性工作。随着改革开放的持续深入推进，社会发展活力得以充分激发，催生出大量需要借助行政管理手段解决的事项。面对日益复杂的社会治理需求以及立法体系存在的空白，仅依靠全国人大及其常委会和地方各级人大及其常委会制定的法律与地方性法规已难以满足实践需要。在此背景下，通过法律的授权，大量的行政立法在公共领域内应运而生，有效地填补了法律体系的空白，使行政管理的运行有章可循、有法可依。截至2025年4月，中国现行有效法律305件、行政法规598件，[2] 而国家规章库有记载的部门规章数为2589件，地方政府规章数达8045件。实证研究表明，在行政机关的管理活动中，更多是依据行政法规、规章以及其他行政规范性文件开展相关工作，而真正能够被直接援引的法律的数量则相对有限。可见，行政立法在促进经济发展、稳定社会秩序、调整不同利益主体间的权利义务关系等方面，发挥着重要作用。尽管当前行政立法的科学性

---

〔1〕参见《以严格执法推进法治中国建设》，载光明网2023年11月30日，https://www.gmw.cn/xueshu/2023-11/30/content_36999188.htm。

〔2〕参见《努力建设更高水平的平安中国法治中国》，载微信公众号“中央政法委长安剑”2025年4月16日，https://mp.weixin.qq.com/s/D9ZTGshjA5_JVhWEfgopvg。

日益增强，但在行政立法工作中仍然存在一些不容忽视的问题，具体包括行政立法冲突在一定范围内存在和行政立法质量有待提高两方面。

（一）行政立法冲突在一定范围内存在

立法冲突，是指在立法过程中，由于立法权限分配不明确或各立法主体间权力范围重叠，导致创制的法律文件在内容和效力上出现矛盾或抵触的现象。例如在当前行政架构持续优化与变革的进程中，众多政府机构历经整合、拆分与职能重塑。以 2018 年政府机构改革为例，原农业部改革重组为农业农村部；原国土资源部与其他相关部门的职责整合后组建了自然资源部，以统筹各类自然资源的管理与规划。[1] 在农村宅基地问题上，《土地管理法》（2004 年修正）曾授权国土行政主管部门承担前置技术性审核工作，一般情况下，最终由县级人民政府批准建房。[2] 然而，随着职能调整，全国农村宅基地的改革和管理职责转移到农业农村主管部门，由其具体负责包括建立健全宅基地分配、使用、流转、违法用地查处等管理制度在内的多项工作，相关法律规定也发生了变化。[3] 在此过程中，宅基地管理权这一蕴含诸多利益的职权常常成为多部门争夺的焦点。可随着时间的推移，在实际承担相关工作时，农业农村部门发现其中潜藏着大量棘手难题，如缺乏相应的技术支撑和完整的档案资料等。又如在某省消费者权益保护法的实施办法的修订过程中，市场

---

〔1〕 参见《中共中央印发〈深化党和国家机构改革方案〉》，载中国政府网 2018 年 3 月 21 日，https：//www. gov. cn/zhengce/2018 –03/21/content_ 5276191. htm#1。

〔2〕 参见《土地管理法》（2004 修正）第六十二条。

〔3〕 参见《农业农村部、自然资源部关于规范农村宅基地审批管理的通知》（农经发〔2019〕6 号）第一条。

监管部门实际上发挥了主导作用，其认定预付卡业务属于商务活动范畴，并非单纯涉及消费者权益保护，在过往处理预付卡纠纷时常常遭遇诸多执法难题，因此主张将部分预付卡管理职能划归至商务部门。商务部门在立法期间未对有关条款予以足够关注，使这一职能调整得以顺利通过。待新规实施后，商务部门发现自身既无相应执法人员，也未设立能够处理商业预付卡纠纷的执法机构。该现象产生的原因在于部门利益本位主义导向，部门职权不仅与利益挂钩，还与责任相关联。试想，若一个行政部门的管理权限越大，其在权力行使过程中出错的概率就越高，相应地，被提起行政复议和行政诉讼的可能性也会随之增加，所面临的败诉风险大幅提升。为规避问责风险，职权推诿的现象随之产生。

行政立法冲突可能发生在不同的法律层级和不同的立法主体之间，典型的行政立法冲突包括行政法规与法律间的冲突、行政法规与地方性法规间的冲突、规章与地方性法规间的冲突以及规章彼此之间的冲突等。

第一，国务院和中央权力机关间的立法权限范围并不明晰。《立法法》第十条第一款规定："全国人民代表大会和全国人民代表大会常务委员会根据宪法规定行使国家立法权。"而国务院制定行政法规，需要依据宪法和法律，针对执行法律的具体规定或者基于自身行政管理职权范围内的事项来开展。但在实际情况中，某些事项究竟应当由法律来规定，还是由行政法规加以规范，界限并不清晰。

第二，国务院和地方权力机关间的立法冲突现象时有发生。国务院颁行的行政法规和地方权力机关制定的地方性法规在名称上虽然都为"法规"，但行政法规在效力上高于地方性法规。[1] 试举一

〔1〕 参见《立法法》第九十九条第二款。

例，《甘肃祁连山国家级自然保护区管理条例》历经三次修正，部分规定始终与《自然保护区条例》不一致。2010 年修正的《甘肃祁连山国家级自然保护区管理条例》第十条将国家规定的“禁止在自然保护区内进行砍伐、放牧、狩猎、捕捞、采药、开垦、烧荒、开矿、采石、挖沙”等 10 类活动，[1] 缩减为“禁止进行狩猎、垦荒、烧荒”等 3 类活动，且这 3 类都是近年来发生频次少、基本已得到控制的事项。这给祁连山的自然生态资源保护带来负面的影响。[2] 保护自然资源的方式可分为积极保护模式和消极保护模式。对于祁连山这类生态环境敏感且需要重点守护的区域而言，应侧重于消极保护，即设定更为严格的绝对禁止事项。事实上，在此类问题上，地方唯有设置比国务院相关规定更为严格的禁止性条款，才更具实际效力和可行性。《甘肃祁连山国家级自然保护区管理条例》作为地方性法规，不当地缩减行政法规所设定的禁止性规定，无疑是一种“立法放水”。

第三，规章与地方性法规之间，以及规章彼此之间，存在相互冲突的情形。规章可以分为部门规章和地方政府规章两种类型。在地方性法规与地方政府规章的关系问题上，《立法法》第一百条第一款规定：“地方性法规的效力高于本级和下级地方政府规章。”而地方性法规与部门规章间的关系则相对复杂，二者在法律效力上并无绝对的高低之分，又因其在立法目的、调整范围及侧重点上存在显著差异，导致发生冲突的可能性相对较高。例如，在经纪人管理问题上，《浙江省经纪人管理条例》（于 2009 年 11 月 27 日废止）规定

[1] 参见《自然保护区条例》第二十六条。

[2] 参见《中办、国办就甘肃祁连山国家级自然保护区生态环境问题发出通报》，载生态环境部官网 2017 年 7 月 21 日，https://www.mee.gov.cn/xxgk/hjyw/201707/t20170721_418244.shtml。

经纪人经有关部门登记注册，领取营业执照后，方可从事经纪活动。[1] 而同一时期《经纪人管理办法》（于2016年4月29日废止）中却没有相关要求。那么，若外地经纪人进入浙江开展业务时没有领取营业执照，是否意味着该经纪人就不具备相应的主体资格？类似的问题在实践中普遍存在，显著增加了基层行政主体的执法负荷。与此同时，规章制定主体的差异使部门规章和地方政府规章在实践中也可能发生冲突。尽管在冲突产生后设有事后的裁决机制，但由于事前缺乏对二者权限范围的清晰界定，导致在立法过程中往往难以有效地预防冲突的发生，诸多潜在冲突在规章施行后才暴露出来，给执法和社会治理带来了困扰。一言以蔽之，行政立法要具有生命力，并非规定得越宽泛、涵盖范围越广就越好，而是必须契合国家整体以及某些特定地域的自然资源状况。否则，若忽视这一适配性原则，不仅会因立法冲突而增加后续的行政管理成本，还可能动摇行政立法的公信力基础，削弱民众参与立法的积极性。

（二）行政立法质量有待提高

在中国，行政立法的主体数量众多，包括国务院、国务院各部委及其直属机构、省级和部分市级人民政府等。随着法治政府建设的不断推进，行政立法的科学性正日益提高。然而，实践中依旧暴露出一些问题，在行政立法实体内容层面，现行法律对行政立法的要求不够明确和全面；在行政立法程序层面，也尚未形成完善而有力的约束机制。行政立法的质量在很大程度上依赖于立法主体的价值取向和起草人员的专业素养等主观因素。这种以软性要素替代刚性制度的立法模式设计，致使行政立法的质量难以得到有效保障，

---

〔1〕 参见《浙江省经纪人管理条例》（于2009年11月27日废止）第十条。

具体表现在以下三个方面。第一，行政立法过程中的权利、义务和责任分配不平衡。行政机关在进行行政立法时，往往从自身利益角度出发，倾向于扩大自身权力，规避法定责任，这本质上是一种懒政思维。例如，某些行政机关试图单纯通过在立法中提高最低罚款金额基准的方式，来限制违法行为的发生。在新冠肺炎疫情期间，浙江省某县有位农民在过年时杀了一头猪，自家吃不完便拉到村口售卖，获利700余元。[1] 根据《生猪屠宰管理条例》的规定，农民私自屠宰并销售生猪的行为是不被允许的，[2] 而一旦出现这种行为，最低罚款数额的基准线高达5万元。[3] 也就是说在该案中，农民违规销售了700余元的猪肉，却将面临5万元的罚款数额。此案是行政立法过程中权利、义务和责任分配不平衡的典型体现，行政机关的权力大而责任小，行政相对人则义务重而权利少。从后续执法工作的角度看，按照现有规定作出处罚在形式上虽符合规范要求，但实际执法效果显然不佳。事实上，当行政立法中存在一定缺陷时，执法人员可以通过柔性执法优化实施效果，从而在一定程度上减少前述问题的出现。例如，对于某些违法行为，如果当事人是首次违法，且危害后果轻微并及时改正的，结合2021年修订后的《行政处

〔1〕 参见《宰杀自养猪，卖700元被罚5万元！执法有力度还要有温度》，载澎湃新闻网2023年7月13日，https：//www. thepaper. cn/newsDetail_ forward_ 23838922。

〔2〕《生猪屠宰管理条例》第二条 国家实行生猪定点屠宰、集中检疫制度。

除农村地区个人自宰自食的不实行定点屠宰外，任何单位和个人未经定点不得从事生猪屠宰活动。

在边远和交通不便的农村地区，可以设置仅限于向本地市场供应生猪产品的小型生猪屠宰场点，具体管理办法由省、自治区、直辖市制定。

〔3〕《生猪屠宰管理条例》第三十一条第一款规定："违反本条例规定，未经定点从事生猪屠宰活动的，由农业农村主管部门责令关闭，没收生猪、生猪产品、屠宰工具和设备以及违法所得；货值金额不足1万元的，并处5万元以上10万元以下的罚款；货值金额1万元以上的，并处货值金额10倍以上20倍以下的罚款。"

罚法》的相关规定，可以不予行政处罚，仅对当事人进行教育。[1]如此，既能对轻微违法者起到警示和教育作用，又能体现法律的人文关怀价值，维护社会关系的和谐稳定。

第二，行政立法部门之间缺乏必要的协调，导致执法部门在从事管理活动的过程中难以适从。部门之间协调机制的缺失，是当前行政立法工作中最为突出且普遍的问题。以未依法取得营业执照及行政许可的市场主体的管理实践为例，过去市场监督管理部门、城市管理部门、税务部门和食品安全监督管理部门等均针对无证无照经营现象进行管理，但取得的效果并不理想。其中，市场监督管理部门称，其仅能对已在本部门办理营业执照的主体实施管理，对于无证无照经营主体则无法进行监管；城市管理部门表示，其主要负责市容环境等相关事务，无证无照经营事项不属于其管理范畴；税务部门更是直言，无法对没有工商执照的经营主体采取征税等其他管理措施。此处有一个关于豆芽菜的典型案例，十分形象地反映了这一乱象。居民日常食用的黄豆芽是由新鲜黄豆培育而来的，部分农民在培育黄豆芽的过程中违规添加了植物生长调节剂，且未经药剂残留检测便将豆芽送至市场进行售卖。对于此现象，农业部门认为，其仅负有与农产品生长阶段相关的管理职责，一旦黄豆芽进入后续生产环节，就超出了自身的管理范围；市场监督管理部门称，其仅负责市场交易环节的监管工作，食品安全监管不在其法定职责范围内；食品安全监督管理部门则表示，只有当黄豆芽真正送上

[1]《行政处罚法》第三十三条 违法行为轻微并及时改正，没有造成危害后果的，不予行政处罚。初次违法且危害后果轻微并及时改正的，可以不予行政处罚。

当事人有证据足以证明没有主观过错的，不予行政处罚。法律、行政法规另有规定的，从其规定。

对当事人的违法行为依法不予行政处罚的，行政机关应当对当事人进行教育。

餐桌后，其才有权依法介入管理。由此，民间也产生了诸如“七八个大盖帽（各行政管理部门），管不住一个破草帽（小商贩）”的戏言。一个违法行为从起始到结束，是一个连续的过程，若生硬地将其拆解并进行分段管理，必然会引发诸多问题。即便在实务中受客观条件限制必须实行分段管理的模式，立法部门也理应在行政立法进程中构建一套完善的、适用于各行政执法部门的衔接机制，而这恰恰是目前实际工作中所欠缺的。例如，在共享单车治理领域，尽管已有若干规范性文件对此进行规制，但在部分老旧小区周边区域，共享单车无序停放、占据机动车道的乱象仍屡见不鲜。这是由于在实践中，违规停放共享单车的责任主体较难明确，交警部门与城市管理部门之间的衔接并不顺畅，难以形成有效的管理合力。

第三，行政立法的可行性欠佳，影响了其实施的实际效果。以原《杭州市城市规划管理条例》为例，该条例虽在性质上属于地方性法规，但由于其内容涉及行政权力的配置，所以可被归属为实质意义上的行政立法。城市规划管理条例的核心应聚焦于规划城市空间利用率，而不应过度涉足技术细节，将其纳入行政法调整范畴。诸如建筑物间距等问题，本质上属于技术领域内容，却被纳入立法内容进行调整。这一做法忽视了实际存在的诸多情况，进而导致行政管理工作陷入被动局面。所幸随着建筑质量的提升和相关立法内容的调整，现今许多问题得到了妥善解决。

三、对行政立法的要求

第一，社会主义市场经济体制要求行政立法对经济社会的干预必须以“适度”为原则。行政立法并非严格意义上的原创性造法活动。多数情况下，行政立法属于授权立法活动，即行政机关根据法律、法规授权或最高权力机关的专门授权决议所授予的立法权来开展立法工作。因此，行政立法更多的是对现有的法律进行细化和阐释。例如，当上位法的规定较为笼统时，行政机关能够通过制定法规或规章，对上位法进行细化完善，从而增强法律在现实经济社会场景中的可操作性。实践中，行政立法应当契合市场经济发展需求，积极发挥正向作用，全方位助力市场经济健康有序发展。试举一例，曾经，验资是申请公司登记、领取营业执照的前置条件，有限责任公司的注册资本为在公司登记机关登记的全体股东实缴的出资额。[1] 注册资本实缴登记制在一定程度上确实通过制度安排保障了企业的信用履约能力，但也无疑加重了企业开办者的负担。随着社会主义市场经济的不断发展，注册资本实缴登记制的弊端日益显现。在具体操作流程上，实缴制要求企业先筹集资金并存入银行，由银行出具存款证明，再经中介审计机构或会计师事务所出具验资报告，最后企业凭这些材料到市场监管部门进行登记。但不少企业的验资资金系通过短期借贷方式筹措，登记完成后便立即归还。如此一来，实缴登记制构建新设企业良好信用的初衷，实际上已难以实现。鉴

〔1〕 参见《公司法》(1993) 第二十三条。

于此，2013年修正后的《公司法》取消了注册资本最低限额并全面推行认缴登记制，[1] 企业设立门槛大幅降低。而2023年修订后的《公司法》则确立了有限责任公司资本限期认缴制，规定股东出资的最长期限为公司成立之日起5年。[2] 这一转变不仅为行政立法的进一步优化调整指明了方向，更促使企业的设立登记流程不断简化，有力地促进了市场主体数量的持续增长与市场创新活力的充分释放。行政立法所倡导的“适度”干预原则，意味着对于那些能够实现良好运转的经济或社会活动，行政立法不应强行介入并开展相关立法工作。另外，在社会伦理范畴内，若某些问题依靠其自身的调节机制就足以妥善解决，行政立法也不应贸然干预。曾有一段时期，部分人大代表和政协委员提议，将“常回家看看”纳入行政立法范畴，规定不常回家看望长辈属于违法行为并将对其予以处罚。事实上，在社会道德体系和社会主义核心价值观中，已然涵盖了对这类涉及人伦关系问题的引导与规范，若再以行政立法手段进行强制干预，反而可能产生负面效果。

第二，社会主义市场经济本质上是法治经济，统一开放、竞争有序的市场体系要求行政立法具备科学性、公正性和可行性。在现实中，行政立法的科学性、公正性和可行性在实体层面往往难以直接进行把握与评判。但倘若将公开性与民主参与融入行政立法进程，让社会民众充分参与立法并吸纳其合理诉求，那么由此形成的行政立法成果将会具备较高的专业性与公信力，并能在一定程度上减少立法实施后可能出现的“官民对抗”风险。现阶段的行政立法中仍存在一些问题，如在设定行政处罚的过程中，相关行政部门有时会

〔1〕 参见《公司法》(2013修正) 第二十六条。

〔2〕 参见《公司法》(2023修订) 第四十七条第一款。

陷入行政惰性思维，片面认为罚款数额越高越有助于管理。但这种高额罚款的设定行为，本质上是对政府信用的损害。以“5斤芹菜罚款6.6万”事件为例，当事人购进5斤芹菜，卖出1斤后，剩余4斤因农药残留超标被扣押，又因未能提供溯源票据，被处以6.6万元罚款。当央视记者就此询问某市场监管局副局长“处罚是否过当”时，该副局长也承认处罚过重。行政执法困境的成因往往并非源于执法本身，而更多指向立法层面。因而，行政立法过程中的公开性和民主参与性必须得到有效落实，其在提升行政立法的科学性、增强民众对行政立法的认同感和接受度等方面，有着重要意义。行政法规、部门规章或地方政府规章的起草，均应在网上进行公示，借助政府官方网站等公众易于接触的网络平台，将文件草案予以公开，广泛征求社会各界意见，切实保障公众的知情权与立法参与权。需要注意的是，此类做法务必落到实处，而非仅仅流于形式。例如，某次水价改革听证会中，所有参加听证的代表均同意自来水涨价，引发了社会的强烈质疑。民众将此类听证戏称为“提价听证会”，以暗指听证会后的结果似乎是可以提前预见的。事实上，许多价格调整听证会后，所涉商品或服务的价格往往会上涨。这种形式主义的听证只会不断损耗政府的公信力，破坏政府与民众之间的信任关系，阻碍行政立法工作的顺利推进和有效实施。

第三，行政立法作为行政权的一种表现形式，理应受到依法行政原则的约束，并严格遵循法律优先和法律保留的原则。其中，法律优先原则要求行政立法不得与既有的法律相抵触，当法律对相关事项已有规定时，行政立法必须严格遵循法律的规定，一旦出现不一致，行政立法须及时作出调整，通过废止或修订等方式，维护法律的权威性与统一性。法律保留原则明确限定了行政立法的权限，规定行政立法只能在法律授权的范围内进行，对于法律保留的特定事项，行政立法无权将其纳入调整范围，唯有获得明确授权，方可就相关领域开展立法活动，以此防止行政权借助立法肆意扩张，保障行政立法的合法性与正当性。

四、行政立法的完善与前瞻

首先，随着社会的全方位发展、依法行政的要求逐渐提高，行政立法从框架构建到具体条款设置，都需要更加规范、合理，以贴合社会的实际需求。其次，相较于权力机关立法，行政立法的成本更低，且相对更为灵活。它能够针对社会发展中涌现的新情况、新问题迅速作出调整，因此行政立法应当具有一定的前瞻性。最后，良法是善治之前提，行政立法的“法”必须是良法。法律谚语中有“恶法非法”的说法，“孙志刚事件”便是典型的因恶法引发悲剧的案例。2003 年，孙志刚因未随身携带身份证被派出所民警拦截，民警依据当时的《城市流浪乞讨人员收容遣送办法》将其送至收容人员救治站。在救治站中，孙志刚受到工作人员和其他收容人员的野蛮殴打，最终不幸死亡。这一事件引发了社会的广泛关注与深刻反思，随后，《城市流浪乞讨人员收容遣送办法》被依法废止。可见，行政立法若背离公平、正义等基本价值理念，损害公民基本权利，就如同恶法，不仅无法实现良好治理，反而会破坏法治秩序、侵害民众权益。在行政立法未来的完善方向上，可以从以下两个方面入手。

（一）摆脱部门利益和地方利益的影响

摆脱部门利益和地方利益的桎梏，是剔除行政立法中不良、不合理条款的重要原则性诉求。为最终形成良法，必须避免从部门利益和地方利益出发开展行政立法工作。在行政立法实践中，部分行政机关错误地将设置行政审批程序作为管理的主要手段，导致社会主体的办事流程变得极为繁琐。以基本建设项目的审批程序为例，从项目启动的土地划拨环节，到后续的施工建设、验收检测、竣工备案和工程交付，建设方要与大量政府部门周旋。而各部门间往往缺乏有效的沟通与协调机制，致使审批过程拖沓冗长，极大地消耗了建设方的时间、精力与成本。在这一点上，值得称赞的是，自开展“最多跑一次”改革以来，浙江省在政务服务数字化转型方面积极探索，通过数字赋能，大力推行线上办理模式，简化了办事路径，并实行限时办结制度，让民众和企业办事有了明确的时间预期。如今，领取建设工程规划许可证，仅需半天便能完成办理。

与此同时，在行政立法的实际运作过程中，既要防止上级行政机关在立法中对下级行政机关职责范围内的工作滥用指令，肆意干涉下级行政机关依法依规开展的工作；也要避免下级行政机关不当侵犯上级行政机关的权限，超越自身法定层级进行立法。试举一例，某地人民政府发布文件规定，2000 年 12 月 31 日后在此区域出生的儿童，户籍一律登记为城市居民户口。但这些区域的居民多为茶农，且在当前户籍政策愈发开放的背景下，儿童户籍本可依据父母情况自由选择，若父亲是城市居民户口，母亲是农村户口，父母能自主决定儿童是随父还是随母落户。依据《户口登记条例》规定，户口登记工作由各级公安机关主管，[1] 在公安机关已依规将儿童户籍登记为农村户口后，上级人民政府却擅自发文更改，这种行为显然超越了其权限。又如，在限制人身自由的行政拘留实施方面，依照职

---

〔1〕 参见《户口登记条例》第三条第一款。

权法定原则，公安部门有权实施行政拘留行为。某市人民政府作为某市公安局的上级，绝不能擅自决定对某公民实施治安拘留。但在现实中，尤其是在综合行政执法过程中，由于存在多个部门职能交叉、权力界定不够清晰等因素，类似的越权现象时有发生，严重影响了行政秩序与法治环境。

（二）落实《立法法》关于行政立法的民主化规定

第一，与权力机关的立法过程基本相同，行政立法的主要环节包括立项、起草、专家论证、听取民众意见、会议讨论、表决、签署和公布。总体上看，权力机关的立法程序相较于行政立法更为严格。不过，随着社会对行政立法的关注度不断提高，行政机关的自我规制意识也日益增强，行政立法程序正朝着愈发规范的方向发展。

第二，重视建立与完善公民对行政立法的民主参与程序。需要注意的是，并非所有的行政立法环节都需要广泛的民主参与。以立项环节为例，相较公民个人或社会组织，行政机关凭借数据平台和技术工具，在捕捉社会运行痛点时更具系统性与前瞻性优势。若让全体社会成员参与行政立法立项工作，不仅成本高昂，而且会导致立法效率的低下。鉴于行政立法在本质上仍是一种行政活动，行政活动必定需要讲求效率。在此种情况下，不能简单地以牺牲效率为代价来追求实体上的公平正义。这一逻辑同样适用于起草阶段，要求全民参与文本拟制不仅不具备可操作性，而且偏离了行政立法的功能定位。应当特别指出的是，部分专家群体通过提交立法建议稿参与行政立法的起草环节，供行政机关进行参考比较，无疑是值得肯定的做法。为切实保障公民对行政立法的民主参与，行政机关在立法过程中必须着重留意以下要点：

（1）行政立法机关有必要对立法草案作出详尽说明，这是让公众了解其立法意图的直接且关键的途径。在了解行政机关开展此项行政立法行为所力求达成的立法目的的基础上，民众便能针对立法草案内在的合理性与合法性，提出相应的意见和建议。(2) 行政立法机关可通过专家论证会、听证会、座谈会等多种形式听取公民意见。实践中，民众对行政立法的意见可能呈现出多元化的特征，其中既涵盖完全赞同的观点和部分赞同的观点，也包含持反对态度的声音，这些不同意见都应得到充分的展现与重视。(3) 行政立法机关在充分听取各方意见后，有责任对意见的采纳与否作出明确说明。当民众积极对立法提出意见和建议时，行政机关理应给予尊重，详尽阐释采纳或者不采纳的具体理由。民众参与行政立法，是对自身权益以及社会治理的关切。按照习近平总书记所强调的“以人民为中心”理念在行政立法过程中的落实要求，行政立法机关理应对意见采纳情况说明理由。这不仅体现了行政机关对公民参与立法权的尊重，更能让民众感受到自身在行政立法进程中的重要性，从而更积极地参与后续行政立法活动。

第三，行政立法过程中应设置必要的会议讨论与通过程序。尽管行政立法是在遵循行政首长负责制的前提下进行的，但这不能成为行政立法不经讨论便直接发布的理由。在行政立法过程中设置讨论环节，不仅可以对立法内容进行查漏补缺，还提供了诸多纠正不恰当行政立法的机会，这对于提升行政立法质量、维护公权力机关公信力起到关键作用。

第四，在立法技术上，应当力求行政立法的规范和统一。立法技术可分为宏观立法技术和微观立法技术两个维度。行政立法的宏观立法技术包括立法预测、立法规划以及对行政立法文件的清理和调整。一是，立法预测属于行政立法的事前评估环节，其核心在于围绕社会管理需求，判断现实社会是否存在相应的立法必要性。否则，一旦颁布不恰当的行政立法，后续纠正将耗费大量的人力、物力和时间成本。二是，立法规划是指依据立法事项的重要程度与紧急程度，按照时间先后确定立法顺序。就实际情况推测，近几年陆续出台的一系列鼓励民营经济健康发展的行政立法文件，极有可能是出于兼顾维护社会稳定与促进经济发展的需要，在原有立法规划基础上进行了合理且适当的调整。三是，对行政立法文件的清理和调整是避免行政立法冲突的重要手段。随着时间推移和社会发展，行政立法文件数量增多，不同时期、不同部门发布的文件之间可能存在规定不一致、相互矛盾等情况。通过对这些文件进行清理和调整，可以及时发现并解决潜在的冲突问题。例如，2023 年国务院印发《关于取消和调整一批罚款事项的决定》，取消和调整工业和信息化、住房城乡建设等领域 33 个罚款事项，其中，取消 16 个罚款事项，调整 17 个罚款事项，共涉及 7 部行政法规和 6 部部门规章。[1]

微观立法技术涵盖了行政立法的外部结构、内部结构和立法语言。一是，外部结构关乎行政立法文件的整体框架和外在表现形式。整体框架通常包括标题、目录、总则、分则、附则等部分，外在表现形式的关键则在于选择行政立法文件究竟采用法规形式，还是规章形式。这一选择会对行政立法的效力层级、适用范围以及实施方式等方面产生重要影响。二是，内部结构侧重于行政立法文件内部条文之间的逻辑关系和组织方式，具体表现为条文的排列顺序要符合逻辑，同时条文之间要相互协调、前后呼应，避免出现矛盾或重复的规定。三是，立法语言亦是行政立法的重要组成部分，必须准确、严谨、简洁且规范。唯有如此，民众才能依据条文所描述的事

---

〔1〕 参见《国务院印发〈关于取消和调整一批罚款事项的决定〉》，载中国政府网 2023 年 11 月 1 日，https：//www. gov. cn/yaowen/liebiao/202311/content_ 6913206. htm。

项，精准地形成预期并作出判断。这要求立法者在立法时，避免使用模糊、含混或易引发歧义的表述，而是要运用精准、规范的语言，将权利与义务、行为规范与法律后果等内容，清晰无误地呈现给广大民众，从而切实保障行政立法能够被民众准确理解与有效遵循。

第五，强化对行政立法的监督，具体包括事前监督和事后监督。行政立法的事前监督主要表现为正式对外公布实施之前先对相关的行政法规和规章进行审查。例如，当杭州市人民政府拟定一项政府规章后，需要向同级人大常委会报告，由同级人大常委会组织专家进行审查，同时还须向国务院、浙江省人民代表大会常务委员会及浙江省人民政府备案。[1] 行政立法的事后监督则是指在行政法规、规章等行政立法文件颁布实施之后，对其合法性、合理性以及适应性进行审查和监督，又可进一步细分为行政系统内部的监督和来自外部的监督。其中，前者是指对于不适当或者与上位法有矛盾冲突的行政法规、规章，相应的行政机关可以依照法定程序予以改变或者撤销。例如，国务院有权改变或者撤销不适当的部门规章和地方政府规章，省、自治区的人民政府有权改变或者撤销下一级人民政府制定的不适当的规章等。[2] 后者包括权力机关的监督、司法机关的监督和社会舆论监督等。典型的权力机关的监督如全国人民代表大会常务委员会有权撤销同宪法和法律相抵触的行政法规，地方人民代表大会常务委员会有权撤销本级人民政府制定的不适当的规章等。[3] 司法监督则是指人民法院在审理行政案件中，当行政机关据以作出行政行为的规范性文件存在合法性问题时，法院可以通过附

〔1〕 参见《立法法》第一百零九条第四项。

〔2〕 参见《立法法》第一百零八条第三项、第六项。

〔3〕 参见《立法法》第一百零八条第二项、第五项。

带审查的方式进行审查。如经审查认定该规范性文件不合法的，不作为认定行政行为合法的依据，并向制定机关提出处理建议。[1] 此外，若法院在诉讼活动中发现行政法规与法律存在冲突的情形，可以按照法定程序逐级层报至最高人民法院。最高人民法院若经研究认为确实存在冲突等情况，有权向全国人民代表大会常务委员会书面提出进行审查的要求，由全国人民代表大会有关的专门委员会和常务委员会工作机构进行审查、提出意见。[2] 社会舆论监督也被称作“无权的监督”，得益于互联网技术的发展，社会舆论监督的影响力与日俱增。民众能够借助各类网络平台，迅速且全域性地传播行政立法实施过程中的问题。当行政法规、规章在实际执行中出现与现实严重脱节、损害公众利益等状况，往往会形成具有社会影响力的公共议题，形成巨大的舆论压力，进而推动立法机关启动相关监督程序。

〔1〕 参见《行政诉讼法》第六十四条。

〔2〕 参见《立法法》第一百一十条第一款。

第五章　行政执法

一、行政执法领域法治化的重大突破

与行政司法相似，行政执法并非严格意义上的法律概念，而是对事实的描述，其实质是一种行政活动。此处所指的行政执法为狭义的执法，即行政机关为实现行政管理职能，依据法律、法规、规章以及其他规范性文件的规定，通过发布命令、许可、强制及指导等方式，针对特定事物作出且影响特定相对人权利义务的行为。

政府职能的转变实际上是一场深刻的行政管理革命。时任国务院总理李克强同志在任职期间，提出“简政放权、放管结合、优化服务”的重要理念，为政府职能转变指明清晰方向。[1] 试举一例，在过去，铁路运输的行政主管部门为铁道部，而当时铁道部和铁路公司是“两块牌子、一套班子”的关系，其既是国有垄断经营公司，又是国家行政机关。在国务院机构改革后，为了实现铁路政企分离，铁道部的行政管理职能划归到交通运输部，并组建了中国铁路总公司以承担企业职责。[2] 尽管中国铁路总公司作为大型国有企业，继续享有国家对原铁道部的税收优惠政策，但很明显，正是行政权力和社会权力各自从对方的领域退出，才确立了现行的管理体制。同时，当前不仅存在国家铁路企业，还有地方铁路的经营、运营以及建设公司，这也是铁路事业得以快速发展的一个重要原因。

在中国行政法治的发展历程中，有三部极具特殊意义、堪称里

〔1〕 参见《李克强：加快转变政府职能　不断提高行政效能》，载央广网 2016 年 5 月 11 日，https：//news. cnr. cn/native/gd/20160511/t20160511_ 522110627. shtml。

〔2〕 参见《国务院关于组建中国铁路总公司有关问题的批复》（国函〔2013〕47 号）。

程碑的法律，分别是《行政处罚法》《行政许可法》《行政强制法》。这三部法律在行政执法领域取得了重大的法治化突破。

（一）行政处罚法

行政处罚是指行政机关依法对违反行政管理秩序的公民、法人或者其他组织，以减损权益或者增加义务的方式予以惩戒的行为。[1]任何行为都可能涉及三类违法情形。首先，行为可能构成民商事违法。例如在商事活动中，一方确认收货后却不履行支付货款的义务，即构成违约。其次，部分行为可能涉及行政规制。如某些合同需要经过政府批准方能生效，其中就包含了行政管理的内容，会涉及行政法律关系。最后，如果行为进一步发展，比如公司在经营过程中出现内部交易、关联交易等情形，就极有可能触犯刑事法律，构成犯罪。因此可以说，介于刑事法律关系与民事法律关系之间的领域属于行政法律关系范畴。行政处罚对于惩处违法行为、维护行政管理秩序发挥着极其重要的作用，而《行政处罚法》作为一部专门且系统地规范行政处罚的基本法律，对行政处罚的种类和设定、实施机关、管辖和适用、决定、执行、法律责任等内容作出了全面规定。相较于其他行政执法领域，行政处罚领域的依法行政水平较高。2021 年新修订的《行政处罚法》在保持法律权威性和严肃性的同时，更加注重以人为本，彰显出法律的温度、文明与柔性。

《行政处罚法》所确立的处罚法定、公正公开、处罚与教育相结合以及权利保护等原则，不仅在行政处罚领域得到了全面体现，还作为重要的立法经验，在《行政许可法》和《行政强制法》中得到了充分的借鉴与延伸，具体体现在以下几个方面。

---

〔1〕 参见《行政处罚法》第二条。

第一，处罚法定原则是指只有当公民、法人和其他组织的行为违反行政管理秩序且依法应当给予行政处罚时，才能进行处罚。

第二，公开公正原则要求实施行政处罚必须以事实为依据，行政处罚的内容应当与违法行为的事实、性质、情节以及危害程度相当，也即过罚必须相当。处理行政违法问题时，采取“一禁了之”的方式看似能“一劳永逸”，但这种做法在行政执法实践中往往并不可取。例如，“5 斤芹菜罚款 6.6 万元”事件就因罚款金额与潜在社会危害程度明显不相当，引发了社会的广泛关注与争议。

第三，处罚与教育相结合，这是行政处罚中极具灵活性的一项重要原则。若能将其恰当运用，不仅可以有效恢复社会管理秩序，还能使普通民众切实感受到行政执法的温度。习近平总书记在党的二十大报告中强调，要“加快建设公正高效权威的社会主义司法制度，努力让人民群众在每一个司法案件中感受到公平正义”。[1] 可见，公平与正义并非抽象的概念，而一定是具体的，且必须在具体的案件中得以体现。试想一下，如果在各类行政处罚案件中，都能切实落实处罚与教育相结合的原则，民众对政府及其工作人员会产生怎样的信任与认同感？政府的公信力又怎能不得到进一步的巩固与提升？然而，要真正实现处罚与教育相结合并非易事。该原则既是理论问题，也是实践层面的操作难题，它需要执法人员在工作中不断摸索、灵活运用，将其精髓融入到每一次执法过程之中。法官选拔中有一项要求是被考核者必须具备准确理解社会事务的能力。从法理学角度而言，这实际上追求的是情与法的统一。行政执法人员同样需要具备这样的素质，否则其执法行为就容易陷入机械主义

〔1〕 参见《努力让人民群众在每一个司法案件中感受到公平正义》，载求是网 2023 年 2 月 14 日，http://www.qstheory.cn/dukan/hqwg/2023-02/14/c_1129363416.htm。

的误区。以上海某住户砍伐香樟树的案例为例，该住户在自家住宅旁栽种了香樟树，因树木生长迅速影响住宅的通风采光，便对香樟树进行“截头”处理，随后将树木移植到公共绿地。上海市城管局认定其行为属于私自砍伐，拟处以十余万元的罚款。该案件进入处理阶段后引发诸多争议。如从生活常理来看，森林保护相关法律中所提及的“砍伐”通常是指将树木彻底损毁，但该住户只是对树木进行了部分处理，且树木后续仍有新芽生长，该行为是否能被界定为“砍伐”显然存疑。遗憾的是，此事最终未能达成最佳处理结果。当事人虽通过救济途径降低了罚款金额，但如果该行为不构成法律意义上的“砍伐”，且既未造成社会危害，当事人亦缺乏主观恶意，依据 2021 年《行政处罚法》，完全可以不予处罚。[1]

第四，权利保护原则主要通过在行政处罚程序中进行系统性设定得以落实。以陈述申辩权为例，行政机关在作出行政处罚决定之前，应当告知当事人拟作出的行政处罚内容及事实、理由、依据，并告知当事人依法享有的陈述、申辩、要求听证等权利。[2] 当事人进行陈述和申辩的，行政机关必须充分听取当事人的意见，对当事人提出的事实、理由和证据，应当进行复核。如当事人提出的事实、理由或者证据成立，行政机关应当采纳。[3] 需要注意的是，与《刑

〔1〕《行政处罚法》第三十三条　违法行为轻微并及时改正，没有造成危害后果的，不予行政处罚。初次违法且危害后果轻微并及时改正的，可以不予行政处罚。

当事人有证据足以证明没有主观过错的，不予行政处罚。法律、行政法规另有规定的，从其规定。

对当事人的违法行为依法不予行政处罚的，行政机关应当对当事人进行教育。

〔2〕参见《行政处罚法》第四十四条。

〔3〕参见《行政处罚法》第四十五条第一款。

事诉讼法》中规定的“上诉不加刑”原则相似，[1] 行政机关不得因当事人陈述、申辩而给予更重的处罚。[2] 同时，当事人如对行政处罚不服，有权依法申请行政复议或者提起行政诉讼。[3] 又如，在一事不再罚方面，《行政处罚法》第二十九条规定：“对当事人的同一个违法行为，不得给予两次以上罚款的行政处罚。同一个违法行为违反多个法律规范应当给予罚款处罚的，按照罚款数额高的规定处罚。”试举一例，一对下岗夫妇租赁了一间店面，计划将其改建为水果小超市，在将店内原本的装修拆除后，他们把拆卸下来的建材堆放在店铺外的公共区域。很快，城管部门的工作人员到场，认定该行为同时违反两项法律规定，一是违反在公共区域堆放杂物的规定；[4] 二是违反未经相关部门审核批准擅自装修的规定。[5] 基于此，城管部门对这对下岗夫妇分别作出3000元罚款和2000元罚款的行政处罚决定。应当说，本案属于“一事不再罚”的情形。这对夫妇拆除原店内的装修并堆放建材，其目的仅有一个，即顺利开设水果超市。他们的行为本质上只有一个，即为开设超市而进行装修，虽然其行为同时违反了两项法律规定，但在此情况下，应认定为只

---

〔1〕《刑事诉讼法》第二百三十七条　第二审人民法院审理被告人或者他的法定代理人、辩护人、近亲属上诉的案件，不得加重被告人的刑罚。第二审人民法院发回原审人民法院重新审判的案件，除有新的犯罪事实，人民检察院补充起诉的以外，原审人民法院也不得加重被告人的刑罚。

人民检察院提出抗诉或者自诉人提出上诉的，不受前款规定的限制。

〔2〕参见《行政处罚法》第四十五条第二款。

〔3〕参见《行政处罚法》第七条第一款。

〔4〕《消防法》第二十八条　任何单位、个人不得损坏、挪用或者擅自拆除、停用消防设施、器材，不得埋压、圈占、遮挡消火栓或者占用防火间距，不得占用、堵塞、封闭疏散通道、安全出口、消防车通道。人员密集场所的门窗不得设置影响逃生和灭火救援的障碍物。

〔5〕《住宅室内装饰装修管理办法》第三十五条　装修人未申报登记进行住宅室内装饰装修活动的，由城市房地产行政主管部门责令改正，处5百元以上1千元以下的罚款。

有一个违法行为，不应给予两次罚款。

在《行政处罚法》制定之前，行政处罚的形式繁杂多样，各类处罚种类缺乏统一规范，存在概念模糊、层级不清、标准不一等混乱现象。《行政处罚法》制定后对行政处罚制度进行了全面梳理与统一规定。2021年修订的《行政处罚法》将处罚种类确定为警告、通报批评，罚款、没收违法所得、没收非法财物，暂扣或者吊销许可证件、降低资质等级，限制开展生产经营活动、责令停产停业、责令关闭、限制从业，行政拘留和其他行政处罚。[1] 其中，通报批评是2021年《行政处罚法》修订中新增加的一个处罚种类。《行政处罚法》不仅具有刚性的法律属性，还融入了更多元化的社会管理方式，旨在通过非直接减损行政相对人利益的途径来维护社会管理秩序。与警告相似，通报批评这一处罚形式也体现了“软行政”的理念。相较于其他诸如罚款、没收违法所得等直接减损当事人物质利益的处罚手段，警告和通报批评更侧重于从声誉、社会评价等途径来对当事人起到规范和引导作用，因此能够更充分地体现行政执法应有的温度。

关于行政处罚的具体设定权限：第一，法律可以设定各种行政处罚。限制人身自由的行政处罚，只能由法律设定。[2] 第二，行政法规可以设定除限制人身自由以外的行政处罚。[3] 第三，地方性法规可以设定除限制人身自由、吊销营业执照以外的行政处罚。[4] 第四，尚未制定法律、行政法规的，国务院部门规章对违反行政管理秩序的行为，可以设定警告、通报批评或者一定数额罚款的行政处

〔1〕 参见《行政处罚法》第九条。

〔2〕 参见《行政处罚法》第十条。

〔3〕 参见《行政处罚法》第十一条第一款。

〔4〕 参见《行政处罚法》第十二条第一款。

罚。罚款的限额由国务院规定。[1] 第五，尚未制定法律、法规的，地方政府规章对违反行政管理秩序的行为，可以设定警告、通报批评或者一定数额罚款的行政处罚。罚款的限额由省、自治区、直辖市人民代表大会常务委员会规定。[2] 第六，除法律、法规、规章外，其他规范性文件不得设定行政处罚。[3]

另外，行政处罚程序可分为处罚决定程序和执行程序。其中，处罚决定程序包括简易程序、普通程序和听证程序。简易程序适用于处罚金额较小、违法事实较为清楚的情形，如对公民处以二百元以下罚款、对法人或者其他组织处以三千元以下罚款或者给予警告的行政处罚的，可以当场作出行政处罚决定。[4] 普通程序适用于情节复杂、处罚较重或当事人对事实有异议的案件，这类案件不得当场处罚，行政机关应当先行调查取证，再作出决定。[5] 对于重大行政处罚，行政机关的内部程序要求则更为严格，须经合法性审查，并提交行政机关负责人集体讨论决定。这种内部程序控制对于维护行政处罚的公平公正至关重要。《浙江省行政合法性审查工作规定》制定实施后，对浙江省内的重大行政处罚提出了一系列内控要求。听证程序是行政处罚中一项特殊且重要的程序，当行政机关拟作出吊销证照、较大数额罚款等行政处罚时，必须告知当事人享有申请

〔1〕 参见《行政处罚法》第十三条第二款。
〔2〕 参见《行政处罚法》第十四条第二款。
〔3〕 参见《行政处罚法》第十六条。
〔4〕 参见《行政处罚法》第五十一条。
〔5〕 参见《行政处罚法》第五十四条第一款。

听证的权利。[1] 以“5 斤芹菜罚款 6.6 万元”案件为例，此类属于较大数额罚款情形的处罚，需要明确告知当事人其拥有举行听证的权利。若行政机关未履行告知义务，将构成重大行政程序缺失，进而导致作出的行政处罚被认定为无效。[2] 听证制度首次确立于 1996 年颁布的《行政处罚法》之中，[3] 这一创新之举为中国行政法治发展带来重要变革，并被后续的行政立法广泛借鉴。例如，在行政许可领域，当行政机关拟作出重大行政许可决定或撤销行政许可时，

〔1〕《行政处罚法》第六十三条　行政机关拟作出下列行政处罚决定，应当告知当事人有要求听证的权利，当事人要求听证的，行政机关应当组织听证：

（一）较大数额罚款；

（二）没收较大数额违法所得、没收较大价值非法财物；

（三）降低资质等级、吊销许可证件；

（四）责令停产停业、责令关闭、限制从业；

（五）其他较重的行政处罚；

（六）法律、法规、规章规定的其他情形。

当事人不承担行政机关组织听证的费用。

〔2〕《行政处罚法》第三十八条第二款规定：“违反法定程序构成重大且明显违法的，行政处罚无效。”

〔3〕《行政处罚法》（1996）第四十二条　行政机关作出责令停产停业、吊销许可证或者执照、较大数额罚款等行政处罚决定之前，应当告知当事人有要求举行听证的权利；当事人要求听证的，行政机关应当组织听证。当事人不承担行政机关组织听证的费用。听证依照以下程序组织：

（一）当事人要求听证的，应当在行政机关告知后三日内提出；

（二）行政机关应当在听证的七日前，通知当事人举行听证的时间、地点；

（三）除涉及国家秘密、商业秘密或者个人隐私外，听证公开举行；

（四）听证由行政机关指定的非本案调查人员主持；当事人认为主持人与本案有直接利害关系的，有权申请回避；

（五）当事人可以亲自参加听证，也可以委托一至二人代理；

（六）举行听证时，调查人员提出当事人违法的事实、证据和行政处罚建议；当事人进行申辩和质证；

（七）听证应当制作笔录；笔录应当交当事人审核无误后签字或者盖章。

当事人对限制人身自由的行政处罚有异议的，依照治安管理处罚条例有关规定执行。

同样应告知当事人享有听证权利。[1] 听证程序通过保障当事人的参与权、知情权和表达权等，有力推动了行政程序的民主化与法治化进程。在实践中，听证程序仍面临诸多挑战，未来如何将听证程序的制度优势持续深化，真正实现制度设计的预期目标，是一个需要长期思考的问题。

行政处罚的执行程序确立了“裁执分离”的原则。这一原则并非适用于所有案件，对于部分适用简易程序处理的简单案件，并不存在“裁执分离”的要求。而普通程序，尤其是涉及特殊听证程序的行政处罚案件，“裁执分离”是必须遵循的原则。在时间维度上，必须严格按照先调查取证、后作出决定的顺序推进。此外，只有当事人未在法律规定的期限内履行处罚决定时，行政机关才可以依法予以强制执行或申请人民法院强制执行，以此确保行政处罚执行程序的规范性与严肃性。[2] 人民法院也因此新增“非诉行政执行”这一案件类型。在具体受理此类案件时，法院须严格审查行政机关的申请是否符合法律条件，以及是否在法定期限内提出。在法院工作期间，我曾主导一项创新举措，并获得上级法院的认可。在当时，行政审判庭在审查非诉行政强制执行申请案件（即“裁执分离”类案件）时，尚未建立异议制度。若案件立案后直接进入执行程序，可能会出现当事人在执行程序启动前就已主动履行义务的情形，既浪费司法资源，也容易引发矛盾。为此，我们创设了异议通知制度，向当事人送达书面通知，明确告知其行政机关因何种行为、于何时作出了哪一号行政处罚决定书，由于当事人未在规定期限内主动履行，现该行政机关已向法院申请强制执行。同时，要求当事人在收

〔1〕 参见《行政许可法》第四十六条。

〔2〕 参见《行政处罚法》第七十二条第一款第三、第四项。

到通知后，就行政机关所申请事项是否成立、属实，以及是否持有异议进行书面答复。这一制度实施后，取得了显著成效，相关案件数量并未因申请量增加而上升。究其原因，一是部分当事人确实因疏忽未能及时履行义务，在收到通知后及时履行；二是一些原本抱有侥幸心理、试图拖延履行的当事人，在得知法院介入后主动履行。异议制度的设立，不仅有效避免了执行错误，更化解了潜在矛盾，在当时获得了广泛认可。

2021 年 1 月 22 日，十三届全国人大常委会第二十五次会议审议通过修订后的《行政处罚法》，自 2021 年 7 月 15 日起施行。此次修订对于适应新时代要求，推进严格规范公正文明执法，切实保障行政管理相对人的合法权益具有重要意义。其修订亮点主要包括以下几点。

第一，首次明确行政处罚的概念。1996 年颁布实施的《行政处罚法》，始终未对“行政处罚”给出明确且完整的定义。2021 年修订的《行政处罚法》第二条则明确了行政处罚的主体是行政机关，行政处罚的对象是违反行政管理秩序的公民、法人或者其他组织，行政处罚的内容是以减损权益或者增加义务的方式予以惩戒。这一调整彰显了中国行政机关执法理念的进步。

第二，扩充行政处罚的种类。新修订的《行政处罚法》将处罚种类确定为警告、通报批评，罚款、没收违法所得、没收非法财物，暂扣或者吊销许可证件、降低资质等级，限制开展生产经营活动、责令停产停业、责令关闭、限制从业，行政拘留和其他行政处罚，[1]也即包括财产罚、行为资格罚、人身自由罚和声誉罚，使行政处罚的分类更加科学。科学合理的行政处罚制度对于提升行政机关执法

〔1〕 参见《行政处罚法》第九条。

文明程度至关重要，而执法文明程度正是衡量一个地区整体社会文明水平的重要标志。以吊销执照为例，这是一种典型的资格罚。医师执业执照、律师执业执照和教师资格证等，一旦被吊销，持证人即丧失从业资格。因此，此类资格的剥夺，实际上会对当事人的权利义务产生重大影响，必须配有相应的救济机制以保障当事人的权益。当事人若对吊销决定不服，可以通过申请行政复议或提起行政诉讼的方式来维护自身权益。

第三，增加"主观过错"条款。以往的《行政处罚法》遵循的是过错推定原则，当事人只要有违法行为，就认定其在主观上存在过错。事实上，在限制行政机关权力时，更应当适用过错推定原则，以确保行政机关在权力行使过程中的程序更完善，执法更文明。2021年《行政处罚法》所提出的当事人主观无过错则不处罚原则，[1] 要求行政机关作出行政处罚决定时应当遵循违法行为构成中主客观相统一的原则，既要考虑违法者的主观恶性又要兼顾社会危害性。行政执法人员在执法过程中，既要关注当事人客观上是否违反了行政管理秩序并造成社会危害，还要关注当事人对自己所实施的违法行为是否具有故意或者过失，从而决定是否进行处罚。现实中，直接判断是否存在主观过错往往比较困难，但依据结果去推断则相对更为容易。以前面提到的香樟树"截头"案为例，当事人将自己购买树苗并栽种长大的香樟树进行"截头"处理，再移栽到别处，从客观过错推定的角度来看，当事人的行为确实存在过错，但从主观层面分析，实际上并非如此。这棵树影响到了当事人房屋的通风采光，为保证生活质量不受影响，当事人才对香樟树进行"截

〔1〕《行政处罚法》第三十三条第二款规定："当事人有证据足以证明没有主观过错的，不予行政处罚。法律、行政法规另有规定的，从其规定。"

头”处理。移栽后，香樟树枝芽萌发，说明树木仍存活，后续还能继续生长。可见，当事人既无主观过错，亦未造成严重后果，对于这类案件不予处罚，效果最为理想。然而，这无疑对行政执法人员的能力与水平提出了严峻的考验。

第四，扩大行政处罚的设定权限。新修订的《行政处罚法》赋予了行政法规和地方性法规对行政处罚的补充设定权，法律对违法行为未作出行政处罚规定的，行政法规为实施法律可以补充设定行政处罚；[1] 法律、行政法规对违法行为未作出行政处罚规定的，地方性法规为实施法律、行政法规，可以补充设定行政处罚。[2] 同时，为了防止其超越职权、滥设行政处罚，侵害行政相对人的合法权益，《行政处罚法》明确规定，拟补充设定行政处罚的，应当通过听证会、论证会等形式广泛听取意见，并向制定机关作出书面说明。行政法规、地方性法规报送备案时，应当说明补充设定行政处罚的情况。[3] 实际上，这也是行政自由裁量权在行政立法中的体现。行政行为之所以具有生命力，很大程度上在于行政自由裁量权。因为行政自由裁量权能够保障行政机关在履行社会管理职能时灵活应变，进而更好地维护公平正义的社会秩序。

第五，行政处罚实施权向基层延伸。这一举措由浙江省率先推行，以“大综合一体化”行政执法改革为典型代表，将原本由部门行使的行政处罚权下放到基层乡镇人民政府和街道办事处，旨在解决现实中存在的执法难题。县域行政执法领域中长期存在“看得见的管不着，管得着的看不见”的困境，即乡镇人民政府和街道办事

---

〔1〕 参见《行政处罚法》第十一条第三款。

〔2〕 参见《行政处罚法》第十二条第三款。

〔3〕 参见《行政处罚法》第十一、十二条。

处虽能及时发现辖区内的违法行为，却因缺乏行政处罚实施权与执行权，无法对违法行为进行有效处置。以河道内违法采砂行为的规制为例，某县环保局接到采砂举报后，由于距离较远，待其执法人员赶到现场时违法人员往往已经离开，而距离较近的乡镇和街道办事处无权进行处罚，导致无法实现有效管理。《行政处罚法》增加第二十四条的规定，[1] 授予了基层的乡镇人民政府和街道办事处一定的行政处罚权。以杭州市西湖区为例，截至2022年，西湖区全区11个镇街的综合行政执法队统一挂牌成立，其中行政处罚事项清单（1933项）、赋权镇街执法事项清单（393项），构成基层行政执法主要力量。[2] 行政处罚权向基层乡镇、街道延伸的新机制，也催生出一系列新问题。例如，当处罚权下放后，原行政机关的行政监管权是否随之转移尚不明确。依据“法无明文授权不可为”的原则，目前明确下放的仅是行政处罚权，行政监管权并未同步移交。这就导致县级行政机关虽失去部分行政处罚权，但行政监管责任并未因此减轻，若因监管不到位引发问题，仍须承担相应行政责任。从治理逻辑来看，行政监管实则比行政处罚更为关键。因为在行政违法行

---

〔1〕《行政处罚法》第二十四条　省、自治区、直辖市根据当地实际情况，可以决定将基层管理迫切需要的县级人民政府部门的行政处罚权交由能够有效承接的乡镇人民政府、街道办事处行使，并定期组织评估。决定应当公布。

承接行政处罚权的乡镇人民政府、街道办事处应当加强执法能力建设，按照规定范围、依照法定程序实施行政处罚。

有关地方人民政府及其部门应当加强组织协调、业务指导、执法监督，建立健全行政处罚协调配合机制，完善评议、考核制度。

〔2〕参见《西湖区综合行政执法局行政处罚事项清单（共1933项）》，载杭州市西湖区门户网站2022年11月14日，https：//www. hzxh. gov. cn/art/2022/11/14/art_ 1229696379_ 59023246. html；《杭州市西湖区人民政府关于西湖区2022年法治政府建设年度报告》，载杭州市西湖区门户网站2023年2月16日，https：//www. hzxh. gov. cn/art/2023/2/16/art_ 1229346873_ 59026204. html。

为总量相对稳定的前提下，高效的行政监管能够直接降低违法行为发生的频率。反之，若监管到位但违法行为不减反增，就意味着体制机制可能存在缺陷。当前面临的核心困境在于随着行政处罚权与执法人员下沉基层，部分行政机关在监管力量未得到相应补充的情况下，难以保障监管工作的有效开展，甚至出现无人负责监管的尴尬局面。对此，或许可以通过数字赋能寻求解决之道。以行政执法证的革新为例，当下行政执法证分为实体证件与“浙政钉”中的电子执法证，电子执法证在监管执法过程中，能够实时记录执法轨迹、检查结果等数据，既能防止执法人员对企业的不当干扰，又能避免出现监管缺位。虽然，目前尚未有相关评估报告验证这一模式的实际成效，但从理论层面看，这不失为一条可行路径。究其本质，数字赋能旨在提升工作便利度与透明度，而这两点正是推动执法文明程度跃升的重要抓手。

第六，完善“一事不再罚”原则。新修订的《行政处罚法》第二十九条规定：“对当事人的同一个违法行为，不得给予两次以上罚款的行政处罚。同一个违法行为违反多个法律规范应当给予罚款处罚的，按照罚款数额高的规定处罚。”对于当事人的同一个违法行为，如果不同法律、法规均规定了罚款的行政处罚，应当按照“重吸轻”的方式来解决竞合问题。

第七，修改行政处罚时效制度。从社会治理的角度来看，时效制度不宜轻易变动，不稳定的社会关系存续时间宜短不宜长。行政处罚时效制度，是指行政机关对违反行政管理秩序的公民、法人或者其他组织追究行政责任、给予行政处罚的有效期限。行政机关超过法律规定的期限未发现违法行为的，对当时的违法行为人不再给予行政处罚。新修订的《行政处罚法》第三十六条第一款对行政处罚的时效制度进行了完善，明确规定，“违法行为在二年内未被发现的，不再给予行政处罚；涉及公民生命健康安全、金融安全且有危害后果的，上述期限延长至五年。法律另有规定的除外”。

（二）行政许可法

行政许可是指行政机关根据相对人的申请，以颁发许可证、执照等方式允许相对人从事某种行为、授予某种资格、确认某种权利的行政行为。在中国行政法学界，关于行政许可本质的探讨始终存在较大争议，主要存在特权说、赋权说、解禁说、折中说等代表性观点。目前的主流观点采解禁说，即行政许可仅恢复了因某些原因而被暂时限制的公民自由，所以行政许可是对自由的恢复，而非权利的设定。

早在《行政许可法》颁布实施前，中国的行政许可制度就已散见于各种法律、法规和规章之中。2003 年全国人大通过并颁布《行政许可法》之后，行政许可制度逐步实现了统一与规范。《行政许可法》作为规范行政许可设定与实施的重要法律，明确了许多依法行政的共同原则，如合法原则、公开公平原则、便民与效率原则、救济原则、监督原则等。除上述共同原则外，《行政许可法》还明确了特定原则，如信赖利益保护原则和禁止转让原则。

信赖保护原则是指行政机关作出行政行为时应当守信用，不得随意变更已经生效的行政行为，其在《行政许可法》中的具体体现如下。第一，行政许可具有确定力。公民、法人或者其他组织依法取得的行政许可受法律保护，行政机关不得擅自改变已经生效的行政许可。[1] 这赋予了被许可人稳定的预期，使其能够基于该许可开展相应的活动。第二，行政机关违法发放的许可并不必然被撤销或

〔1〕 参见《行政许可法》第八条第一款。

变更。因为行政许可一旦作出，被许可人往往基于该许可投入资源，随意撤销可能会对基于该许可形成的社会关系和经济秩序造成较大冲击。因此，需要综合衡量许可违法程度、对公共利益的影响、相对人是否无过错等因素，避免“一刀切”式的处理方式。例如，当撤销违法许可可能引发公共安全风险、导致大量无过错第三人合法权益受损等情况时，就应优先保护相对人的信赖利益。第三，行政机关对无过错的被许可人的损失承担赔偿责任。此举意在保护无过错被许可人的合法权益，使其不因行政机关的错误而遭受不合理的损失。例如，被许可人按照正常程序申请许可并提供了真实材料，但行政机关审核失误违法发放许可，后该许可被撤销，导致被许可人遭受经济损失时，行政机关就应承担赔偿责任。第四，针对客观情况和公共利益的考虑，行政机关撤销、变更行政许可，应当给予当事人合理的补偿，[1] 以此平衡公共利益和个人利益之间的关系。第五，信赖利益仅限于行政许可持有人。若第三方基于对他人行政许可的信任而采取行动，除非行政机关对第三方存在明确承诺或特殊信赖关系，否则其损失一般不被纳入信赖利益保护范畴。第六，行政许可关系中的信赖利益保护原则具有相对性。在某些情况下，公共利益、法律修改变化等因素可能会优先于被许可人的信赖利益。例如，当出现重大公共卫生事件时，为了保障公众健康，行政机关可能需要变更或撤销一些与该事件防控相冲突的行政许可，此时不能无条件地绝对保护相对人的信赖利益。

《行政许可法》第九条规定：“依法取得的行政许可，除法律、法规规定依照法定条件和程序可以转让的外，不得转让。”行政许可不得转让原则具体包括两个方面：一方面，行政许可原则上不得转

[1] 参见《行政许可法》第八条第二款。

让。行政许可具有人身依附性与特定指向性，其设定目的在于依据公共利益、社会管理秩序等需要，对特定行业、领域或活动进行规范与管控，同时确保行政相对人具备从事相关活动的法定条件与资质。因此，行政许可的获取，往往是行政机关在对申请人的资质、能力、条件等进行全面、细致审查后作出的决定。若随意允许行政许可转让，会使行政机关事先设定的审查标准与准入条件形同虚设。以危险化学品经营许可转让为例，行政机关在严格审查企业的场地条件、安全设施、专业人员配备等多方面情况后，才会为合格企业颁发许可证。若随意允许转让，难以保证受让方的实际情况完全符合安全经营标准，极易引发重大安全隐患与公共风险。另一方面，禁止转让原则存在例外情形。基于特定法律、法规规定，在符合法定条件与程序的前提下，部分行政许可可以进行转让，这是对特殊行业发展规律与实际需求的必要回应。例如，探矿权、采矿权在符合特定资质条件与审批程序的情况下，可依据《矿产资源法》等规定进行转让。[1] 当然，这些例外情形中的转让并非可以随意进行，而是有着严格的条件与程序限制。转让方与受让方均须满足法律规定的资质条件，转让过程必须依法履行申请、审批、登记等程序，行政机关将对转让行为进行严格监管，确保转让行为合法合规。

（三）行政强制法

行政强制是指行政机关为了实现特定的行政目的，依据法定职权和程序，对违反行政法律规范或者不履行生效行政决定的行政管理相对人的人身、财产和行为采取强制性措施。这些措施旨在预防

〔1〕《矿产资源法》第二十七条第一款规定："矿业权可以依法转让或者出资、抵押等，国家另有规定或者矿业权出让合同另有约定的除外。"

或制止违法行为、消除危险状态、避免不利后果发生，同时也可保障案件查处工作得以顺利推进。行政强制可以分为行政强制措施和行政强制执行两种类型。

行政强制具有如下特征。第一，行政性。行政强制的实施主体是行政机关或法律、法规授权的组织，其本身是一种行政行为，与行政管理活动紧密相连。第二，具体性。区别于针对不特定对象的抽象行政行为，行政强制具有明确的指向性，是针对特定的行政管理相对人作出的具体行政行为。第三，强制性。行政强制是典型的行政机关单方行为，行政强制决定一旦作出，相对人必须遵守和履行，否则将面临强制执行的后果。第四，非处分性。行政强制并非对相对人的实体权利进行最终处分，而是暂时限制。其主要目的在于保障行政决定的执行或预防、制止违法行为的发生。

行政强制和行政处罚是两种不同的行政行为，但由于二者的部分行为表现存在相似之处，因而在概念理解上极易造成混淆。在区分行政强制与行政处罚时，行政行为的临时性与终局性是极为关键的要点。行政强制通常具有临时性特征，其为实现特定行政目的而采取的暂时性措施，一旦目的达成或法定情形消失，行政强制通常会解除。此外，行政强制并不是一种制裁行为，它与当事人行为的合法性没有必然联系。相比之下，行政处罚具有终局性，系行政机关针对已查明的、违反行政法律规范的相对人采取的惩戒性制裁，以当事人存在违法行为作为前提，属于对违法行为的最终处理结果。以扣押自行车的行为为例，若行政机关要求当事人缴纳罚款后方能取回自行车，此行为属于行政处罚的执行环节，带有制裁性质；若行政机关只是暂时限制其自行车使用，告知当事人工作时段结束后就能前来领取，则该行为属于行政强制，因其未对当事人作出实质性的惩戒。

在各类行政行为中，无论是行政许可还是行政处罚，最终都需要确保行政决定得到尊重与落实，而“被尊重”的核心体现便是行政决定得以执行。执行的方式主要体现为两种形式：其一，当事人自愿履行；其二，当事人对行政行为存在异议并拒绝履行时，依靠国家强制力强制执行，以此维护行政机关所作出的行政决定的权威性、拘束力与公信力，保障行政管理秩序和公共利益不受损害。在此过程中，《行政强制法》作为规范行政强制行为的重要法律依据，其重要性不言而喻。早在 1988 年，国务院便启动了《行政强制执行条例》的起草工作，为后续立法探索积累经验。1996 年，行政立法组启动《行政强制法》的立法研究，并着手试拟稿的起草，在理论与实践结合层面迈出重要一步。1999 年，全国人大常委会法工委启动《行政强制法》的起草，标志着立法进程进入关键阶段。此后，《行政强制法》经过全国人大常委会 2005 年一审、2007 年二审、2009 年三审以及 2011 年四审，最终于 2011 年 6 月 30 日，经第十一届全国人民代表大会常务委员会第二十一次会议表决通过，立法过程长达 12 年。

《行政强制法》在立法指导思想上秉持双重价值取向，一方面赋予了行政机关必要且适度的强制手段，确保其能高效履行行政管理职责，有效维护公共利益与社会秩序；另一方面也对行政强制行为进行全面规范，通过制度设计防范权力滥用风险，切实保障公民、法人及其他组织的合法权益。其立法基本原则包括以下内容。

第一，法定原则。行政强制的设定和实施，均依照《行政强制法》的相关规定进行，[1] 且须严格依照法定权限、范围、条件及程序开展。这一要求与《行政处罚法》中关于行政处罚设定和实施的

〔1〕 参见《行政强制法》第三条第一款。

相关规定存在共通之处，二者均强调行政行为必须在法律框架内进行，确保行政权力行使的合法性与规范性。

第二，适当原则。在行政强制领域中，适当原则也被称为比例原则，其核心要义在于行政机关在设定和实施行政强制时，应当选择对当事人权利减损最小的方式恢复行政管理秩序，以避免对当事人权利义务造成不必要的重大影响。这一原则的确立，与宪法保障公民和社会组织基本权利义务的精神一脉相承，体现出行政法作为“动态宪法”的特质。在社会生活中，无论是在民商事还是在行政法律关系中，过度采用行政强制措施不仅难以达成治理目标，反而可能会对社会秩序和公民权益造成冲击。由于行政权力天然具有扩张倾向，部分行政机关在执法过程中，可能出于便利管理的考量而扩大自身权能，这种倾向与法治精神背道而驰。因此，行政强制的设定须注重比例原则，当非强制手段足以实现行政管理目标时，行政机关不应轻易动用行政强制。例如，行政处罚决定生效后，若行政机关无强制执行权，应先以催告这一柔性手段促使相对人自觉履行义务。在多数情况下，相对人往往系因疏忽而遗忘履行，经催告后就会主动履行，如此便无须再实施强制。这样既节省行政资源，也能减少对相对人的不利影响。从实体层面而言，行政主体实施行政强制时应当明确其行政管理的目标，确保强制手段与管理目的之间存在合理关联。以冻结存款为例，其应仅以保障行政决定履行为限。当事人拖欠 500 元罚款未缴，行政机关却冻结其整张工资卡；或是原本冻结 100 万元即可达成执行目的，行政机关却超额冻结 500 万元。这类做法虽看似严格，实则严重损害了当事人的权益。从程序层面而言，行政强制的手段与目标之间必须存在对应关系。以扣押商品为例，行政机关仅能扣押涉案或依法须封存的商品，不得将当事人合法经营的商品一并查封。实践中，市场监管部门曾出现过

“过度执法”的问题，如某商户因销售7000余元的豆腐脑被处罚款15000元，逾期未缴后，监管部门直接查封整个店铺等。实际上，在已履行催告程序且可通过其他强制措施实现目标的情况下，这种查封行为显然违反适当原则，既无必要，也缺乏法律依据。

第三，坚持教育与强制相结合原则。这与行政许可、行政处罚领域所遵循的原则一脉相承。需要指出，此处的“教育”并非传统意义上的教育，而是涵盖了一系列旨在提升行政相对人法治意识、促进其主动配合行政行为的举措。例如，保障当事人的陈述权、申辩权，充分听取当事人意见，[1] 以及采用柔性催告等方式，[2] 都属于“教育”的范畴。通过前期的沟通与引导，行政相对人能够从内心认同行政决定，并主动配合履行行政义务，这不仅有助于减少行政争议，更能显著降低行政成本。

第四，不得为单位和个人谋利原则。《行政强制法》第七条规定：“行政机关及其工作人员不得利用行政强制权为单位或者个人谋取利益。”行政强制直接作用于行政相对人，对其权利义务产生的影响具有实质性与直接性。若行政机关或其工作人员借行政强制权为单位或个人谋取利益，将严重损害政府公信力。

行政强制可以分为行政强制措施和行政强制执行两种类型。其中，行政强制措施，是指行政机关在行政管理过程中，为制止违法行为、防止证据损毁、避免危害发生、控制危险扩大等情形，依法对公民的人身自由实施暂时性限制，或者对公民、法人或者其他组织的财物实施暂时性控制的行为。[3] 例如，当精神病人在公共场合

[1] 参见《行政强制法》第三十六条。

[2] 参见《行政强制法》第三十五条。

[3] 参见《行政强制法》第二条第二款。

发病，追逐、殴打路人时，公安机关可以依法采取一定的强制措施来限制其人身自由。又如，当公安机关遇到醉酒闹事的人时，可以将其带回派出所，安置在约束凳上进行约束，直到其酒醒。此外，在产品质量监督方面，市场监管部门对于质量不符合标准的产品，可以采取扣押措施。在实际操作过程中，由于某些产品数量众多、体积庞大或存在其他特殊情况，市场监管部门通常会选取具有代表性的一部分产品作为证据，对其进行专业的检测。同时，对其余产品则采取原地查封的措施，以维持现场状态，防止证据遭受篡改、损毁或灭失。在西湖区人民法院行政庭审理的一起案件中，一位老人长期于公共场地摆摊，售卖殡葬用品的同时兼营茶叶生意。然而，依据《杭州市城市市容和环境卫生管理条例》的有关规定，占用公共场地经营属于违反地方性法规的行为，当事人须依法整改。[1] 某次执法过程中，老人违规售卖了大量茶叶，既超出其经营范围，又违反了公共场地管理规定。为防止证据损毁，行政执法人员依法采取证据保全措施，对涉案茶叶实施扣押。该案发生于梅雨季节，气候潮湿，若缺乏特殊保存手段，茶叶极易变质损坏。根据法律规定，证据保全期限为三十日，期满若无法返还物品，行政机关应当作出继续扣押的决定并及时书面告知当事人。[2] 但在本案中，执法人员却因疏忽遗忘此事，未及时履行后续程序，老人因此向法院提起行政诉讼。经审理，法官依法确认此次扣押行为存在程序违法。行政机关在为防止证据损毁、缺失而采取保全措施时，必须充分考量证据特性。尤其是针对鲜活易腐商品或有同类替代品的物品，应当及

---

〔1〕《杭州市城市市容和环境卫生管理条例》第二十一条第二款规定："城市道路两侧及广场周边的商场、商店不得超出门窗、外墙摆卖物品或进行其他经营活动。"

〔2〕参见《行政强制法》第二十五条。

时作价处理并提存价款,[1] 这也是确保行政执法行为合法适当之关键所在。

在行政强制措施的设定方面,《行政强制法》第十条第一款规定:"行政强制措施由法律设定。"这一规定确立了法律在行政强制措施设定上的主导地位,强化了行政强制行为的合法性基础。同时,《行政强制法》对现行法律、法规中的行政强制种类进行了梳理,最终将行政强制措施明确归纳为以下几类:限制公民人身自由;查封场所、设施或者财物;扣押财物;冻结存款、汇款;其他行政强制措施。[2] 其中,尚未制定法律,且属于国务院行政管理职权事项的,行政法规可以设定除限制公民人身自由和冻结存款、汇款以及应当由法律规定的行政强制措施以外的其他行政强制措施。[3] 在满足特定条件时,地方性法规也可就地方性事务设定行政强制措施。[4] 试举一例,一位网约车司机接到订单后,因目的地周边设置了交通隔离设施,无法按约定抵达接客点,便电话联系乘客,提议在附近最近的地点汇合。当时正值雨天,双方因停车距离问题发生争执,司机取消订单并要求乘客下车,乘客却拒绝离开,并持续滞留车内。事件发生后,司机立即报警,派出所出警调解,但乘客仍拒不下车并要求赔偿,司机无奈先行离开。第二天,司机再次报警,公安分局依法对涉事乘客作出行政处罚。事实上,乘客长时间占据他人运营车辆的行为,不仅严重妨碍公共交通秩序、威胁公共安全,更涉嫌毁损公私财物。在此类情况下,公安机关应依据《行政强制法》,及时对涉事人员采取限制人身自由等行政强制措施,迅速制止违法

[1] 参见《行政强制法》第二十八条第二款。

[2] 参见《行政强制法》第九条。

[3] 参见《行政强制法》第十条第二款。

[4] 参见《行政强制法》第十条第三款。

行为，避免因执法延误导致矛盾升级。

实施行政强制措施的一般程序包括:[1] 第一，实施前须向行政机关负责人报告并经批准。这种报批流程主要适用于重大事项的一般程序，而简易程序通常不涉及此类要求。在实践中，若某类执法场景频繁发生，要求执法人员就每起个案均向负责人汇报，既不符合现实需求，又影响执行效率。针对这种情况，行政机关可以采取更为灵活的措施，例如预先由负责人签署扣押单等法律文书。根据法院执行工作实务经验，执行人员会常备两类具有强制力的文书，其一是拘传票，用于依法传唤当事人，必要时可对当事人采取使用手铐等限制人身自由的行政强制措施。由于这类文书须经院长签发，为应对突发状况，院长通常会提前在空白且加盖印章的拘传票上签字。其二是司法拘留证，同样以三联空白文书的形式提前准备，确保在紧急情况下能够迅速采取强制措施，保障司法程序顺利推进。第二，由两名以上行政执法人员实施。然而在实际执法过程中，严格要求所有执法人员均为两名及以上的公务员或参照《公务员法》管理的人员，存在现实困难。在基层执法场景里，一名正式编制、参照公务员序列管理的事业单位工作人员，搭配一名负责记录、拍照等辅助工作的协勤人员的执法组合往往更为常见。若能切实增加正式编制人员的配备，常见的执法人员构成不符合法定要求的问题将得到有效改善。第三，出示执法身份证件。在浙江省，执法证件的管理工作由省司法厅统筹，各区县具体组织考试，考试合格方可领取执法证。如今，执法证已升级为电子执法证，电子执法证依托数字化技术，有效规范了行政执法人员的行为，是浙江省“数字赋能”理念的生动实践，具有重大意义。第四，通知当事人到场。这

---

〔1〕 参见《行政强制法》第十八条。

一程序在现场勘验等执法场景中尤为关键。现场勘验形成的材料是极为重要的证据，当事人到场不仅能保障其知情权与参与权，而且能确保勘验过程公开透明、程序合法，有效避免后续因证据争议引发纠纷。第五，执法人员应当场告知当事人采取行政强制措施的理由、依据以及当事人依法享有的权利、救济途径，听取当事人的陈述和申辩并制作现场笔录。现场笔录须由当事人和行政执法人员签名或者盖章，当事人拒绝的，应在笔录中予以注明。当事人不到场的，应邀请见证人到场，由见证人和行政执法人员在现场笔录上签名或者盖章。在实际工作中，不少现场笔录存在瑕疵，既无当事人签字，也未注明当事人拒绝签字的情况，还缺乏见证人的签字确认。更为严重的是，执法人员可能未向当事人告知采取行政强制措施的相应理由，这无疑会导致正当程序执行不到位，出现重大的程序缺失。一旦出现这种情况，行政强制措施很有可能被判定为违法。当然，如果情况紧急，需要当场实施行政强制措施的，行政执法人员应当在24小时内向行政机关负责人报告，并补办批准手续。行政机关负责人认为不应当采取行政强制措施的，应当立即解除，以保障当事人的合法权益，维护行政行为的合法性与规范性。[1]

行政强制执行，是指行政机关或者行政机关申请人民法院，对不履行行政决定的公民、法人或者其他组织，依法强制履行义务的行为。行政强制执行的执行方式包括加处罚款或者滞纳金，划拨存款、汇款，拍卖或者依法处理查封、扣押的场所、设施或者财物，排除妨碍、恢复原状，代履行以及其他强制执行方式。[2] 行政强制执行由法律设定，法律没有授予行政机关强制执行权的，作出行政

〔1〕 参见《行政强制法》第十九条。

〔2〕 参见《行政强制法》第十二条。

决定的行政机关应当申请人民法院强制执行。[1] 浙江省进行了一项具有制度创新价值的实践探索，针对行政非诉执行案件实施了“裁执分离”的举措。2014 年，浙江省高级人民法院出台的《关于推进和规范全省非诉行政执行案件“裁执分离”工作的纪要（试行）》（浙高法〔2014〕18 号）规定，在“裁执分离”司法工作机制下，人民法院负责非诉行政执行案件的受理、审查并作出裁定，由裁判文书确定的行政机关负责组织实施。在过去并没有“裁执分离”这样的制度设计，非诉行政执行案件都是由法院自行进行强制执行。而在强制执行过程中存在着诸多现实问题，尤其是在违法建筑拆除这类案件上体现得更为明显。人民法院的执行人员大多不具备建筑工程专业资质，对于违法建筑的合理拆除方式、安全保障措施等往往缺乏专业判断。随着此类案件不断堆积，法院的执行工作压力剧增，难以承受。“裁执分离”模式推行后，一方面，有效地分流了案件，减轻了法院的工作负担；另一方面，也使执行权回归行政权的本质属性，实现了权力的合理归位。

行政强制执行具有如下法律特征。第一，行政强制执行是由行政机关或法院实施的强制执行行为。需要指出的是，当行政机关申请人民法院强制执行时，必须严格遵循特定的法定程序。其一，行政机关作出强制执行决定前，应当事先催告当事人履行义务，[2] 以此给予当事人主动履行义务的机会与缓冲期，促使当事人自行履行行政决定。其二，催告书送达十日后当事人仍未履行义务的，行政机关可以向所在地有管辖权的人民法院申请强制执行。[3] 其三，人

〔1〕 参见《行政强制法》第十三条。
〔2〕 参见《行政强制法》第五十四条。
〔3〕 参见《行政强制法》第五十四条。

民法院接到行政机关强制执行的申请，应当在五日内受理，[1] 对符合强制执行条件的自受理之日起七日内作出执行裁定。[2] 第二，行政强制执行是对具体行政行为的执行，而不是司法行为。尽管在实践中，部分行政强制执行工作由法院实施，但将其定义为“司法执行”存在概念混淆的可能性。从行为性质分析，法院实施行政强制执行旨在落实具体行政行为的内容，而非作出基于事实与法律关系判断的司法裁决。由此可见，无论行政强制执行的实施主体是行政机关还是法院，其核心属性始终保持不变，依然属于行政行为范畴。第三，行政强制执行是对相对人的执行。第四，行政强制执行以相对人在具体行政行为确定的期限内没有履行义务为前提。

行政强制执行可进一步分为直接强制执行和间接强制执行。其中，直接强制执行包括人身强制执行和财产强制执行。间接强制执行则是指行政主体通过间接手段迫使义务人履行其应当履行的法定义务，或者达到与履行义务相同的状态，包括代履行和执行罚。代履行，即义务人不履行作为义务时，由行政主体自行或交由他人代替其履行，并由义务人支付执行费用。[3] 例如，当行政机关责令当事人拆除违法建筑，当事人拒不执行时，行政机关可聘请施工单位代为拆除，由此产生的费用由当事人承担。执行罚，是指行政主体为促使拒不履行义务的当事人自动履行义务，通过罚款或滞纳金的方式增加其财产负担，迫使其主动履行法定义务的行政强制执行手段。[4]

在行政强制执行的程序方面，首先，行政机关须以书面形式向

〔1〕 参见《行政强制法》第五十六条第一款。
〔2〕 参见《行政强制法》第五十七条。
〔3〕 参见《行政强制法》第五十、五十一条。
〔4〕 参见《行政强制法》第四十五条。

当事人发出催告，明确告知其履行义务的截止时间，[1] 并清晰说明若逾期仍不履行，行政机关将依法采取强制执行措施，由此产生的一切费用均由当事人自行承担。从本质上看，行政强制执行中的催告程序旨在给予当事人主动履行义务的机会，以维护当事人的合法权益，保障行政决定得以顺利执行。其次，行政机关须听取当事人的陈述和申辩。实践中，当事人未能履行义务的原因往往较为复杂，部分情况属于履行不能。例如，公安机关依法作出高额罚款决定后，部分当事人可能因经济困难，客观上不具备履行能力，并非主观上拒绝履行。最后，行政机关作出强制执行决定后，若当事人仍面临履行困难或履行不能的情况，双方可就执行事项达成执行协议，如约定分期履行金钱给付义务，这是实现行政和解的重要方式。在不损害公共利益和他人合法权益的基础上，行政机关与当事人可以通过协商对执行方式、履行期限等进行灵活调整。[2]

行政机关在行政执法过程中的取证规则，是行政证据规则的核心内容，具体而言，行政机关在执法取证时应遵循以下证据规则。第一，关联性规则。行政机关收集的证据需要与案件待证事实存在实质性联系，能够证明案件事实的存在与否、程度轻重等关键要素。[3] 第二，非法证据排除规则。在中国，非法证据排除规则最初适用于刑事诉讼中，而后于 2017 年修订的《行政诉讼法》也正式将此原则适用于行政案件。[4] 这一规则既是法院审理行政案件时需要遵循的证据规则，也是行政机关在行政执法时应当自觉遵守的证据

〔1〕 参见《行政强制法》第三十五条。

〔2〕 参见《行政强制法》第四十二条。

〔3〕 参见《最高人民法院关于适用〈中华人民共和国行政诉讼法〉的解释》第四十二条。

〔4〕《行政诉讼法》第四十三条第三款规定："以非法手段取得的证据，不得作为认定案件事实的根据。"

规则。第三，免证规则。依据《最高人民法院关于行政诉讼证据若干问题的规定》第六十八条的规定，针对众所周知的事实、自然规律及定理、按照法律规定推定的事实、已经依法证明的事实、根据日常生活经验法则推定的事实，可以直接认定。但当事人有相反证据足以推翻推定事实的除外。第四，最佳证据规则。这是一项主要适用于书证的规则。在行政执法过程中，行政机关应优先收集书证的原件，因为原件能够最真实、准确地反映书证所记载的内容，其证明力通常优于复制件、副本等衍生证据。[1] 若确有客观原因无法取得原件，如原件灭失、毁损或由他人合法持有且拒绝提供，才可以收集与原件核对无误的副本、复制件等，但必须通过合法程序对副本、复制件等进行验证，确认其与原件内容的一致性。

二、亟须立法的行政执法领域

《行政处罚法》《行政许可法》《行政强制法》的颁布，是中国行政法治建设的重要里程碑，这些法律对相应的行政行为作出了明确规定。然而，在现实中，部分行政行为仍存在一定问题。目前，这些问题已引起相关部门和立法机关的高度关注，尤其是在行政检查、行政征收和行政征用等领域，亟须通过立法进一步规范完善。行政法是动态的宪法，宪法中关于促进经济、社会和文化发展的规定，需要依靠行政法予以具体落实。如果缺乏行政法的支撑，宪法

〔1〕《最高人民法院关于行政诉讼证据若干问题的规定》第六十三条规定："证明同一事实的数个证据，其证明效力一般可以按照下列情形分别认定：……（三）原件、原物优于复制件、复制品……"

的相关条款将难以发挥其实际效用。而在行政行为中，这些尚未专门立法进行规范的部分，往往更易对公民、法人及其他组织的合法权益造成侵害。

（一）行政检查

行政检查是指行政机关为履行行政管理职责，对行政相对人遵守法律法规的情况进行监督检查的活动。虽然目前中国尚未制定系统的行政检查法，但行政检查作为行政许可、行政处罚、行政强制等行政行为的过程性行为，行政机关的检查职权已在《行政处罚法》《行政许可法》《行政强制法》中作出相应规定。基于此，学界与实务界就是否需要专门立法规范这一行为存在较大争议。在现实场景中，行政检查权力滥用的现象客观存在。例如，公民普遍缺乏随身携带身份证的习惯，当其在街头被民警拦下进行检查，并要求出示身份证时，若当事人未携带证件，执法者是否有权对其采取相关措施？在这种情况下，若执法者任意执法，易引发公众对公权力行使规范性与程序正当性的不满。因此，是否有必要通过专门立法对行政检查行为加以规范，在保障执法效率与维护公民合法权益之间寻求平衡，值得深入探讨与持续思考。

行政检查广泛存在于诸多行政行为中。以行政许可领域为例，企业申请设立须领取营业执照，若为特定行业，还需要办理相应的行业许可证。提交办理申请后，通常须由行政机关对经营场所、物质材料等进行勘验检查，以确保其符合相关规定。例如，餐饮店在领取营业执照后还须办理食品经营许可证。[1] 在此过程中，食品安

〔1〕《食品经营许可和备案管理办法》第四条第一款规定："在中华人民共和国境内从事食品销售和餐饮服务活动，应当依法取得食品经营许可。"

全管理部门将对厨房的隔离网、下水系统、通风设备、油污处置设施等进行检查，这些检查涵盖食品安全监管、大气污染防治规定。又如，娱乐场所在其申请从事娱乐场所经营活动及后续的经营过程中，因场所人员密集且多为密闭空间，消防部门会严格检查其消防设施是否完备、逃生通道设置是否合理、疏散标识是否清晰等，这些均属于行政检查范畴。由此可见，一般具备行政管理职能与行政处理决定权的行政机关，均享有相应的行政检查权。然而，中国目前尚未出台专门的行政检查法，行政检查权主要隐含于《行政处罚法》《行政许可法》《行政强制法》等相关法律规定中，通过附随性授权的方式赋予行政机关。这一现状在推进"大综合一体化改革"过程中产生了诸多矛盾。例如，根据《行政处罚法》的规定，省、自治区、直辖市根据当地实际情况，可以决定将基层管理迫切需要的县级人民政府部门的行政处罚权交由能够有效承接的乡镇人民政府、街道办事处行使。[1] 以市容环卫管理为例，综合行政执法局将原先的"门前三包"处罚权下放至乡镇街道后，检查权是否随之转移并无定论，难以仅凭行政处罚权的转移这一事实就默认行政检查权一并移交。在耕地保护领域，类似问题更为突出。习近平总书记多次强调，要坚决守住18亿亩耕地红线。[2] 这项工作涉及自然资源部门与农业农村部门等多个主体的监管职责。乡镇人民政府、街道办事处虽具有处置耕地上违法建筑的处罚权，但却缺乏对违法建筑的日常监管权限。一旦发现疑似违法建筑，乡镇街道需要向自然资源、农业农村等部门发函询问，确认该地块是否允许建设临时或永

〔1〕 参见《行政处罚法》第二十四条第一款。

〔2〕 参见《习近平反复强调：要坚决守住18亿亩耕地红线》，载中国共产党新闻网2023年6月25日，http://cpc.people.com.cn/n1/2023/0625/c164113-40020185.html。

久性构筑物。而这种对土地性质和规划的认定，本质上属于行政监管权的行使范畴。由于行政检查权与监管权界定模糊、权责不清，当行政检查作为独立行政行为实施时，往往会导致实践运行失序。2024 年 12 月，国务院常务会议审议通过《关于严格规范涉企行政检查的意见》（国办发〔2024〕54 号），提出“坚决遏制乱检查，切实减轻企业负担”，从总体要求、明确检查主体、公布检查事项、合理确定检查方式、严格检查标准和程序等十个方面第一次对涉企行政检查作出系统且全面的规范，为整治行政检查乱象、促进企业高质量发展提供了坚实有力的制度性保障。

行政检查的方式丰富多样，其中较为常用的有：第一，实地检查。这种方式是行政机关工作人员直接深入现场进行监督检查。例如，在处理绿地破坏问题时，行政机关通常会在作出行政处罚前进行实地调查，由工作人员亲赴现场，通过专业测量工具，准确测定被破坏绿地的面积，为后续处理提供依据。第二，书面检查。这是指行政机关通过审查当事人递交的各类书面材料开展检查工作。以税务部门为例，其要求纳税人如实提交财务报表、纳税申报表等资料，通过对这些书面材料中的数据、账目进行细致核对与分析，来判断纳税人是否依法履行纳税义务，是否存在偷税、漏税等行为。第三，特别检查，即针对人身、特殊财产或特定场所开展的检查。这类检查往往具有较强的针对性与特殊性，通常围绕公共安全隐患或特定违法犯罪行为展开，如查处醉酒驾驶、卖淫嫖娼行为等。

另外，还可以依据实施检查的行政机关类别，将行政检查分为如下几种类型。第一，公安检查，包括治安检查、交通检查、消防检查、涉毒检查等。第二，工商检查，包括一般检查、对投机行为的检查、对不正当竞争的检查、对侵犯消费者权益的检查等。第三，海关检查。第四，环保检查。第五，税务检查。第六，农林、水利、电力检查等。

目前，部分法律法规和规章对行政检查的手段作出了规定，其中一些条款的内容尤为详细。以《土地管理法》为例，该法就通过专门条款，对土地管理领域的行政检查方式与权限作出了明确规定。[1] 然而，由于不同部门间的执法理念存在差异，行政检查行为难以被简单概括或归纳，致使现实中的检查方法手段多样。在具体实施过程中，这些方法极有可能对行政相对人的权利产生实质性影响。与此同时，在行政检查过程中，行政权力的恣意行使所带来的危害，往往难以从表面察觉。例如，一家正常经营的娱乐场所，负责安全监管的民警若频繁前往检查，就可能对其正常经营造成干扰，而这类行为本质上仍属于行政检查范畴。执法者常以“日常巡查”为由开展检查，从表面上看具有合法性，却可能因检查频次过高、方式不当等对行政相对人的合法权益造成损害。正因如此，浙江省为行政执法人员配备了专门的电子行政执法证。执法人员前往经营场所开展行政检查工作时，只需要打开电子执法证，系统后台便会自动记录检查发现的问题、处置方式及检查频率等信息，且数据多端存储、不可篡改。此外，电子执法证具备“双随机”功能，当多个部门对同一主体均拥有检查权时，系统能够通过智能调度有效避免重复检查，减少对民众和市场的干扰。这一创新举措利用高科技手段提升了行政执法的透明度和规范性，在一定程度上解决了行政

〔1〕《土地管理法》第六十八条　县级以上人民政府自然资源主管部门履行监督检查职责时，有权采取下列措施：

（一）要求被检查的单位或者个人提供有关土地权利的文件和资料，进行查阅或者予以复制；

（二）要求被检查的单位或者个人就有关土地权利的问题作出说明；

（三）进入被检查单位或者个人非法占用的土地现场进行勘测；

（四）责令非法占用土地的单位或者个人停止违反土地管理法律、法规的行为。

检查中常见的频次过高、随意性强等问题。

在行政检查的一般程序上：首先，行政机关的执法人员在进行检查时，应当以一定的方式告知相对人自己的身份并公开自己的证件。其次，行政检查机关应当说明检查的目的、理由。再次，行政检查应由两名以上工作人员实施。最后，行政机关应当制作检查笔录并由检查人员、被检查人员及见证人签名或盖章确认。在行政执法领域，现行的“三项制度”包含执法全过程记录制度。行政执法全过程记录并非仅局限于传统的笔录形式，也体现在执法记录仪的应用上。执法人员使用记录仪开展工作时，既可通过全程摄录保存执法现场情况，确保证据的原始性，又能同步记录与行政相对人的沟通实况，以保障信息的真实性。在将执法记录仪的现场记录与电子执法证后台的数据记录相结合后，通过二者互补，可以有效达到规范行政检查行为的目的。

（二）行政征收和行政征用

行政征收是指行政主体依法向行政相对人收取税费或私有财产的行政行为，具有处分性、强制性、非对价性和法定性的特征。所谓处分性，即指行政征收会直接对行政相对人的财产权益进行处置，无论是税收缴纳、行政性收费，抑或是私有财产的征收，都会实质性地改变行政相对人的财产状况。强制性则体现为行政相对人必须履行缴纳义务，不以自愿为前提。例如，旅客购买机票时，费用中便包含了机场建设费、税费等。非对价性意味着行政征收并非等价交换行为。私有财产征收中虽然存在补偿，但这种补偿不等同于赔偿，并非建立在完全平等的价值交换基础之上。法定性强调行政征收必须有明确的法律依据，税收、行政收费等均须由法律明确规定。任何地方政府或组织都无权擅自设定收费项目，如未经批准擅自收取电子政务平台的使用费或服务费、村道私自设卡收取“买路钱”等均属于违法行为。行政征收具体包括税收征收、行政收费、土地征收、企业征收和其他征收等。

第一，税收征收。中国的税收征管工作有着坚实的法律保障，《税收征收管理法》对税收征管程序进行了全面且系统的规范。得益于法律所确立的科学程序与方法，辅以新技术的深度应用，征税手段和流程日益标准化、固定化，极大压缩了偷逃税行为的操作空间。

第二，行政收费。其为特定行政机关依据法律赋予的职权，在为行政相对人提供公益性服务或实施特定管理活动过程中，按照法定标准与程序收取费用的行政行为。尽管《立法法》明确规定对非国有财产的征收应当制定法律，[1] 但遗憾的是，目前专门针对行政收费的法律尚未出台，行政收费在法律层面长期处于空白状态。行政收费的主体范围、收费项目内容以及具体实施程序，均缺乏明确且统一的法律规定，导致实践中行政收费行为缺乏有效约束，乱象丛生。试举一例，依据鲜活农产品运输“绿色通道”政策的相关规定，对整车合法装载运输鲜活农产品的车辆应免收通行费。[2] 若一辆满载莴笋的货车经过高速收费站，收费员在“绿色通道”的查验过程中发现该货车满载的莴笋均进行了去叶处理，因而认定其不符合绿色通道优惠条件，拒绝给予通行费减免。这种政策执行偏差不仅抬升了农产品的运输成本，更对农民的生产生活造成显著的负面影响。典型的行政收费包括公路运输管理费、车辆购置附加费、公路养路费、港口（机场）建设费、排污费、教育附加费，以及经省

〔1〕 参见《立法法》第十一条第一款第七项。

〔2〕 参见《交通运输部办公厅 国家发展改革委办公厅 财政部办公厅 农业农村部办公厅关于进一步提升鲜活农产品运输“绿色通道”政策服务水平的通知》（交办公路〔2022〕78号）第一条。

级政府批准的过桥、过路费等。国家机器的运转，主要依靠国家税收提供资金保障，而行政机关在开展具体行政活动时产生的特殊支出，通常由相关受益人承担费用，这体现了“特别支出由特别收入满足”的公平原则。2025 年，国务院办公厅印发《关于建立健全涉企收费长效监管机制的指导意见》（国办函〔2025〕30 号），首次在国家层面提出建立健全涉企收费长效监管机制，其重点任务涵盖事前、事中、事后监管，加大了对违规收费现象的治理力度。未来，立法机关应适时制定《行政收费法》，通过专项立法明确收费的主体和程序。首先，在制定《行政收费法》时，应对行政收费设定权进行一般性限制。原则上行政收费只能由法律设定，但由于各地自然资源、社会文化存在差异，若所有行政收费事项均由法律统一规定，可能缺乏灵活性。因此，除法律直接规定外，还可通过《行政收费法》授权国务院或省级地方权力机关制定行政法规或地方性法规，以此确定部分行政收费项目。如此一来，既能保证行政收费在全国范围内的统一规范，又能因地制宜，减少不合理的收费事项。但行政收费设定权不宜下放至国务院部门规章和省级政府规章。若允许相关部门和地方政府基于自身利益考量，通过规章设定收费项目，将严重阻碍全国统一大市场的建设。当然，在法律、行政法规或地方法规设定收费权后，规章可制定程序性的实施细则，细化收费流程，但不得在实体上增设收费项目。其次，应从实体和程序两方面对行政收费行为进行全方位规范，具体包括明确收费对象、制定合理标准、规范收费方式、完善收费流程、强化后续管理、畅通救济途径等多个关键环节。最后，应将行政收费纳入非税收入的财政管理体系。行政收费与罚没收入在性质上具有相似性，二者均属于财政收入范畴，而非部门自有资金。一旦收费与部门利益直接挂钩，极易引发行政争议，滋生权力寻租空间。因此，必须严格执行“收支两条线”的相关管理规定，确保收取的费用即时纳入财政统一管理，切断部门利用收费谋取私利的渠道。

第三，土地征收。《土地管理法》第二条第一款规定：“中华人民共和国实行土地的社会主义公有制，即全民所有制和劳动群众集体所有制。”土地征收制度是指国家为了公共利益的需要，将集体土地收归国有并给予补偿的制度。《宪法》和《土地管理法》在2004年修正前，并未区分土地征用和土地征收，而是将其统称为“征用”。2004年，全国人民代表大会对《宪法》作出修改，将原有的相关表述修改为“国家为了公共利益的需要，可以依照法律规定对土地实行征收或者征用并给予补偿”，[1] 首次在宪法层面明确区分了征收和征用这两种土地流转方式。同年，《土地管理法》也对相应条款进行了修改。[2] 国家对集体土地的征收受到严格的法律限制，具体体现在两个关键方面：其一，征收行为必须经由法定审批机关批准，以此确保征收的合法性与规范性；[3] 其二，必须依法向被征收方给予公平、合理补偿，切实保障集体和相关权益人的合法利益

〔1〕参见《宪法》（2004修正）第十条第三款。

〔2〕《土地管理法》（2004修正）第二条第四款规定：“国家为了公共利益的需要，可以依法对土地实行征收或者征用并给予补偿。”

〔3〕《土地管理法》第四十六条　征收下列土地的，由国务院批准：

（一）永久基本农田；

（二）永久基本农田以外的耕地超过三十五公顷的；

（三）其他土地超过七十公顷的。

征收前款规定以外的土地的，由省、自治区、直辖市人民政府批准。

征收农用地的，应当依照本法第四十四条的规定先行办理农用地转用审批。其中，经国务院批准农用地转用的，同时办理征地审批手续，不再另行办理征地审批；经省、自治区、直辖市人民政府在征地批准权限内批准农用地转用的，同时办理征地审批手续，不再另行办理征地审批，超过征地批准权限的，应当依照本条第一款的规定另行办理征地审批。

不受侵害。[1]

第四，企业征收。依据资本的不同来源，企业征收实行不同的规则。根据《外商投资法》的相关规定，国家对外国投资者的投资不实行征收。但在特殊情况下，为了公共利益的需要，对外国投资者的投资可以依照法定程序实行征收，并给予相应补偿。[2]

第五，其他征收。基于公共利益的需要，国家有权征收公民与法人的其他财产。除集体土地外，公民和单位拥有的其他不动产和各类动产，只要具有明确的法律依据，且符合公共利益需求，均在可征收范围之内。[3] 在国有土地上房屋征收领域，过去主要依据《城市房屋拆迁管理条例》（于 2011 年 1 月 21 日废止）进行管理。该条例虽在一定程度上规范了拆迁行为，但其立法初衷在于推动城市发展，对行政相对人权利的保障相对不足。而后续出台的《国有土地上房屋征收与补偿条例》，相比原条例有了重大突破和完善。其一，取消行政机关自行强制拆迁的权力，改为须申请司法强制执行。[4] 这一转变将房屋征收的强制执行过程置于司法审查的严格监督之下，有效遏制了野蛮拆迁、暴力拆迁等乱象。其二，实施房屋

〔1〕《土地管理法》第四十八条第一款规定："征收土地应当给予公平、合理的补偿，保障被征地农民原有生活水平不降低、长远生计有保障。"

〔2〕参见《外商投资法》第二十条。

〔3〕《宪法》第十三条第三款规定："国家为了公共利益的需要，可以依照法律规定对公民的私有财产实行征收或者征用并给予补偿。"

〔4〕《国有土地上房屋征收与补偿条例》第二十八条第一款规定："被征收人在法定期限内不申请行政复议或者不提起行政诉讼，在补偿决定规定的期限内又不搬迁的，由作出房屋征收决定的市、县级人民政府依法申请人民法院强制执行。"

征收应当先补偿、后搬迁，禁止“暴力搬迁”。[1] 其三，优先给予住房保障，明确补偿标准。征收个人住宅，被征收人符合住房保障条件的，作出房屋征收决定的市、县级人民政府应当优先给予住房保障。[2] 另外，对被征收房屋价值的补偿，不得低于房屋征收决定公告之日被征收房屋类似房地产的市场价格。[3] 其四，多数被征收人不满征收补偿方案的，政府应组织听证。[4] 实际上，听证就是各方意见不断碰撞、交流，最终达成一致的过程。在不动产征收过程中，如果能够充分尊重不同意见，保障当事人听证申请权，并认真组织实施听证会，即可在行政争议产生之前，有效化解矛盾。其五，明确公共利益范围，加强规划调控。[5]

---

〔1〕《国有土地上房屋征收与补偿条例》第二十七条 实施房屋征收应当先补偿、后搬迁。

作出房屋征收决定的市、县级人民政府对被征收人给予补偿后，被征收人应当在补偿协议约定或者补偿决定确定的搬迁期限内完成搬迁。

任何单位和个人不得采取暴力、威胁或者违反规定中断供水、供热、供气、供电和道路通行等非法方式迫使被征收人搬迁。禁止建设单位参与搬迁活动。

〔2〕参见《国有土地上房屋征收与补偿条例》第十八条。

〔3〕参见《国有土地上房屋征收与补偿条例》第十九条。

〔4〕《国有土地上房屋征收与补偿条例》第十一条第二款：“因旧城区改建需要征收房屋，多数被征收人认为征收补偿方案不符合本条例规定的，市、县级人民政府应当组织由被征收人和公众代表参加的听证会，并根据听证会情况修改方案。”

〔5〕《国有土地上房屋征收与补偿条例》第八条 为了保障国家安全、促进国民经济和社会发展等公共利益的需要，有下列情形之一，确需征收房屋的，由市、县级人民政府作出房屋征收决定：

（一）国防和外交的需要；

（二）由政府组织实施的能源、交通、水利等基础设施建设的需要；

（三）由政府组织实施的科技、教育、文化、卫生、体育、环境和资源保护、防灾减灾、文物保护、社会福利、市政公用等公共事业的需要；

（四）由政府组织实施的保障性安居工程建设的需要；

（五）由政府依照城乡规划法有关规定组织实施的对危房集中、基础设施落后等地段进行旧城区改建的需要；

（六）法律、行政法规规定的其他公共利益的需要。

行政征用系行政主体根据法律规定，出于公共利益的需要，强制性地使用相对人的财产并给予补偿的行政行为。在行政征用过程中，仅影响被征用物的使用权，其所有权归属在征用期间并不发生改变。与行政征收相同，行政征用亦直接源于宪法的规定。[1] 行政征用一般发生在应急状态下，如在抢险、救灾等紧急情形时征用交通工具、通讯工具等。例如，警察追捕逃犯时，如遇执法车辆突发故障，有权临时征用公民的车辆用于执行任务，但须向公民支付合理费用[2]。又如，在应急抢险工作中，占用学校操场等场地堆放战略物资，同样属于行政征用行为，后续也应依法给予相应补偿。

三、行政执法“大综合一体化”改革的浙江实践[3]

党的十八大以来，以习近平同志为核心的党中央提出了一系列深化行政执法体制改革的决策部署。[4] 党的十八届三中全会和四中全会都将推进综合执法作为深化行政执法体制改革的重要内容。党的十九届三中全会对执法队伍和相对集中行政处罚权的设置作出了

---

〔1〕《宪法》第十三条第三款规定：“国家为了公共利益的需要，可以依照法律规定对公民的私有财产实行征收或者征用并给予补偿。”

〔2〕《人民警察法》第十三条第二款规定：“公安机关因侦查犯罪的需要，必要时，按照国家有关规定，可以优先使用机关、团体、企业事业组织和个人的交通工具、通信工具、场地和建筑物，用后应当及时归还，并支付适当费用；造成损失的，应当赔偿。”

〔3〕参见赵青航、褚亮、陈振华：《浙江省宗教领域纳入“大综合一体化”行政执法改革的理论与实践》，载《中国宗教》2025 年第 4 期；赵青航、陈振华：《浙江省宗教领域行政执法“大综合一体化”改革的探索实践》，载《中国宗教》2024 年第 6 期。

〔4〕参见《浙江省出台综合行政执法条例》，载微信公众号“司法部”2022 年 1 月 13 日，https：//mp. weixin. qq. com/s/11Ii_ Hd72 – ttVTuhIrA03Q。

具体要求。[1] 党的二十届三中全会进一步提出“深化行政执法体制改革，完善基层综合执法体制机制，健全行政执法监督体制机制。完善行政处罚等领域行政裁量权基准制度，推动行政执法标准跨区域衔接”。

浙江省认真贯彻落实习近平总书记和党中央关于行政执法体制改革的决策部署，持续深化综合行政执法改革，[2] 踏上了一条具有浙江特色的综合行政执法改革之路。[3] 2020 年 8 月，时任浙江省省长袁家军在全省法治政府建设暨综合行政执法改革推进会上首次提出“大综合一体化”概念。[4] 2022 年 3 月，浙江省“大综合一体化”行政执法改革推进大会在杭州召开。[5] 之前，《浙江省加快推进“大综合一体化”行政执法改革试点工作方案》已获中央批复同意，浙江成为全国唯一的“大综合一体化”行政执法改革国家试点。[6] 在此以宗教领域执法为例，介绍浙江省“大综合一体化”行政执法改革的相关情况。

〔1〕 参见《中共中央印发〈深化党和国家机构改革方案〉》，载中国政府网 2018 年 3 月 21 日，https：//www. gov. cn/zhengce/202203/content_ 3635301. htm#3。

〔2〕 参见《〈浙江省综合行政执法条例〉解读》，载浙江省司法厅官网 2021 年 12 月 31 日，http：//sft. zj. gov. cn/art/2021/12/31/art_ 1229107412_ 2387532. html。

〔3〕 参见储厚冰：《浙江省综合行政执法改革的实践与思考》，载《中国司法》2019 年第 11 期。

〔4〕 参见《【微课堂】浙江省综合行政执法改革历程——从相对集中行政处罚权到大综合一体化行政执法改革》，载微信公众号“桐庐综合行政执法”2022 年 7 月 22 日，https：//mp. weixin. qq. com/s/S59nsqbtaBiTD1v3ad9Htw。

〔5〕 参见《全国唯一！浙江启动“大综合一体化”行政执法改革国家试点》，载微信公众号“浙江法治”2022 年 3 月 1 日，https：//mp. weixin. qq. com/s/SfEEwK – HblJmEynVLuqm4Q。

〔6〕 参见《全国唯一！浙江启动“大综合一体化”行政执法改革国家试点》，载微信公众号“浙江法治”，2022 年 3 月 1 日，https：//mp. weixin. qq. com/s/SfEEwK – HblJmEynVLuqm4Q。

（一）浙江省宗教领域“大综合一体化”行政执法改革的理论证成

1. 浙江省宗教领域纳入“大综合一体化”行政执法改革的原因

当前中国的宗教领域存在形形色色的矛盾和问题，比较突出的如天主教地下势力的治理和教育转化问题，基督教非法宗教组织及其活动的治理问题，伊斯兰教防范和遏制宗教极端思想传播问题，佛教道教商业化、教风不正、涉宗违法活动和涉宗违法建筑问题等。尤其在互联网时代，涉宗教信息在线上全平台覆盖，宗教活动的开展已经形成了事实上的线下和线上两个空间。相较于线下的宗教活动而言，互联网宗教活动更具隐蔽性，且现实与虚拟相互影响、线上线下互联互动，加剧了问题的复杂性。上述问题涉及意识形态工作，同时涉及司法、公安、教育、民政、住建等多个部门。实践证明，由宗教事务部门单独完成行政执法活动，实现行政执法目标的单独执法模式存在诸多堵点难题，具体而言：

第一，宗教事务部门的执法力量有待加强。改革前浙江省宗教事务部门执法力量有待加强。一方面，浙江省各县（市、区）宗教事务部门的行政编制人员有限，导致持有执法证的执法人员相对较少，影响了行政执法活动的顺利推进，特别是开展执法办案、实施行政处罚时，持执法证人员偏少的问题就更为突出。另一方面，具体案件的调查取证与发现问题难。浙江省宗教事务部门的人员配备有限，日常监管力量相对薄弱，同时公安机关、国家安全机关等其他部门发现问题后往往各自处置和上报，导致宗教事务部门信息获取相对滞后，问题处置不及时或不到位的情况难以避免。

第二，执法人员的程序意识不足。浙江省各县（市、区）宗教事务部门的持执法证人员多为领导干部，而具体的经办人员往往没有执法资格，且对相关法律法规、专业知识的学习有所欠缺，对事实认定、法律适用、办案程序等专业事项把握不准，导致案件办理和法制审核存在违规违法等风险。

第三，宗教事务部门与其他部门间的职责不够明晰细化，联合处置程序不够畅通。试举一例，《互联网宗教信息服务管理办法》明确了网信部门、宗教事务部门、电信主管部门、公安机关、国家安全机关的框架性职责范围，[1] 但实际操作中缺乏具体的细化分工，且对于市场监管、文广旅、综合行政执法等相关职能部门没有明确相关职责。此外，调研发现，浙江省基层实践中因个人对法律规定的理解不一，且相关职能部门领域的法律法规缺乏对违反《互联网宗教信息服务管理办法》行为的处置规定，导致对违反该办法的行为在移送或牵头处置方面存在较大分歧，执行中出现了推诿扯皮现象。

第四，宗教事务部门对其他部门管辖领域中涉宗事务的管辖权限不足、执法过程中强制手段缺失。一方面，当宗教事务部门在实施行政检查，发现相对人存在涉嫌违反其他部门负责执行的法律法规的情形时，由于缺乏管辖权限，从而陷入如果直接处理就会超越职权，如果事后移送有权处理机关又可能丧失查处条件的两难境地。[2] 另一方面，宗教事务部门缺乏强制手段，当面对当事人或证人不配合的情况时，难以强制相关人员到案接受询问谈话。

2. 浙江省宗教领域“大综合一体化”行政执法改革的法律与理论依据

上文已述，浙江省宗教领域单独执法模式在实践中存在诸多问

---

〔1〕 参见《互联网宗教信息服务管理办法》第二十三、二十四、二十五、二十六、二十七条。

〔2〕 参见熊文钊主编：《城管论衡：综合行政执法体制研究》，法律出版社2012年版，第15页。

题。职能主义行政执法体制的单一化、碎片化难以适应当下执法事项日益多元化、复杂化的趋势。浙江省“大综合一体化”行政执法改革可以更大范围地整合执法队伍，厘清执法职责，优化执法资源配置，健全执法协同机制，从而实现部门间、区域间、层级间一体联动。这为协同合法治理宗教事务提供了行之有效的改革方向。

（1）浙江省宗教领域“大综合一体化”行政执法改革的法律依据

《宪法》第八十九条第三项、第四项，[1] 第一百零七条第一款[2]以及《地方各级人民代表大会和地方各级人民政府组织法》第七十九条第一款、第三款[3]等法律规定确定了设立行政机关的一般权限、原则和程序，为浙江省“大综合一体化”行政执法改革的合法性提供了宪法层面的支持。

〔1〕《宪法》第八十九条第三项、第四项规定：“国务院行使下列职权：……（三）规定各部和各委员会的任务和职责，统一领导各部和各委员会的工作，并且领导不属于各部和各委员会的全国性的行政工作；（四）统一领导全国地方各级国家行政机关的工作，规定中央和省、自治区、直辖市的国家行政机关的职权的具体划分……”

〔2〕《宪法》第一百零七条第一款规定：“县级以上地方各级人民政府依照法律规定的权限，管理本行政区域内的经济、教育、科学、文化、卫生、体育事业、城乡建设事业和财政、民政、公安、民族事务、司法行政、计划生育等行政工作，发布决定和命令，任免、培训、考核和奖惩行政工作人员。”

〔3〕《地方各级人民代表大会和地方各级人民政府组织法》第七十九条第一款、第三款规定：“地方各级人民政府根据工作需要和优化协同高效以及精干的原则，设立必要的工作部门。省、自治区、直辖市的人民政府的厅、局、委员会等工作部门和自治州、县、自治县、市、市辖区的人民政府的局、科等工作部门的设立、增加、减少或者合并，按照规定程序报请批准，并报本级人民代表大会常务委员会备案。”

《行政处罚法》第十八条[1]是推行建立综合行政执法制度和相对集中行政处罚权的直接效力依据，赋予省级人民政府可以决定一个行政机关行使有关行政机关行政处罚权的权力，为浙江省将宗教领域纳入“大综合一体化”行政执法改革提供了直接的行政法依据。《浙江省综合行政执法条例》为浙江省在宗教领域推行“大综合一体化”行政执法改革提供了强有力的地方法治保障。[2]

（2）浙江省宗教领域“大综合一体化”行政执法改革的理论依据

理念是变革的先导，是重塑行政执法体制的核心价值依托。[3]浙江省以“整体智治”的理念开启了规范行政执法新模式。[4] 有学者指出，“整体智治”理念是指通过跨部门的数据共享、流程再造和业务协同，打造整体政府，强化数字化的智慧治理，形成即时感知、科学决策、主动服务、高效运行、智能监管的新型治理形态，推动政府决策更加科学、治理更加精准、服务更加高效。[5] 笔者认为，“整体智治”理念系由三个关键理论支撑，即整体性治理理论、数字治理理论、善治理论。以上三个理论分别在行政执法体制、行政执

---

〔1〕《行政处罚法》第十八条　国家在城市管理、市场监管、生态环境、文化市场、交通运输、应急管理、农业等领域推行建立综合行政执法制度，相对集中行政处罚权。

国务院或者省、自治区、直辖市人民政府可以决定一个行政机关行使有关行政机关的行政处罚权。

限制人身自由的行政处罚权只能由公安机关和法律规定的其他机关行使。

〔2〕参见《〈浙江省综合行政执法条例〉解读》，载浙江省司法厅官网 2021 年 12 月 31 日，http：//sft. zj. gov. cn/art/2021/12/31/art_ 1229107412_ 2387532. html。

〔3〕参见褚国建等：《构建整体智治的行政执法新格局：浙江省“大综合一体化”行政执法改革的理论阐释》，浙江人民出版社 2024 年版，第 31 页。

〔4〕参见《浙江日报丨浙江开启规范执法新模式　从“多头管”变“一件事”》，载微信公众号“浙江法治”2024 年 7 月 2 日，https：//mp. weixin. qq. com/s/cGBw6iP39J8nyIUxxaLmaw。

〔5〕参见褚国建等：《构建整体智治的行政执法新格局：浙江省“大综合一体化”行政执法改革的理论阐释》，浙江人民出版社 2024 年版，第 33 页。

法方式、行政执法效果层面起到了切实的指导作用，为宗教领域推行“大综合一体化”行政执法改革提供了扎实的理论支持，具体而言：

第一，以整体性治理理论指导宗教领域行政执法权的整体化。浙江省宗教领域“大综合一体化”行政执法改革以整体性治理理论为指导，在行政执法体制上实现行政执法权的整体化。整合是整体性治理最核心的概念，整合程度与政府组织凝聚力的强度正相关。整合是指通过行政机构的合并和行政执法权的相对集中以实现政府行政管理工作有效协调的过程，具体包括三项内容：一是逆部门化和逆碎片化，实现大部门式治理，二是治理行为的整合，三是治理功能的整合。[1]

浙江省根据日常监管权和末端处罚权相分离的思路，按照业务相关、领域相连进行归口划分，将宗教领域26项行政处罚事项全部纳入全省综合行政执法事项统一目录。依靠综合行政执法部门的行政执法力量，有效地解决了宗教事务部门监管、执法力量薄弱的问题，实现了逆部门化和逆碎片化，做到了大部门式治理。

为实现治理行为的整合，浙江省宗教事务部门积极探索运用公安、消防、民政、住建、综合行政执法等部门相应的法律法规和工作措施，充分发挥政府职能部门综合施策的有效作用，引导执法人员掌握宗教问题非宗教化处理的监管方式，对宗教领域的活动、建筑、消防等从严管控，形成针对管理、综合施策、有效处置的大格局。

此外，浙江省引导各部门主动担责、积极作为、密切配合，将

[1] 参见张玉磊：《整体性治理理论概述：一种新的公共治理范式》，载《中共杭州市委党校学报》2015年第5期。

"大综合一体化"行政执法改革和宗教工作三级网络两级责任制有机结合，进一步延伸宗教工作手臂，形成宗教工作整体合力。同时，建立健全双指导、双联系制度，变分段分环境为全周期全链条，加强执法与监督工作的衔接，着力构建上下贯通、横向协同、执行有力、闭环管理的执法监督体系，进一步增强宗教行政执法的整体性，做到了治理功能的整合。

第二，以数字治理理论引领宗教领域行政执法的智慧化。浙江省宗教领域"大综合一体化"行政执法改革以数字治理理论为指导，在行政执法方式上实现行政执法及其监督的智慧化。数字治理是指在政府与社会、政府与经营组织的互动以及在政府内部的运行中运用信息技术，科学易化政府行政，有效简化公共事务的处理程序，并提高民主程度的治理模式。[1] 数字治理理论包含三个主题，分别是重新整合、以需求为基础的整体主义和数字化变革。[2] 数字治理理论回应了整体性治理理论的制度化途径，包括建立线上治理基础建设，建立整合型的组织机构，建立主动型的执法队伍。[3]

浙江省宗教事务部门依托浙江省统一的数字化行政执法平台，能够实现行政执法数据归集和共享、统计分析、预警研判、联动指挥、法制审核和监督评议等多项功能，并且该平台实现了与政务服务、基层治理、投诉举报、公共信用等多领域平台的互联互通，极大地提升了全省宗教事务管理的数字化、智能化水平。同时浙江省

〔1〕 参见韩兆柱、单婷婷：《网络化治理、整体性治理和数字治理理论的比较研究》，载《学习论坛》2015 年第 7 期。

〔2〕 参见韩兆柱、单婷婷：《网络化治理、整体性治理和数字治理理论的比较研究》，载《学习论坛》2015 年第 7 期。

〔3〕 参见韩兆柱、马文娟：《数字治理理论研究综述》，载《甘肃行政学院学报》2016 年第 1 期。

开发的“浙里互联网宗教监管在线”平台构建了五部门联审机制和舆情监管处置机制，形成了多跨联动的一体化管理模式，进一步强化了宗教事务的监管效能。此外，“浙里宗教智治”“浙江掌上宗教”等App的推广应用也提高了全省宗教工作的整体智治水平。以上执法平台、互联互通平台及App构成了浙江省宗教领域线上治理的基础构架，为综合执法部门这一整合型的组织机构稳妥办理宗教案件奠定了坚实的基础，激发了执法干部的积极性与主动性，回应了整体性治理理论的要求，进而实现了数字治理理论的三个主题。

第三，以善治理论促进宗教领域行政主体行政执法的法治化和参与主体的多元化。浙江省宗教领域“大综合一体化”行政执法改革以善治理论为指导，在行政执法效果上实现了行政主体行政执法的法治化和参与主体的多元化。通说认为，构成善治的基本要素包括“合法性”“透明性”“责任性”“法治”“回应”“有效”。[1] 浙江省宗教领域为了实现善治，在“大综合一体化”行政执法改革过程中做出以下工作。

首先，行政执法标准化、规范化建设。浙江省民族宗教事务委员会于2023年修订了《浙江省宗教领域行政处罚裁量基准》的通知（浙民宗发〔2023〕45号），明确执法尺度、限制自由裁量权，推动行政执法行为标准化。同时浙江省内各级宗教事务部门与综合行政执法部门常态化联合开展的执法培训和业务交流，加强了宗教事务干部的执法能力和综合行政执法队伍的专业能力，推进了行政执法规范化，体现了善治理论所要求的“合法性”“法治”和“有效”等要素。

〔1〕 参见俞可平：《治理理论与中国行政改革（笔谈）——作为一种新政治分析框架的治理和善治理论》，载《新视野》2001年第5期。

其次，行政执法公开化建设。浙江省各级宗教事务部门、综合执法部门就宗教领域适用普通程序作出的行政处罚决定均于法定期限内在浙江政务服务网行政处罚决定信息公开专栏内予以公开。针对宗教领域较敏感、易引发舆情的行政处罚行为，浙江省民族宗教事务委员会于2023年发布《关于进一步做好全省宗教领域行政处罚决定公开工作的通知》（浙民宗发〔2023〕46号），明确6大类不予公开处罚结果的情形，梳理出16项不予公开处罚结果的具体事项，体现了善治理论所强调的“透明性”要素。

最后，积极探索参与宗教领域治理主体多元化的实施路径。浙江省着力强化宗教团体、宗教教职人员队伍及宗教院校建设。宗教团体具有宗教性和社会性组织的双重属性，浙江省积极引导宗教团体提升宗教事务管理水平，服务信众、规范活动，协调政府与信众之间的关系，充分发挥其联络、联合、服务的社会职能。同时浙江省从源头抓起，从日常教育入手，重视机制建设，形成了一支政治上靠得住、宗教上有造诣、品德上能服众、关键时起作用的教职人员和宗教界人士队伍。此外，浙江省将“正信正行·宗教院校名师讲堂”作为宗教院校思政引领品牌，旨在坚持宗教院校正确的办学方向，涵养学生的人文气质，拓宽学生的知识领域，培养学生跨文化交流和跨领域合作的能力。以上路径切实达到善治理论所倡导的“责任性”与“回应”要素。

（二）浙江省宗教领域行政执法“大综合一体化”改革的探索实践

浙江省民族宗教事务委员会坚决扛起政治责任，把“大综合一体化”行政执法改革试点作为全面贯彻习近平法治思想、助力建设法治中国示范区的关键抓手，促使浙江省宗教事务治理现代化水平显著提升。

1. 领会精神、提高站位，切实增强推进改革的责任感和使命感

一是组织专题学习。浙江省宗教事务部门专题学习了习近平总书记关于行政执法体制改革的重要论述以及《浙江省加快推进“大综合一体化”行政执法改革试点工作方案》《关于各设区市“大综合一体化”行政执法改革方案的批复》《“大综合一体化”行政执法改革重点任务清单》等文件精神，要求民宗干部要吃透改革精神，深入理解推进行政执法改革的重要意义和内在要求，切实增强责任感和使命感。

二是列入工作重点。将“大综合一体化”行政执法改革的宣传贯彻工作写入年度《浙江省民宗委法治政府建设工作要点》，作为全省民宗系统年度法治宣传工作重点内容，并列入全省民宗干部年度教育培训的计划课程，线下联合省社会主义学院开设培训班，线上谋划开发“之江同心云学院·民宗云讲堂”，努力提高各级民宗干部的业务能力和执法水平。

三是深入政策宣传。浙江省民宗委组织召开全省民宗系统“大综合一体化”行政执法改革推进大会和业务骨干培训班，贯彻落实省委省政府省关于“大综合一体化”行政执法改革决策部署，重点讲解宣传《浙江省加快推进“大综合一体化”行政执法改革试点工作方案》等一系列重要文件精神。各地市民宗局成立民宗系统“大综合一体化”行政执法改革调研宣讲团赴各地做好政策理论宣讲，通过召开专题座谈会，听取基层意见，消除思想顾虑，明确任务目标，形成工作合力。

2. 加强顶层设计，积极梳理可划转行政处罚事项

浙江省民宗委按照《关于做好规范精简行政执法事项等工作的函》等文件要求，针对全省民宗系统执法任务繁重、执法案件敏感

性强、执法力量薄弱等问题，根据《宗教事务条例》《浙江省宗教事务条例》规定，细化梳理除依法吊销登记证书或者设立许可之外、主要涉及可以罚款且基层经常发生的26项行政处罚事项，如为违法宗教活动提供条件的、擅自开展宗教教育培训的、假冒宗教教职人员进行宗教活动或骗取钱财等违法活动的、非宗教团体、非宗教院校、非宗教活动场所、非指定的临时活动地点组织、举行宗教活动，接受宗教性捐赠的等，积极与省综合执法办沟通协商，全部纳入全省综合行政执法事项统一目录。

3. 加强联动协作，做好行政处罚事项划转“后半篇文章”

浙江省民宗委根据各地执法工作实际，修订出台了规范性文件《浙江省宗教领域行政处罚裁量基准》。针对宗教领域行政处罚较敏感、易引发舆情的特点，积极与省司法厅、省综合执法办对接，配套出台了《关于进一步做好全省宗教领域行政处罚决定公开工作的通知》，明确了6大类不予公开处罚结果的情形，梳理出16项不予公开处罚结果的具体事项，编制了处罚决定书范本，进一步强化宗教领域执法活动的规范性、合法性。同时，指导温州市民宗局先行探索对监管处罚事项落地的实践，指导温州市民宗局与综合行政执法局联合印发《宗教领域综合行政执法案件移送工作指引》和《温州市“大综合一体化”行政执法统筹协调指挥机制的实施意见》，文件对两部门具体的执法分工、案件移送、执法协作和统一的法律文书等内容作了详细规定，并将结果纳入《浙江省宗教工作手册》分发给全省民宗和综合执法部门。此外，指导温州将26项宗教行政处罚事项按照职能划分，逐一明确事中事后监管职责。指导各地民宗局磋商拟定联动执法的协议框架，签订《行政执法事项交接协议》。“大综合一体化”宗教行政执法改革以来，温州市共办理宗教行政执法案件557件，其中开具《责令改正/整改通知书》或《责令停止活动决定书》424 份，行政处罚案件 133 件，罚没款共计 187 万余元。

4. 加强基础建设，持续提升基层检查执法能力

针对民宗干部不熟悉执法流程，综合执法干部缺少宗教业务知识等问题，2022 年 6 月，浙江省民宗委联合省综合执法办在温州组织了全省民宗领域依法行政与网络舆情培训班。来自全省各市、县（市、区）民宗局、综合行政执法局的执法干部，业务骨干共 230 人参加了培训。对全省民宗系统“大综合一体化”行政执法改革作了进一步动员和部署，消除基层思想顾虑，明确任务目标，形成工作合力。同时，浙江省民宗委编写下发《浙江省宗教工作手册（依法行政篇）》（依法行政篇上下两册共 1300 页、45.5 余万字），为基层民宗干部和综合执法干部提供业务指引。

此外，针对温州、萧山等宗教工作重点地区，要求其至少按照专职 2 人或 4 人，兼职备用 2 人，即至少 2 + 2 或 4 + 2 的数量配备，对宗教执法人员严格按要求进行选配。以温州鹿城区为例，全区 12 个执法中队均配 1 名，区综合行政执法局配备 6 名业务骨干成立宗教领域行政执法办案小组，专门负责宗教行政处罚案件办理和审核把关。

5. 加强数字牵引、监管检查，持续推动执法改革提质增效

执法改革工作推进以来，浙江省民宗委以数字化改革为牵引，进一步建立健全高效协同的执法机制，强化执法监管，压实属地责任，推动改革走深走实。

一是突出数字赋能。浙江省民宗委指导各地按照浙江省行政处罚统一平台相关要求，推广应用“浙政钉掌上执法”，全面实现宗教领域非涉密行政处罚网上办，实现行政检查和非涉密处罚办案全程网办、自动留痕。全省民宗系统贯通使用浙江省民宗委开发的“之江同心·宗教智治在线”重大集成应用，发挥应用平台在数据集成分析、工作统筹协调、执法指挥监督和综合治理等方面的作用，为

执法办案提供数据支撑。推广使用“浙江掌上宗教”App，方便综合执法干部更好地了解属地宗教场所情况，熟悉宗教政策法规，为涉宗执法提供参考，进一步提升执法效能，提升宗教工作整体智治水平。以温州为例，市县两级民宗部门充分利用数字化赋能成果，通过“浙政钉掌上执法”共计开展执法检查280余次，跨部门抽查60余次，让综合行政执法部门执法人员提前参与了宗教工作，熟悉了相关业务，为稳妥办理宗教案件奠定了基础。

二是加强监管检查。继续履行好事中事后监管职责，做到处罚事项划转后监管责任不减，依托“互联网+监管”“互联网+行政处罚”模式，进一步加强“双随机、一公开”执法监管，积极联合网信、公安、国安、消防、建筑、文物、卫生、“扫黄打非”办等部门开展联合执法检查，做到宗教领域监管全覆盖、常态化、无死角。浙江省民宗委全力抓好牵头或参与的部门联合随机抽查计划的落地落细落实，下发《浙江省民宗委关于印发随机抽查计划任务的通知》，并将相关工作纳入年度重点工作、将各地开展情况纳入年度考核内容。积极参与制定部门联合抽查事项清单，与消防救援、市场监管部门协商确定制定“宗教活动场所联合检查”事项，其中囊括宗教领域7类，各领域共计25类具体抽查事项，并逐项明确依据、主体、内容、方式，将抽查结果作为年度平安建设考核的重点内容。

（三）浙江省在宗教领域推进“大综合一体化”行政执法改革的工作成效

浙江省民宗委以推进“大综合一体化”改革为契机，创新工作举措，有效解决了基层宗教工作的痛点、难点、堵点问题，提升了全省宗教事务治理的依法行政水平。

1. 重塑机制，实现宗教事务管理部门执法模式从“单打独斗”到“协同攻坚”的转变

改革前，综合执法等部门发现问题后各自处置和上报，导致宗教事务管理部门信息获取滞后，问题处置不及时、不到位的情况较为突出。在推进改革过程中，全省宗教事务部门通过成立内部领导组织，健全专班运行制度，会同综合执法部门重塑协同合作机制，再造执法业务流程，建立健全了横向协同、纵向贯通的宗教事务行政执法运行制度，通过综合调度相关部门统一行动、统筹处置，并将处置结果及时上报，形成部门协同、上下联动“一体化”。

2. 形成合力，实现基层宗教事务执法队伍从“势孤力薄”到“力量延伸”的转变

改革前全省民宗干部执法力量薄弱，“小马拉大车”现象严重，基层依法行政工作“有心无力”。执法改革之后，各地综合执法部门配置了专职和兼职执法人员，充实了基层执法力量。同时，各级民宗部门秉承“分工不分家”“各进一步，形成闭环”的理念，为综合执法部门提供宗教业务培训和工作支持，让综合执法力量成为宗教事务管理工作力量的延伸。

3. 提振信心，实现宗教领域执法办案从“敛手束脚”到“常态推进”的转变

宗教事务涉及意识形态安全，政治性、敏感性强，在以往工作中，基层民宗干部对行政执法的重要性认识不到位，普遍存在思想顾虑、畏难情绪，导致全省大部分县（市、区）民宗部门自成立以来均未实施过行政处罚。浙江省民宗委以推进改革为契机，加强思想动员、业务指导和考评问效，进一步提高思想认识，提升执法水平，提振执法信心，克服基层不愿执法、不敢执法、不会执法的现象，真正把“案”办起来，把“行政处罚”用起来，极大地发挥了

法律法规对非法宗教活动的震慑作用。据初步统计，浙江省自开展行政执法改革以来，已有60个县（市、区）实施了宗教领域相关的行政处罚。

4. 以案释法，实现社会各界对非法宗教活动从“事不关己”到“共同监管”的转变

浙江省民宗委重视做好行政处罚的“后半篇文章”，积极整理办案案例，着重加强以案释法，通过通报警示、普法宣传、走访谈话等，进一步增强宗教界和社会各界法治意识，达到一百次的说教不如一次处罚的示范效果，引导全体宗教界和社会各界共同监督、监管，全面整治非法宗教活动，切实将行政处罚转化为提升宗教事务治理水平的有力手段。

浙江省民宗系统将深入贯彻习近平法治思想，紧扣法治浙江工作要点，积极贯彻落实全国、全省宗教工作会议精神，围绕铸牢中华民族共同体意识示范省、宗教中国化和宗教治理现代化先行省的建设目标，继续深化全省宗教领域“大综合一体化”行政执法改革，持续开展宗教干部法治轮训和现场教学，强化工作指引，抓牢宗教团体、宗教活动场所、宗教院校、教职人员和宗教活动这些关键环节，全面提升综合执法部门的宗教业务水平和民宗干部的行政执法与检查水平，推动各地常态化开展行政检查与执法办案，确保各项工作落实落细，全面提高宗教工作法治化水平。

第六章 行政执法的新形式

一、公共行政服务功能的强化

（一）行政给付

（二）信息公开

二、软行政执法的兴起

（一）行政奖励

（二）行政合同

（三）行政指导

一、公共行政服务功能的强化

（一）行政给付

行政给付系行政机关在公民失业、年老、疾病或丧失劳动能力以及其他特殊情况下，依法向其提供金钱或者实物帮助的行政行为。这一行政行为体现了国家对民众基本权利的尊重，并与“以人民为中心”的发展理念高度契合。在现实生活中，个体可能因自身能力差异或遭遇意外事件导致劳动能力的丧失或减弱，无法维持正常生活。此时，行政给付便能发挥关键作用，为其提供必要支持。随着中国社会主义市场经济不断发展以及国家职能的转变和重新界定，国家综合实力显著增强。如今，政府角色不再局限于传统的管理者，而是更多地转变为服务者，积极输出各类公共服务，行政给付正是公共服务体系中不可或缺的重要组成部分。无论是修桥铺路、建设学校或医院，还是救助困难群众、提供咨询服务，这些公共服务实践均深刻体现了现代行政服务的本质。例如，一位舞蹈老师在汶川大地震中失去了亲人，双腿也因伤截肢。在政府的帮助下，她不仅借助假肢重新站立，而且心理状态也得到了有效改善。可见，行政给付的内容并不局限于提供金钱或实物等物质帮助，还涵盖了心理干预等非物质支持的精神关怀，后者同样是政府输出的重要公共服务内容。司法局开展的社区矫正工作便是典型的例子，其主要内容是帮助不适宜在监狱内关押改造的罪犯正常融入社会，而心理矫治是其中的关键一环。鉴于社区矫正工作对工作人员专业素质有较高的要求，许多社区矫正工作人员为胜任该工作积极考取心理师资格证书，以提升自身处理常见的心理问题的能力，但在面对更为复杂、专业的情况，也往往难以实现有效应对。此时，政府可以通过购买服务的方式解决上述问题。试举一例，一名男子常用弹弓射击途经的成年女性的臀部，被依法判处缓刑。为帮助该男子矫正行为、解决心理问题，司法局聘请了精神专科医院的专业心理矫治师对其进行干预治疗。经过一段时间的矫治，该男子的异常行为得到控制。这正是政府提供公共服务的体现，也是行政给付中不可或缺的部分。

中国的行政给付制度并非自中华人民共和国成立以后就即刻确立，而是随着社会的发展逐渐形成的。1999 年《城市居民最低生活保障条例》的制定与实施标志着法律意义上“服务行政”的诞生，该条例规范了城市居民的最低生活保障制度，明确了最低生活保障待遇的确定标准、申请资格、审批流程、救济方式等事项。行政给付也常被称作行政救助，其形式主要包括抚恤金、特定人员离退休金、社会救济福利金和自然灾害救济金及救济物资等。除了标准化的行政给付之外，杭州市还因地制宜建立了“春风行动”机制。这是由于在杭州市有相当一部分群体，即便已获得行政救济，生活依然捉襟见肘。为填补这一保障缺口，“春风行动”应运而生，通过资金募集、实物捐赠、就业培训等形式，帮扶特困家庭，为他们的生活提供额外支持。截至 2024 年年底，在社会各界积极参与、鼎力支持、无私捐助下，“春风行动”已累计为 505.89 万户（次）困难家庭发放救助慰问金 42.27 亿元，杭州市委、市政府“不让一户家庭因生活困难而过不下去”的庄严承诺得以坚实兑现。[1]

《城市居民最低生活保障条例》第十五条规定：“城市居民对县

〔1〕 参见《“春风行动”25 载 见证温暖杭城》，载杭州市春风行动网 2025 年 1 月 2 日，https://www.hzcfxd.org.cn/view6271.htm。

级人民政府民政部门作出的不批准享受城市居民最低生活保障待遇或者减发、停发城市居民最低生活保障款物的决定或者给予的行政处罚不服的，可以依法申请行政复议；对复议决定仍不服的，可以依法提起行政讼诉。”西湖区人民法院曾受理过一起关于最低生活保障的案件。该案中，当事人一家三口（含未成年子女）居住于城郊结合部一套四十多平方米的房子内，由于生活困难，其申请了杭州市最低生活保障，每月能领取一千五百余元的救济款。当事人有两个居住于国外的妹妹，她们回国探亲时看到孩子居住在闷热的顶楼，便出资安装了空调，为方便联系，又为当事人一家添置了电脑与手机。相关部门发现当事人一家拥有空调、电脑、手机等在当时被视作高端的电子消费品后，认为其生活条件已不属于贫困范畴，因此决定停发最低生活保障金。当事人与相关部门沟通未果后，向法院提起诉讼。案件受理后，时任民政局局长的处理方式令人印象深刻，他了解情况后表示，当事人家庭本就困苦，其妹妹的帮扶实际上承担了一部分政府应尽的责任，此时贸然停发保障金确实有失人道。最终，当事人的最低生活保障金恢复发放，案件得以妥善处理。

（二）信息公开

信息公开是民主社会的基本特征。社会主义核心价值观积极倡导民主理念，这意味着在中国式现代化建设进程中，信息公开不仅是保障全体人民知情权的有力举措，更是中国特色社会主义民主的重要基石。从更高的政治层面来看，信息公开还是预防腐败滋生的一剂良方，透明化的政务运行能够确保政府权力始终为民所用。政府信息公开最初表述为政务公开，彼时，大量政府网站纷纷建立，成为信息发布的重要窗口。随着时代发展，信息公开范围不断拓展，重大社会事件的信息披露制度进一步完善。从中央政府网站的建立，到2007年4月5日《政府信息公开条例》以国务院行政法规形式公布并实施，这一系列举措标志着政府在信息管理模式上发生了根本性转变。对于偏向封闭的传统行政体系而言，这一系列转向无疑是一场深刻的变革，重塑了政府与民众之间的信息交互模式。《政府信息公开条例》的立法目的在于保障人民群众的知情权，提升政府工作的透明度，让权力在阳光下运行，进而促进依法行政，确保民众能够知晓政府工作的依法程度，并向政府提出反馈意见，推动政府充分发挥服务职能。

在概念界定上，政府信息是指“行政机关在履行行政管理职能过程中制作或者获取的，以一定形式记录、保存的信息”。[1] 政府信息公开则是指行政机关或者法律、法规授权的组织将其在履行职责过程中制作或者获取，并以一定形式记录、保存的信息，通过法定形式和程序，主动向社会公众和行政相对人公开，或者依申请向特定的公民、法人和其他组织公开的活动和制度。根据《政府信息公开条例》的规定，政府信息公开需要遵循公开、公正、便民和及时、准确原则。[2] 尽管多数政府信息公开内容能够保证相对准确，但由于政府职能转变尚未彻底完成，在推进信息公开的过程中，一旦涉及可能对政府工作带来负面影响的内容，往往容易受到多种因素干扰，导致信息公开不及时、不准确。现实中不乏这样的现象，当某地出现负面社会舆论时，本地媒体常常保持沉默，鲜有报道，而外地媒体却会进行大量且详细的披露，这反映出地方政府在负面新闻应对和危机管理方面的能力仍然存在不足。为此，2013年，党的十八届三中全会首次提出“推进国家治理体系和治理能力现代化”

---

〔1〕 参见《政府信息公开条例》第二条。

〔2〕 参见《政府信息公开条例》第五、六条。

这一重大理论命题。[1] 2021 年，《中共中央、国务院关于加强基层治理体系和治理能力现代化建设的意见》出台，成为推进新时代基层治理现代化建设的纲领性文件，对基层治理作出系统部署。另外，《政府信息公开条例》明确了政府信息公开的范围，具体包括行政机关主动公开政府信息、依申请公开政府信息、不予公开政府信息的范围。

在 2007 年《政府信息公开条例》的实施过程中，主要存在以下问题。第一，义务主体范围的不清晰。信息公开的义务主体包括行政机关，法律、法规授权的具有管理公共事务职能的组织和与群众利益密切相关的公共企事业单位。[2] 以公共交通领域为例，地铁运营单位作为义务主体，其界定相对清晰。但现实中，部分领域仍存在模糊地带，例如，收取门票的动物园或公园，受特定法律法规规范并承担部分公共事务管理职能，其是否属于法律法规授权的信息公开主体，尚存争议。曾有媒体报道，杭州富阳野生动物园发生动物外逃事件，周边农民发现并举报。若该动物园被认定为政府信息公开主体，理应第一时间发布消息，若不属于，那么信息公开责任应由应急管理部门，还是由乡镇、街道等基层政权组织承担？这些问题暴露出义务主体界定的复杂性。界定义务主体时，需要严格遵循行政组织法与行政诉讼法的相关规定，既不能随意扩大范围，也不能任意缩小范围。例如，马路上负责清洁的环卫服务单位，在性质上是依据行政协议提供公共服务的营利性组织，并非信息公开的义务主体，而市容环卫部门作为信息的收集、整合与管理方，才负

〔1〕 参见《十八届三中全会首提国家治理体系和治理能力现代化》，载人民网 2013 年 11 月 13 日，https：//politics. people. com. cn/n/2013/1113/c70731 –23528046. html。

〔2〕 参见《政府信息公开条例》（2007）第四、三十六、三十七条。

有公开义务。此外，生产生活中还常涉及信息制作主体与保存主体的认定问题。以建设项目为例，建设项目需要历经立项、供地、规划许可等流程，规划许可部门在审批时会获取前置环节的各类文件。若公民对项目合法性存疑并申请信息公开，理论上立项环节的发改经信部门、供地环节的自然资源部门等各流程主体均为公开义务主体。若申请人仅向规划行政主管部门申请公开全部文件，规划部门作为信息集中保存主体，仍应依法处理，其同样属于信息公开义务主体。

第二，申请人的范围存疑。《政府信息公开条例》（2007）第十三条规定："除本条例第九条、第十条、第十一条、第十二条规定的行政机关主动公开的政府信息外，公民、法人或者其他组织还可以根据自身生产、生活、科研等特殊需要，向国务院部门、地方各级人民政府及县级以上地方人民政府部门申请获取相关政府信息。"其中，关于"特殊需要"的界定在实践中颇具争议。试举一例，某大学法学院的一名学生为完成课题研究，向杭州市西湖区人民政府申请公开某年度公务员人数及工资发放数据。此类信息不仅涉及个人隐私，更关乎公共财政资金使用问题。因此，此类信息的公开是否会引发社会舆论争议，甚至影响社会稳定，都是行政机关必须审慎考量的问题。又如，一位擅长维修摩托车的农民，尝试利用摩托车发动机制造简易飞机，因缺乏基础图纸，遂向政府部门申请获取相关资料。若以申请人的"农民"身份且与"科研"无关为由拒绝其申请，显然缺乏合理性，这也暴露出"特殊需要"界定的模糊性。事实上，职业身份不应成为阻碍公民获取信息的壁垒。

第三，政府信息的范围界定存在模糊之处。信息公开义务主体对于依法不应公开的信息，不应简单地用"不属于政府信息""历史信息""内部信息"等概念作笼统处理，而应当将其作为信息公开的例外情形进行明确界定。此外，申请人所申请的信息，应当是行政机关或义务公开主体现有的、已存在的信息，这些主体并无义务为申请人专门提供信息加工处理服务。例如，曾有人申请公开原文化广电新闻出版局局长的离任审计报告。虽然审计报告本身属于政府信息范畴，但离任审计作为内部审计内容，其具体过程与细节按规定不宜公开。然而，审计报告的结论性内容，即关于被审计对象是否存在问题的结果，则应当公开。又如，某行政执法局作出处罚决定后，行政相对人对此不服并依法提起行政诉讼。在当时，《行政诉讼法》尚未修订，并没有规定行政负责人必须出庭应诉。当事人以行政负责人不出庭不合理为由，申请行政执法局公开开庭当日局长的工作日程安排。根据相关规定，行政机关并无义务对行政负责人的工作日程进行专门加工汇总。行政机关只需告知当事人，行政负责人当日全天外出处理公务即可，而无须按申请人要求进行详细的整理编排，因为申请人的举动实际上是试图通过政府信息公开申请的方式对行政机关施加压力。在政府信息公开中，明确的例外情形有三类，分别是国家秘密、商业秘密和个人隐私。[1] 关于国家秘密，《保守国家秘密法》已对其作出清晰界定，[2] 分为秘密、机密、绝密三个等级。[3] 带有此类密级标注的文件，依法不应向社会公众公开。商业秘密系不为公众所知悉、具有商业价值并经权利人采取相应保密措施的技术信息、经营信息等商业信息。[4] 其中，技术信息包括产品设计、成分配方、制作流程等内容。经营信息则包

〔1〕 参见《政府信息公开条例》(2007) 第十四条第四款。

〔2〕 《保守国家秘密法》第二条　国家秘密是关系国家安全和利益，依照法定程序确定，在一定时间内只限一定范围的人员知悉的事项。

〔3〕 参见《保守国家秘密法》第十四条。

〔4〕 参见《反不正当竞争法》第九条第四款。

含客户名单、销售渠道、采购数据等关键内容。个人隐私是指个人主观上不愿意为他人知晓，且认为不适宜在公开场合暴露的信息。诸如婚姻状况、家庭住址、家庭社会关系等信息，均属于个人隐私范畴。在处理政府信息公开申请时，若涉及第三人的个人隐私内容，须事先征得第三人的同意。若第三人不同意公开，基于对其个人隐私权的保护，相关信息不得公开。但是，行政机关认为不公开可能对公共利益造成重大影响的，应当予以公开，并将决定公开的政府信息内容和理由书面通知第三方。[1] 与此同时，行政机关公开政府信息，不得危及国家安全、公共安全、经济安全和社会稳定。[2] 此外，内部信息、过程性信息通常也不属于公开范畴。以“10%留用地政策”为例，[3] 该政策规定村庄可将集体土地的10%转为国有土地，用于建设房屋，通过出售、出租等方式获取收益，以此壮大集体经济并保障被征地农民权益。某外地户籍人员因婚姻关系迁入该村，因未获得集体经济组织成员资格，申请公开该村关于“10%留用地政策”实施的全部流程。实际上，留用地政策实施的相关结果已对外公布，但申请涉及的流程属于过程性信息，包含请示、批复等环节内容，这类信息往往需要行政机关额外加工整理，通常不予公开。另外，执法信息也较为特殊。公安机关、行政执法机关在执法过程中产生的信息虽属于政府信息，但不同于一般意义上的政府信息。执法过程中形成的卷宗并非对所有人开放查阅，公众如需获取相关信息，应依据《档案法》及相关法规的规定申请档案查阅与

〔1〕参见《政府信息公开条例》（2007）第二十三条。

〔2〕参见《政府信息公开条例》（2007）第八条。

〔3〕《广东省征收农村集体土地留用地管理办法（试行）》第三条第一款规定：“留用地按实际征收农村集体经济组织土地面积的10%至15%安排，具体比例由各地级以上市人民政府根据当地实际以及项目建设情况确定……”

复制，[1] 而不能通过政府信息公开途径提出申请。

随着政府职能的持续转变与公民素质的不断提高，在未来拟制定的《政府信息公开法》或《政府资讯公开法》中，应当实现下列目标：第一，明确公民知情权的法定地位。知情权不是政府的恩赐，而是政府履行职能必须保障的公民基本权利。第二，以法律形式明确界定信息保密的范围，杜绝人为屏蔽应公开信息的现象。第三，任何公民都有权向政府机关申请获取相关的资料。除非存在法律的明确限制，政府机关不得拒绝公民的合理申请。第四，将政府机构设置、职权范围、工作方法、办事程序，以及涉及公民权利义务的规范性文件，通过网络、出版物等便捷方式公开，方便公民查阅和复制。期望未来能够推动《政府信息公开条例》上升为《政府信息公开法》或《政府资讯公开法》，以更高层级的法律规范保障信息公开工作。

回顾《政府信息公开条例》自公布到实施的历程，其中暴露出诸多亟待解决的问题。针对上述情况，国务院于2019年对该条例进行了修订。此次修订聚焦于多个关键方面，核心要点涵盖明确公开义务主体、细化公开范围、规范法定程序以及完善答复类型等内容，具体内容集中在以下方面。

第一，明确公开义务主体。在依申请的政府信息公开中，信息公开的责任主体是一项重要的判断内容。2019年《政府信息公开条例》第十条在2007年《政府信息公开条例》第十七条的基础上，对依申请公开的责任主体，补充明确了以下三点：其一，为提升政府

---

〔1〕《档案法实施条例》第三十三条　档案馆可以通过阅览、复制和摘录等形式，依法提供利用档案。

国家档案馆应当明确档案利用的条件、范围、程序等，在档案利用接待场所和官方网站公布相关信息，创新档案利用服务形式，推进档案查询利用服务线上线下融合。

信息公开效率，行政机关获取的其他行政机关的政府信息，由制作或者最初获取该政府信息的行政机关负责公开。[1] 其二，行政机关设立的派出机构、内设机构依照法律、法规对外以自己名义履行行政管理职能的，可以由该派出机构、内设机构负责与所履行行政管理职能有关的政府信息公开工作。[2] 该规定确认了特定内设、派出机构作为政府信息公开主体的资格，与当下推进的大综合行政执法一体化改革形成了紧密衔接。以派出所为例，依据相关法律规定，其在处理500元以下罚款的简易案件时，能够独立行使职权。[3] 过去，这类派出机构开展的信息公开工作，通常需要由其所属的上级分局来承担，流程繁琐且效率低下。如今由派出所直接负责相关信息公开，大幅提升了工作效率。此外，依据《行政处罚法》及浙江省政府授权，乡镇人民政府、街道办事处等基层行政执法机构取得了独立的行政处罚权。[4] 相应地，在执行赋权事项的过程中，它们也成为了政府信息公开的义务主体。以往，街道办事处作为县区人民政府的派出机关，在社会管理与服务中产生的信息，公开主体通常为县区人民政府。而2019年《政府信息公开条例》实施后，街道得以作为独立主体承担信息公开职责，这一转变不仅优化了基层信息公开流程，更与大综合行政执法一体化改革的要求深度契合。其三，两个以上行政机关共同制作的政府信息，由牵头制作的行政机关负责公开。[5] 但这并不意味着公民向其他参与制作的行政机关提出信息公开申请时，其他行政机关可以据此拒绝。若多个行政机关

〔1〕 参见《政府信息公开条例》第十条第一款。

〔2〕 参见《政府信息公开条例》第十条第二款。

〔3〕 参见《治安管理处罚法》(2012) 第九十一条。

〔4〕 参见《行政处罚法》第二十四条。

〔5〕 参见《政府信息公开条例》第十条第三款。

联合制作某文件并均加盖公章，仅认定牵头机关有公开义务，显然与法理相悖。尽管这一规定的初衷是提升政府信息公开效率，但从保障公民权利的角度出发，任何行政机关都无权以该条款为由，拒绝公民合理的信息公开申请。例如，在实际操作中，若公民向派出所申请公开户籍办理相关信息遭拒，有权通过法律途径维权。当公民转而向公安分局提交申请时，分局不能简单以“派出所是独立公开主体，应向其申请”为由推脱。作为上级机关，公安分局应当受理申请，并将其转办至派出所，同时告知申请人已督促下级单位依法处理，后续会将处理结果及时反馈，这种处理方式才契合服务型政府建设的要求。

第二，细化公开范围。2019 年《政府信息公开条例》在明确“以公开为常态，不公开为例外”原则的同时，也明确了除 2007 年《政府信息公开条例》中规定的国家秘密、商业秘密、个人隐私外的不予公开范围。其一，依法确定为国家秘密的政府信息，法律、行政法规禁止公开的政府信息，以及公开后可能危及国家安全、公共安全、经济安全、社会稳定的政府信息，不予公开。[1] 其二，涉及商业秘密、个人隐私等公开会对第三方合法权益造成损害的政府信息，行政机关不得公开。但是，第三方同意公开或者行政机关认为不公开会对公共利益造成重大影响的，予以公开。[2] 试举一例，在某土地征收项目中，数十户居民住宅与一家小型企业被纳入征收范围。其中两户居民认为补偿不公平，申请公开全部被征收对象的补偿金额。征地补偿信息本属于应主动公开范畴，但由于行政机关在征收过程中，遗失了征收方案、决定及补偿方案等公告照片，导致

〔1〕 参见《政府信息公开条例》第十四条。
〔2〕 参见《政府信息公开条例》第十五条。

这些信息未能完整公开，因此居民的公开申请有合法依据。然而，被征收企业以“补偿金额属于企业经营信息，公开将侵犯商业秘密”为由，不同意公开相关信息。从表面上看，企业经营信息确实属于商业秘密范畴，公开补偿金额也可能涉及企业商业秘密。但事实上，该企业所在土地已全部被征收，企业停止经营，公开补偿金额并不会对其实际利益造成减损。同时，土地征收补偿涉及公共利益，若仅以商业秘密为由拒绝公开，可能引发公众对补偿金额公正性的质疑，加剧社会矛盾，进而导致公共利益受损。因此，在此情境下，即便涉及商业秘密，也应当让位于公共利益，予以公开。其三，行政机关的内部事务信息，包括人事管理、后勤管理、内部工作流程等方面的信息，可以不予公开。[1] 其四，行政机关在履行行政管理职能过程中形成的讨论记录、过程稿、磋商信函、请示报告等过程性信息以及行政执法案卷信息，可以不予公开。法律、法规、规章规定上述信息应当公开的，从其规定。[2]

第三，规范法定程序。2019 年《政府信息公开条例》增加了一些针对法定程序的规定。其一，补正程序。在 2007 年《政府信息公开条例》中，补正程序是作为信息公开答复类型而存在的，而在 2019 年《政府信息公开条例》中，补正程序则正式成为政府信息公开答复中的一项程序内容，并规定了相应的时限与法律效力。政府信息公开申请内容不明确的，行政机关应当给予指导和释明，并自收到申请之日起 7 个工作日内一次性告知申请人进行补正，说明需要补正的事项和合理的补正期限。答复期限自行政机关收到补正的申请之日起计算。申请人无正当理由逾期不补正的，视为放弃申请，

〔1〕 参见《政府信息公开条例》第十六条第一款。
〔2〕 参见《政府信息公开条例》第十六条第二款。

行政机关不再受理该政府信息公开申请。[1] 现实中，曾出现申请人在一份申请中同时提出多达数十项信息公开请求的情况，此类申请往往会导致信息需求模糊不清。2019 年《政府信息公开条例》强调“一事一申请”，要求申请人明确具体诉求，若申请人未能按要求补正，行政机关将依规不再受理。此举具有重要意义，因为在现实中，随着政府信息公开成为公民维护权益的重要途径，部分人却将其异化为谋取私利的手段，这不仅占用大量行政资源，更违背了设立信息公开制度保障公众知情权的初衷。其二，2019 年《政府信息公开条例》在 2007 年《政府信息公开条例》对第三人的意见征求程序的基础上，进一步扩大了该意见征求程序的范围，使其不仅限于商业秘密和个人隐私，并明确第三方应当自收到征求意见书之日起 15 个工作日内提出意见，且该意见合理与否应由行政机关进行判断。[2] 对于其他机关的意见征求程序，则弥补了 2007 年《政府信息公开条例》在多机关协同处理信息公开申请方面的程序空白。[3] 其三，政府信息公开答复程序。行政机关收到政府信息公开申请，能够当场答复的，应当当场予以答复。行政机关不能当场答复的，应当自收到申请之日起 20 个工作日内予以答复；需要延长答复期限的，应当经政府信息公开工作机构负责人同意并告知申请人，延长的期限最长不得超过 20 个工作日。行政机关征求第三方和其他机关意见所需时间不计算在前款规定的期限内。[4] 在实际工作中，由于行政机关

---

〔1〕 参见《政府信息公开条例》第三十条。

〔2〕 参见《政府信息公开条例》第三十二条。

〔3〕《政府信息公开条例》第三十四条 申请公开的政府信息由两个以上行政机关共同制作的，牵头制作的行政机关收到政府信息公开申请后可以征求相关行政机关的意见，被征求意见机关应当自收到征求意见书之日起 15 个工作日内提出意见，逾期未提出意见的视为同意公开。

〔4〕 参见《政府信息公开条例》第三十三条。

负责信息公开工作的人员流动性较强，部分工作人员因对业务不熟悉或疏忽大意，可能遗漏申请处理进度，致使答复逾期。一旦引发行政复议，相关行政决定往往会被依法纠错，若进入行政诉讼环节，行政机关也将面临败诉风险。

第四，完善答复类型。行政机关收到信息公开申请后最为关键的便是作出处理。按照2019年《政府信息公开条例》的规定，行政机关作出的处理可以分为程序性处理与实体性处理。所谓程序性处理，是指不涉及对政府信息存在或不存在、公开或不公开情况的处理，如答复机关非公开义务主体、所申请信息不属于政府信息等。对于此类情况，行政机关在信息公开处理中应优先考量，这就如同在行政诉讼中，能适用裁定的情形不得适用判决一样。例如，若申请公开信息属于工商、不动产登记资料等信息，有关法律、行政法规对信息的获取有特别规定的，行政机关应当告知申请人依照有关法律、行政法规的规定办理。[1] 又如，申请人以政府信息公开申请的形式进行信访、投诉、举报等活动，行政机关应当告知申请人不作为政府信息公开申请处理并可以告知通过相应渠道提出。申请人提出的申请内容为要求行政机关提供政府公报、报刊、书籍等公开出版物的，行政机关可以告知获取的途径。[2] 实体性处理系涉及对案涉政府信息存在或不存在、公开或不公开的处理。行政机关可以根据下列情况分别作出实体性处理：其一，所申请公开信息已经主动公开的，告知申请人获取该政府信息的方式、途径；其二，所申请公开信息可以公开的，向申请人提供该政府信息，或者告知申请人获取该政府信息的方式、途径和时间；其三，行政机关决定不予

〔1〕 参见《政府信息公开条例》第三十六条第七项。
〔2〕 参见《政府信息公开条例》第三十九条。

公开的，告知申请人不予公开并说明理由；其四，经检索没有所申请公开信息的，告知申请人该政府信息不存在；[1] 其五，申请公开的信息中含有不应当公开或者不属于政府信息的内容，但是能够作区分处理的，行政机关应当向申请人提供可以公开的政府信息内容，并对不予公开的内容说明理由。[2]

总之，政府信息公开是当代服务型政府建设的重要途径，目前仍处于不断发展与完善的进程中。展望未来，随着政府持续推进信息化和数字化转型，公共服务供给能力将进一步提升，政府信息公开工作也必将迈向更高水平。以浙江省为例，在数字化改革进程中，钉钉、支付宝等第三方平台纷纷接入众多政府公共服务功能，如税收减免办理、电子发票开具等，这些服务的线上化延伸，实现了政务服务的提质增效。诸如机关内部"最多跑一次"智慧考勤、"三服务"小管家、政务"数字参谋"、"浙里干部之家"等丰富多元的数字化应用，都是浙江省数字化改革赋能的标志性成果，是浙江政府职能从管理型向服务型转变的生动体现。

二、软行政执法的兴起

随着政府职能转变的深入推进，行政执法体系也面临重大的转型任务，在这一转型过程中，以行政奖励、行政合同、行政指导等行为为代表的软行政执法行为应运而生。

〔1〕 参见《政府信息公开条例》第三十六条。
〔2〕 参见《政府信息公开条例》第三十七条。

（一）行政奖励

行政奖励是指有权奖励的行政机关依照法律规定的奖励条件和程序，对为国家和社会做出重大贡献的单位和个人予以物质或精神奖励的制度。从历史维度考察，行政奖励机制在中国具有深厚实践基础。早在新民主主义革命时期，对革命烈士的褒扬制度与见义勇为奖励机制就已具雏形。1931 年 11 月，全国苏维埃第一次代表大会颁布了《红军抚恤条例》，这标志着英烈褒扬工作的第一个全面、系统的政策法规诞生。中华人民共和国成立后，行政奖励更注重体现集体主义精神，最典型的例子便是学雷锋标兵称号。行政奖励包括物质奖励与精神奖励，是一个较为宽泛的概念。

目前，行政奖励散见于各种法律法规中，名目也是相当之多，比较常见的奖励名目有嘉奖、记功（分为三等功、二等功、一等功）和授予称号等。其中，最为知名的便是国家科学技术进步奖。提及此项奖励，就不得不提袁隆平院士，作为中国杂交水稻事业的开创者和领导者，他也是首届国家最高科学技术奖得主。此外，见义勇为奖也是一种非常有影响力的行政奖励。例如，有人不慎落入钱塘江中，一位快递小哥奋不顾身跃入江中将其救出。事后，政府为他授予见义勇为二等功，根据规定，他可以在 3 年内落户杭州。[1] 除了上述的精神奖励，物质奖励也是非常重要的奖励方式。在招商引资领域，常常会运用行政奖励，对为地方经济发展作出重大贡献的个人给予物质奖励。实践中，很多地方为鼓励个人积极参与招商引资工作，对成功引进企业的个人给予物质奖励，奖励标准根据企业规模和未来的经济贡献等因素确定，以激励个人为地方经济发展贡

〔1〕 参见《浙江省常住户口登记管理规定》第四十八条。

献力量。

当然，行政奖励应当确立一定的标准、原则。特别是物质奖励，因其涉及公共财政资金的管理问题，应当遵循一定的标准。试举一例，曾有一位运动员在国际赛事中表现优异，为表彰其为国家赢得荣誉，省政府、市政府与其训练学校所在地的区级人民政府等多个部门，先后对其进行奖励。对优秀运动员予以奖励本是合理之举，但多个部门集中开展奖励的现象，引发了关于行政奖励是否应有标准的事由、目的及条件的思考。如果奖励的条件模糊、目的虚化、程序不透明，其效果往往会大打折扣，甚至可能异化为利益均沾的游戏，这无疑是一种可怕的现象。特别是在国家每年安排的重大科技改造项目中，这种问题尤为值得关注。比较典型的是一些涉及工艺改进并投产的项目，如污染防治项目等。技术的进步对社会效益产生了显著的积极影响，行政机关也会对此进行奖励。在热电厂污染防治治理方面，许多企业通过改善工艺流程、投入大量资金来提升环保水平，国家对此类企业给予奖励或补助是合理的。然而，如果奖励的条件和目的界定模糊，就可能导致一些企业利用政策漏洞，通过不同的名义或包装方式，反复申请奖励。例如，一个企业今年以某个技术改造项目的名义获得奖励，次年以相似名义再次申请，实际上其贡献并未有显著增加。这种现象不仅违背了行政奖励的初衷，还可能导致公共资源的浪费，进而极大削弱行政奖励的严肃性和有效性。所以，行政奖励的原则至少应当包括以下方面：第一，行政奖励的目的应当是促进社会进步且不得损害国家和他人的合法利益，这是其基本的理论价值所在。中国曾有位医生成功制造人造胚胎并在国际期刊上发表论文。从技术层面看，这或许是一种进步，但如果人造胚胎诞生后出现残疾等问题，那这种技术就难以视为社会进步的助力，反而可能对人类社会造成重大影响。所以，不宜对这种技术进行奖励。第二，行政奖励应当体现公平、公开和诚实信用的原则。诸多弄虚作假的科研成果套取了大量的科研经费，对行政奖励制度造成负面影响。曾经，有科研人员雇佣农民工将进口芯片打磨后贴上新标签，谎称是自主研发的先进芯片，严重违背诚实信用原则，只为骗取巨大经济利益。为了杜绝此类现象再次发生，有必要进一步思考如何形成可信赖的检查机制。第三，行政奖励应当具有稳定性、可预见性。当社会对行政奖励有了明晰的预期后，这项制度的公信力才会得到进一步保障。第四，行政奖励应当有异议和救济制度，即第三人对奖励结果可以提出异议，保障同等条件未获奖者的救济权利。这也是目前行政奖励制度最缺乏的规则。行政奖励作为公共财政事务，社会有权进行监督。例如，在科技三项技术改造等领域的奖励中，应允许公示并接受他人提出异议。真理越辩越明，通过公示和异议制度，可确保奖励的公平性和合理性。

行政奖励来源于公共财政支出，其适用应当遵循完善统一的标准。目前，行政奖励还缺乏一套完整的、统一的流程制度，相关规定散见于不同的法律、法规中。为了更好地发挥行政奖励在社会管理中巨大的引领作用，可以考虑从以下角度对行政奖励做统一的规范：第一，在一定范围内公布申请者与提名者。第二，进行初审。第三，通过初审的，公布初审的结果以及提出异议的方式、程序、规则。第四，没有异议或者有异议不成立的，就决定和授予。

（二）行政合同

行政合同也称为行政契约，是指行政机关为实现特定的行政目的而与公民、法人或其他组织协商一致订立协议的制度。行政合同是中国借鉴国外经验而引入的制度，该制度既有国家行政的特点，又具合同的一般特征，处于行政法与民商法交叉的领域。

行政合同的签订有着较为严格的条件，其签订必须符合法律法规明文规定的情形。《最高人民法院关于审理行政协议案件若干问题的规定》第二条规定了以下几种行政协议订立的法定情形：政府特许经营协议、土地和房屋等征收征用补偿协议、矿业权等国有自然资源使用权出让协议、政府投资的保障性住房的租赁和买卖等协议以及符合规定的政府与社会资本合作协议等。〔1〕上述法定情形的共同特征在于，其都是政府为了实现自己的行政管理目的而签订的。

行政合同常见于一些基础设施建设项目中，大多由社会资本出资建设，建设完成后与政府签订特许经营协议，社会资本从这些基础设施的营收中获取一部分收益。此举之益处在于，政府可以减少基建开支，民间资本也可以参与经营，实现共赢。同时，政府为了履行自己的法定职责，也会直接与行政相对人签订协议。例如，住房保障部门为了保障公民的基本居住需求，就会与符合法定条件的住房困难群体签订租房协议，以更优惠的价格保障这类群体的居住条件。此外，行政采购同样是典型的行政协议。例如，提供公共卫生服务，需要政府与相关企业签订协议来完成，单靠政府自身难以直接完成这类工作。关于土地出让合同是否属于行政协议则可能存

---

〔1〕《最高人民法院关于审理行政协议案件若干问题的规定》第二条　公民、法人或者其他组织就下列行政协议提起行政诉讼的，人民法院应当依法受理：

（一）政府特许经营协议；

（二）土地、房屋等征收征用补偿协议；

（三）矿业权等国有自然资源使用权出让协议；

（四）政府投资的保障性住房的租赁、买卖等协议；

（五）符合本规定第一条规定的政府与社会资本合作协议；

（六）其他行政协议。

在一定争议，出让土地是否属于政府的法定职责亦需要进一步探讨。当然，从宏观角度将其纳入行政协议的范畴也未尝不可。

（三）行政指导

行政指导系行政机关通过制定诱导性法规、政策、规划、纲要等规范性文件以及采用具体的示范、建议、劝告、鼓励、限制等非强制方式促使相对人自愿做出或不做出某种行为，从而实现行政目的的行政行为。行政指导的特点在于，只要取得相对人同意即可形成所期望的行政秩序，而无须使用权力手段。行政指导一般没有法律依据，它虽不存在行政权力的强制作用，但由于行政机关相较于相对人所具有的优势地位，有可能使相对人违心接受行政指导。

目前，中国的行政指导存在以下不足：第一，行政指导的法律依据不足；第二，行政指导内容含糊不清，包括行政主体的意思表示不清、混同于一般的信息引导和政治宣教、行政主体变相强制执行行政指导；第三，行政指导决策程序不明；第四，行政指导缺乏监督。这些问题也是未来行政指导领域需要着重改进的部分。

第七章　行政司法

一、行政司法的概念

与行政立法、行政执法一样，行政司法并不是一个法律概念，而更多是作为一种事实概念出现于学术讨论和实践描述中。在相关的法律法规和规范性文件当中，行政司法常表述为行政裁决、行政裁判等。例如《城市房屋拆迁管理条例》（于 2011 年 1 月 21 日废止）中规定，拆迁人与被拆迁人不能达成补偿安置协议的，应由房屋行政主管部门裁决。[1] 另外，《土地管理法》及相关法规中也确立了行政裁决的制度，在同一个乡镇的行政区域内，两个自然人就土地的使用权的界限发生争议，该争议应由乡镇人民政府进行裁决。[2] 如果县政府与县政府之间产生此类争议，应由上一级人民政府来进行裁决。[3] 包括在森林的使用权确权纠纷等问题上，也有类似的规定。[4]

行政司法这一概念的提出，源于其在形式和功能上与司法行为的相似性，但它本质上仍属于由行政机关主导并作出的行政行为。

〔1〕《城市房屋拆迁管理条例》第十六条第一款规定："拆迁人与被拆迁人或者拆迁人、被拆迁人与房屋承租人达不成拆迁补偿安置协议的，经当事人申请，由房屋拆迁管理部门裁决。房屋拆迁管理部门是被拆迁人的，由同级人民政府裁决。裁决应当自收到申请之日起 30 日内作出。"

〔2〕《土地管理法》第十四条第二款规定："单位之间的争议，由县级以上人民政府处理；个人之间、个人与单位之间的争议，由乡级人民政府或者县级以上人民政府处理。"

〔3〕《土地权属争议调查处理办法》第六条规定："设区的市、自治州国土资源行政主管部门调查处理下列争议案件：（一）跨县级行政区域的……"

〔4〕《森林法》第二十二条第二款规定："个人之间、个人与单位之间发生的林木所有权和林地使用权争议，由乡镇人民政府或者县级以上人民政府依法处理。"

从字面上看，“行政司法”可以被理解为行政机关所做的准司法行为或司法行为。而司法行为的最重要的特征在于其中立性，即以第三方的身份对纠纷进行裁决。因此，行政司法可以被定义为行政机关依照法律法规的授权，以中间人的身份，按照准司法程序处理行政纠纷或特定民事纠纷的活动。行政机关在此过程中扮演了类似司法机关的角色。

需要指出的是，行政司法所处理的行政纠纷以及特定民事纠纷，其适用范围的界限往往难以明确界定。例如，劳动者与用人单位之间发生的争议本质上属于民事纠纷，但这类纠纷在实际处理时往往需要经过特定的行政程序。根据相关法律规定，劳动者对与用人单位之间的争议（如劳动报酬、工伤赔偿等）不能直接起诉，而是需要首先申请劳动部门的仲裁。[1] 在这种情况下，劳动仲裁部门就是以第三方的身份介入，依照准司法程序对特定的民事纠纷进行裁决。“行政行为从某种角度来看，可以被视为一种特殊的民事行为”，这种观点也有其合理性。

实践中，行政争议和民事争议之间的界限亦存在模糊地带，不同行业对同一个行为的理解可能会产生差异。然而，无论争议类型如何界定，行政司法作为纠纷解决机制依旧具备一些基本的共性特征。

行政司法的第一个特征是性质上的具体性和行政性。如前所述，若土地使用权和土地承包权发生争议，须依靠乡镇人民政府进行行政裁决。在此情形下，乡镇人民政府作为行政机关，处理的必然是

[1] 《劳动法》第七十九条　劳动争议发生后，当事人可以向本单位劳动争议调解委员会申请调解；调解不成，当事人一方要求仲裁的，可以向劳动争议仲裁委员会申请仲裁。当事人一方也可以直接向劳动争议仲裁委员会申请仲裁。对仲裁裁决不服的，可以向人民法院提起诉讼。

具体的案件，而非抽象事项。行政裁决是行政机关作出的具体行政行为，是国家在管理社会事务当中运用行政权的一种方式。除了土地使用权和土地承包权争议外，在前面提到的劳动争议仲裁、土地使用权的争议解决以及林地的确权等行政司法活动中，这种具体性特征同样得以体现。

第二个特征是裁决主体的中立性。虽然裁决的主体是行政机关，但其并非法律关系或者特定民事关系当中的一方当事人。任何人不能成为自己案件的法官，这是准司法活动和司法活动的基本要求。正是因为行政机关以中间人身份进行裁决，所以行政裁决具有准司法的性质。

第三个特征是范围上的法律授权性。《民事诉讼法》第一百二十七条第三项规定："依照法律规定，应当由其他机关处理的争议，告知原告向有关机关申请解决。"2023 年修订的《行政复议法》扩大了行政复议的受案范围，[1] 同时也增加了复议前置的相关规定。[2] 复议前置，意味着人民法院在受理某些行政争议案件时，须首先告知当事人应当先向其他行政机关申请复议处理。这一程序性要求与民事诉讼法中的有关规定具有相似性。

归纳以上特征，可以对行政司法进行分类。根据不同的标准，行政司法可以有不同的分类方式。

第一种方式是按法律关系性质进行划分，以这种标准可以将行政司法分为处理行政纠纷的行政司法行为和处理民事纠纷的行政司法行为。前者主要针对行政争议，例如对治安拘留、罚款等行政处罚不服的案件，以及市容环卫管理、交通违章等行政纠纷。后者则

〔1〕 参见《行政复议法》第十一条。
〔2〕 参见《行政复议法》第二十三条。

针对特殊民事纠纷，例如劳动争议。这类纠纷虽然属于民事范畴，但因其特殊性，通常需要通过专门的行政程序或仲裁前置程序进行处理。当然，行政争议与民事争议的界限在实务中往往比较模糊，行政争议的范围通常可以做扩大解释。例如，房屋征收案件，其究竟应归为民事案件抑或行政案件，在实务中长期存在争议。《最高人民法院关于受理房屋拆迁、补偿、安置等案件问题的批复》（于2019年7月20日废止）规定，有关房屋补偿、安置协议产生的纠纷，法院应当作为民事案件处理。[1] 根据该规定，可以将此类纠纷视作一种特殊的民事争议。2014年修正后的《行政诉讼法》则又将此类纠纷纳入行政诉讼的受案范围。[2]

第二种方式是根据处理的纠纷领域进行划分，具体可分为专利、商标、土地以及医疗等领域的司法行为。例如，在专利和商标领域，当相关主体对授权、准予注册等决定有异议时，可向相关部门提出异议，由相关部门进行复审；[3] 在医疗领域，医疗事故或医患纠纷往往首先由医疗行政部门介入调查并作出处理。[4]

---

〔1〕《最高人民法院关于受理房屋拆迁、补偿、安置等案件问题的批复》第二条 拆迁人与被拆迁人因房屋补偿、安置等问题发生争议，或者双方当事人达成协议后，一方或者双方当事人反悔，未经行政机关裁决，仅就房屋补偿、安置等问题，依法向人民法院提起诉讼的，人民法院应当作为民事案件受理。

〔2〕《行政诉讼法》(2014修正）第十二条规定："人民法院受理公民、法人或者其他组织提起的下列诉讼：……（十一）认为行政机关不依法履行、未按照约定履行或者违法变更、解除政府特许经营协议、土地房屋征收补偿协议等协议的……"

〔3〕《专利法》第四十五条 自国务院专利行政部门公告授予专利权之日起，任何单位或者个人认为该专利权的授予不符合本法有关规定的，可以请求国务院专利行政部门宣告该专利权无效。《商标法》第三十五条第一款规定："对初步审定公告的商标提出异议的，商标局应当听取异议人和被异议人陈述事实和理由，经调查核实后，自公告期满之日起十二个月内做出是否准予注册的决定，并书面通知异议人和被异议人……"

〔4〕《医疗事故处理条例》第三十五条 卫生行政部门应当依照本条例和有关法律、行政法规、部门规章的规定，对发生医疗事故的医疗机构和医务人员作出行政处理。

第三种方式是根据行政司法本身所具有的不同的法律特征进行划分，可以把行政司法分为行政复议、行政裁决、行政仲裁和行政调解。其中，行政复议的规范最为详细、严密。行政复议制度的发展与完善经历了较为漫长的过程，1990 年 10 月实施的《行政诉讼法》规定，行政复议机关作出复议维持决定的，作出原行为的机关是被告。[1] 正是由于这样的规定，过往的复议机关往往都倾向于作出复议维持的决定，从而避免自己成为被告，这最终导致复议制度基本被架空。后来修订的《行政诉讼法》进行了调整，规定作出维持决定的机关成为共同被告。[2] 经历一系列的调整后，行政复议制度日趋完善，其也成为当下最规范的行政司法行为。迄今为止，尚未制定出一部统一的法律或法规来规范行政裁决，相关规定散见于多部法律法规之中，内容大多较为笼统，缺乏系统性和明确性。其主要的救济途径是以裁决机关为被告提起行政诉讼。《城市房屋拆迁管理条例》（于 2011 年 1 月 12 日废止）第十六条第一款中规定："拆迁人与被拆迁人或者拆迁人、被拆迁人与房屋承租人达不成拆迁补偿安置协议的，经当事人申请，由房屋拆迁管理部门裁决。房屋拆迁管理部门是被拆迁人的，由同级人民政府裁决。"该条款明确了在房屋拆迁管理部门作为被拆迁人的情况下应采取的回避机制，具体实施方式是由同级人民政府裁决。试举一例，在某一区域内，存在大量老旧住宅，其中许多已经完成了房改，归个人所有。但仍有部分未进行房改，这些未经房改的住宅由住房保障部门作为公租房对外出租。当该区域所有住宅面临拆迁时，住房保障部门既是拆迁管理部门，同时又是被拆迁人，因为其掌握的已出租资产（公租房）

---

〔1〕 参见《行政诉讼法》(1989) 第二十五条第二款。

〔2〕 参见《行政诉讼法》(2014 修正) 第二十六条第二款。

也在拆迁范围内。在这种情况下，若出现拆迁争议，应由谁来裁决？根据规定，由同级人民政府进行裁决，这体现了回避制度的合理性，确保了裁决的公正性。为确保社会保障功能得以实现，住房保障部门所掌握的公共租赁住房的房源将日益增多，相应地，有关行政裁决条款的重要性也会愈发凸显。但需指出的是，行政裁决程序的规定较为欠缺，实践中仍然缺乏具体的操作规范。例如，在土地使用权、承包权发生争议时，应由人民政府裁决，但《土地管理法》并未提供具有操作性的细化条款；针对企业劳动争议处理，《企业劳动争议处理条例》《劳动争议人事仲裁暂行规定》《人事争议处理规定》等法规也都仅有笼统的、原则性的行政裁决规定，缺乏具体条款。行政裁决程序专业性强但缺乏具体规定，这使很多职能部门并没有广泛地进行行政裁决的活动。

此外，关于行政调解，目前也没有统一的法律法规予以规范。行政调解主要适用于治安管理中的轻微人身伤害纠纷、交通事故损害赔偿纠纷、消费者权益纠纷等方面。这类案件的调解规定也散见于《治安管理处罚法》《道路交通安全法》《消费者权益保护法》等法律法规之中，缺乏统一且具体的法律法规来规制，留有巨大的自由裁量空间。在现行的行政调解具体实施过程中，调解的重点往往集中在行政复议和行政诉讼这两个末端管理阶段，但此时的调解已不属于狭义上的行政调解。真正的行政调解应当贯穿于行政行为实施的程序之中，在行政执法过程中运用调解手段，结合中国古代的智慧，兼顾国法人情，及时化解行政争议，以取得良好的社会治理效果。但是现在的行政活动中往往出现机械执法的情况，例如，一个商铺在广告中使用了绝对化的宣传用语，最终被处以不合理的罚款；又如，一位老人在户外烹饪被认定为造成大气污染，最终处以600元的罚款的案件。像这类案件，如果执法是有温度的，通过行政调解往往就能避免很多不必要的麻烦。所以，这也是行政调解留有广泛自由裁量空间导致的一个问题。我曾经办理这样一起案件，一对夫妻离婚后，孩子归女方抚养。按照法律规定，男方享有探望权，[1] 但女方拒绝配合。双方因此发生争执并互相殴打，女方随后报警。派出所传唤双方进行调解，但女方坚决拒绝调解，要求公安机关依据《治安管理处罚法》对男方的行为作出是否立案以及是否予以处罚的决定。然而，公安机关在长达近一年的时间里未作出明确处理，仅进行调解，试图以调解方式解决问题。经过一年的时间仍然没有处理结果，女方便申请行政复议，要求公安机关履行法定职责，就对方这样的行为做出终局的决定。公安机关则主张其调解行为即属于履行法定职责的表现。但根据《治安管理处罚法》的相关规定，对于涉及治安管理的案件，公安机关应当及时作出处理决定。[2] 如果调解成功，可以以调解结案；如果调解不成功，公安机关应当依法作出终局性决定，包括立案、不予受理或给予相应的行政处罚。由此可见，在本案中，公安机关的辩解缺乏法律依据，只有成功结案的调解行为才能被认定为合法有效的行政调解。而公安机关仅以调解为由拖延处理，实际上并未履行其法定职责。目前的行政调解还存在其他突出问题，在交警部门处理交通事故纠纷中，这些问题体现得尤为明显，一是治安案件调解中压制一方接受调解，甚至以“不调解则处罚”威胁当事人；二是部分交通事故快处快赔服务站点被取消，导致轻微事故的当事人被迫转入常规程序，增加处理成本；三是调解程序与行政处罚界限不清，对明显应立案的案件仍强行调解或长期拖延不作决定，致使程序空转。

[1] 参见《民法典》第一千零八十六条。

[2] 参见《治安管理处罚法》(2012) 第七十八条。

二、行政复议制度概述

（一）中国行政复议制度的历史演变

新中国成立后，行政复议制度经历了三个阶段的发展。第一个阶段是初创时期。1950 年，政务院颁布了《财政部设置财政检查机构办法》。其中，第六条规定，被检查部门对检查机构的措施认为不当的，可向上级检查机构申请复核处理。这一规定可视为中国早期行政复议制度的雏形。政务院随后颁布《税务复议委员会组织通则》，首次在法规中使用“复议”一词，并对行政复议的职能和体制作出明确规定，这标志着行政复议制度的初步建立。第二个阶段是行政复议制度进入初步发展阶段。50 年代后期，相关法规体系逐步完善。但当时的行政复议决定具有终局效力，当事人即使对复议结果不服亦无法提起行政诉讼。该现象的形成有其特殊历史语境，中华人民共和国成立初期，党和政府在短短数年间迅速恢复社会生产生活秩序，使长期饱受战乱之苦的人民首次享受安定的生活环境。基层民众对人民政府怀有高度政治信任，这种普遍的社会认同，使终局性行政决定制度得以平稳实施，未引发大规模社会争议。同时，更深层的原因在于民众的社会基础。当时民众普遍受教育程度不高，多数人既缺乏行政诉讼意识，又因信访渠道高效便捷而倾向于选择非正式的救济方式。这种社会行为惯性植根于历史传统，民众对政府的深度信任衍生出“信访基因”，使终局性行政决定在特定历史阶段具有广泛社会接受度。在之后的“文化大革命”期间，中国社会陷入了无序的混乱局面。造反派冲击公检法机关，试图摆脱党委的领导，社会秩序被严重破坏。“五四宪法”所确立的秩序在这一时期遭到严重破坏，行政复议制度在此混乱局面下也无法正常运作。第三个阶段为制度恢复与体系化发展阶段。20 世纪 80 年代后期，随着法治建设进程加速，行政复议制度进入快速发展期，相关立法数量显著增长。截至 1990 年，已有百余部法律、行政法规设置了行政复议条款，但因缺乏统一法律对复议范围、管辖、审理程序及时限等要素进行规范，实际案件受理量仍处低位。1989 年《行政诉讼法》的颁布产生了重要制度牵引效应，为构建诉讼与复议衔接机制，国务院积极行使行政立法权，于 1990 年颁布《行政复议条例》，并于 1994 年进行修订。《行政复议条例》的实施，为中国的行政复议工作提供了最直接的行政法规依据，创造了行政复议开展的条件，极大地促进和发展了中国的行政复议制度，标志着中国的行政复议制度进入一个新的时期。《行政复议条例》实施后，行政复议案件数量呈现显著增长态势。统计数据显示，1991 至 1997 年六年间，全国各级行政机关共受理行政复议案件 24 万余件，年均受理量达 3 万件。[1] 到了 2005 年，全国各省市、自治区和国务院各部门一共收到的行政复议案件的数量是 90624 件，接近 10 万件。[2] 可见，《行政复议条例》的颁布，对监督国家行政机关的权力行使以及保护相对人的合法权益发挥了显著的制度效能。

（二）中国行政复议制度的发展成就与面临的问题

《行政复议条例》在实施过程中，也逐渐暴露出些许问题。1999

〔1〕 参见《行政复议制度日益完善 为法治政府建设提供强大动力》，载福建省司法厅官网 2009 年 9 月 30 日，https：//sft. fujian. gov. cn/fjfw/zzs/zcfb/201910/t20191024_ 5074466. htm。

〔2〕 参见《行政复议工作取得新进展》，载中国政府网 2007 年 3 月 19 日，https：//www. gov. cn/ztzl/gclszfgzbg/content_ 554972. htm。

年 10 月，《行政复议法》正式实施，这标志着中国行政复议制度正式诞生。事实表明，《行政复议法》的出台确实在一定程度上促进了政府职能转变，并且在推进依法行政方面发挥了不可或缺的作用。

相较于《行政复议条例》，1999 年施行的《行政复议法》改动内容幅度较大，体现了行政复议制度的改革精神。1999 年《行政复议法》的变动及后续修订方向主要集中在以下几个方面：第一，《行政复议法》在功能定位上更加合理明确。相比之下，《行政复议条例》的首要立法目的在于维护行政机关职权的行使，但这种定位存在一定问题。行政机关在履行职责时，其地位特殊且权力巨大，而普通公民在面对国家机关时处于相对弱势的地位，因此是否需要通过一部专门的法规来维护行政机关的权威值得商榷。而《行政复议法》在《行政复议条例》的经验基础上对行政复议的功能定位做了更合理的调整，将预防和纠正违法或不合理的行政行为作为行政复议的首要任务，加强和突出了监督功能。曾有人提出这样的问题，行政复议的功能究竟是监督还是维权？事实上，这种讨论并无实际意义。监督功能本质上是维权功能的一种表现形式，这表明行政复议的功能并非单一，而是复合的。同时，现在还有种观念认为，行政复议应当是化解行政争议的主渠道，这一观点进一步印证了行政复议功能复合性的特点。将预防和纠正行政违法作为复议的首要定位符合现代化行政法治发展的要求，也符合习近平总书记所提到的法治国家、法治政府、法治社会一体建设的要求。[1] 其与法治政府建设这一要求尤为契合，法治政府建设的首要任务便是预防和纠正

---

〔1〕 参见《坚持依法治国、依法执政、依法行政共同推进，法治国家、法治政府、法治社会一体建设》，载中华人民共和国司法部官网 2021 年 3 月 16 日，https：//www. moj. gov. cn/pub/sfbgw/zwgkztzl/xxxcgcxjpfzsx/fzsxllqy/202109/t20210924_ 438294. html。

违法或不合理的行政行为。

第二，行政复议的受案范围有了较大的突破。行政复议受案范围的扩大，意味着对行政相对人的权利救济得到更加充分的保障。从复议程序的启动条件来讲，《行政复议法》规定，只要行政相对人认为行政组织的行政行为侵犯了他的合法权益，他就可以依照《行政复议法》，向行政机关提起行政复议，得到相应的救济。[1] 也即只要行政相对人认为行政行为对其权利义务产生了实际损害或不利影响，侵犯了其合法权益，就可以提起行政复议。只要行政相对人提起行政复议并非出于恶意，未就同一事项多次向同一部门提出或同时向多个部门提出，且未滥用行政复议申请权，复议机关就应当受理。并且在行政相对人认为其合法权益尚未得到充分救济之前，只要行政相对人不撤回申请，复议机关就必须继续审理。此类规定没有要求行政相对人必须举证行政行为侵犯了其合法权益，因此这是一个很大的进步。此外，与《行政复议条例》相比，《行政复议法》增加多项复议的受案内容：其一，对行政机关作出的有关许可证、执照、资质证、资格证等证书变更、中止、撤销的决定不服的；其二，对行政机关作出的关于确认土地、矿藏、水流、森林、山岭、草原、荒地、滩涂、海域等自然资源的所有权或者使用权的决定不服的；其三，认为行政机关变更或者废止农业承包合同，侵犯其合法权益的；其四，申请行政机关依法发放抚恤金、社会保险金或者最低生活保障费，行政机关没有依法发放的。[2] 其中对第三点可以进行适当展开，农村土地承包权属于土地使用权的范畴。随着农村土地制度改革的推进，承包权和经营权可以分离，承包权成为农民

---

〔1〕 参见《行政复议法》(1999) 第二条。

〔2〕 参见《行政复议法》(1999) 第六条。

长期稳定拥有的一项权益，它为农民提供了基本的生活保障，具备相当重要的社会福利功能。土地承包权使用期限为30年，承包到期后可以再延长30年。[1] 土地承包权存续时间长，还可以继承，类似于以前的永佃权，故承包人享有相关救济权确有必要。行政复议制度还赋予了相对人申请行政机关履行保护其受教育权职责的权利，但这类案件相对较少。实践中，可能会出现对学区划分的争议，一些人认为学区划分问题会导致教育资源不平均。但学区划分显然无法被作为可以提起行政复议的情形，毕竟教育资源的评价指标理应是多元的。

第三，部分抽象行政行为开始受到行政复议的监督。行政复议作为行政机关自我监督的重要法律制度，其原本仅限于对具体行政行为进行监督。在实践当中，抽象行政行为（如规范性文件、命令、指示等）因其普遍适用性而产生了更为广泛的影响。许多行政机关是根据规范性文件的指示作出相应的具体行政行为，如果这些文件本身就是违法的，那么据此作出的具体行政行为也必然违法。所以，《行政复议法》的这一规定是对行政复议制度的重大突破，此举将抽象行政行为审查的启动权赋予行政相对人，使行政相对人获得了更加广泛、更加真实的权利救济途径。试举一例，该案涉及龙井茶保护区，在此区域内有一个村庄，是一个典型的农村地区，村民大多是茶农。依据户籍登记管理制度，新生儿的户口可以随母亲或父亲登记。在该村，许多新生儿的母亲是茶农，因此这些孩子也被登记为农业户口。由于该村风景优美，且是龙井茶的核心产区，该产区的茶叶价值极高，一两龙井茶在拍卖市场上可以达到数千元甚至上

---

〔1〕 参见《中共中央　国务院关于保持土地承包关系稳定并长久不变的意见》，载中国政府网2019年11月26日，https：//www. gov. cn/zhengce/2019－11/26/content_ 5455882. htm。

万元的价格。龙井茶的巨大经济价值反映了当地农民身份的价值。但当时，户籍机关的上级机关通过规范性文件规定，在该龙井茶保护区村庄范围内，某一日期之前出生登记为农业户口的，一律调整为城市居民户口，导致村民丧失土地承包权、宅基地使用权及茶农特许经营资质等核心权益。该文件对当地农民的权利义务造成影响，农民因此提起行政诉讼，要求撤销转变登记的行为。在处理这样的行政诉讼案件时，法院就需要附带审查行政行为所依据的抽象行政行为的合法性，以充分保障农民的权益。该案例表明了抽象行政行为对公民权利可能产生深远的影响。因此，将抽象行政行为纳入行政复议的审查范围，有助于加强对行政机关行为的监督，维护公民的合法权益。根据宪法和相关法律规定，上级行政机关有权改变或者撤销下级行政机关制定的不适当的命令、决定。[1] 但这种审查的启动权不在行政相对人手中，而归属于上级行政机关。行政机关之间又可能存在相互迁就的情况，上级行政机关未必会主动发现并纠正问题。为确保行政相对人这一救济权的有效实施，《行政复议法》规定申请人在申请行政复议时，有权一并就具体行政行为所依据的抽象行政行为提出审查申请，[2] 这为监督抽象行政行为提供了法律依据。将抽象行政行为审查的启动权归还给相对人，是对行政复议制度的重大突破。

第四，便民原则得到更加充分的体现。便民原则是行政复议的一项基本原则。政府在职能转变过程中，应将便民原则置于首位。即使在内部行政管理中，也存在便民问题。无论是数字化改革还是其他体制改革，都应以是否便利民众为衡量标准。若改革不能为民

[1] 参见《地方各级人民代表大会和地方各级人民政府组织法》第七十三条第三项。

[2] 参见《行政复议法》第十三条。

众带来便利，那么其必要性就值得商榷。行政复议的便民性体现在多个方面，例如赋予当事人选择权、允许口头申请复议等。[1] 对于不识字的申请人，可前往行政复议机关，由工作人员记录其申请并按手印确认。如今，便民措施进一步优化，申请人可通过手机在政务大厅网络平台提交复议申请，极大地方便了民众。这种机制也是便民原则的体现。便民原则的真正落实是行政复议制度良性运转的前提条件。例如，浙江省上线了“浙里复议”在线应用，申请人可通过该平台实现线上申请行政复议，极大方便了申请人。

第五，行政复议机关级别提高。原先的《行政复议法实施条例》规定的最高复议机关是省、自治区、直辖市人民政府[2]和国务院的各个部门[3]，这意味着对国务院各部门、省级人民政府及其部门作出的行政行为不服申请行政复议的，只能由这些机关和部门进行自我审查。《行政复议法》对这种局面进行了调整，对省、自治区、直辖市人民政府以及国务院部门作出的行政行为不服而提起行政裁决的，国务院作为复议的裁决机关，这意味着国务院是行政复议的参与者。[4] 例如2018年以前，建设用地批准文件由省级的国土资源部门出具，之后报请省级人民政府批准。当事人对建设用地批准文件提出附带性审查的，同样是省级人民政府自己审查自己。此时，原行政行为是国土资源部门作出，受理机构则是省级人民政府的法制部门，相当于在同级政府内跨部门审查。复议后，若当事人对省级人民政府作出的复议决定不满的，可以向国务院申请裁决。其中一个案件，当事人认为建设用地批准文件违法，浙江省人民政府经过

[1] 参见《行政复议法》第二十二条。
[2] 参见《行政复议法实施条例》第二十五条。
[3] 参见《行政复议法实施条例》第二十三条。
[4] 参见《行政复议法》第二十六条。

复议后作出了复议维持的决定。当事人对复议决定不服，申请国务院裁决，国务院就派行政复议室的官员到基层来实地调查，听取意见，并找申请人进行核实。行政复议制度将国务院作为复议的直接监督者，极大地加强了复议制度的权威性与公正性。正如上述案例，国务院工作人员实地调研，充分了解地方的土地管理制度，最后作出公正的裁决。当国务院作为监督者时，普通群众自然而然地会对裁决产生高度的信任。所以说，将国务院纳入复议制度的改革，非常具有实践意义。

第六，行政复议的管辖体制更为合理。在复议机关管辖体系中，不仅明确赋予行政机关在普通领域的主导管辖权限，还规定了适配于诸如海关、金融、外汇管理等实行垂直领导单位的管辖体制。这种多领域、全方位覆盖的管理体制，也是行政复议发挥其功能的重要保障。

第七，行政复议证据制度得到确立。《行政复议法》确立了“先取证、后裁决”的基本程序要求。中国行政复议制度对举证责任、举证时效等相关内容进行了明确规定，举证责任方面，由被申请人证明其行政行为合法性；〔1〕举证时效方面，规定被申请人收到申请书副本后十日答复。〔2〕在行政复议过程当中，被申请人不得自行向申请人和其他有关组织和个人收集证据，未在举证期限内提供的证据，行政复议机关一般不予采纳。同时，若被申请人未按期提出书面答复，提交证据、依据材料的，复议机关可以决定撤销该行政行为，并可以责令被申请人在一定期限内重新作出行政行为。〔3〕

〔1〕参见《行政复议法》第四十四条。

〔2〕参见《行政复议法》第四十八条。

〔3〕参见《行政复议法》第六十四条第一款。

第八，明确了行政复议的法律责任监督机制。《行政复议法》进一步完善了法律责任条款，并强化了对行政复议过程中法律责任的监督力度。在实践中，部分行政复议机关存在以下问题，如应当受理行政复议申请却未受理、应当撤销违法具体行政行为却未撤销，以及未在法定期限内完成复议等。针对这些问题，《行政复议法》在相关条款中对法律责任作出了明确规定，不仅增加了条文数量，还通过丰富内容进一步强化了对行政复议行为的监督与约束。[1]

尽管《行政复议法》经历了多次修改，在一定程度上适应了社会发展需求，但仍存在一些问题。当然，《行政复议法》还存在一些问题，虽然经历了多次修改，但法律仍滞后于社会实际。在政府职能转变的法治化进程中，中国的民主制度和法治制度仍处于不断完善的阶段。有鉴于此，党中央和国务院在多个重要场合上提出了一系列依法治国的重大战略问题，并将建设社会主义法治国家确立为总目标。[2] 在此背景下，行政复议制度在发展和完善的同时也面临诸多需要解决的问题。例如，行政复议功能如何充分发挥？复议机构在化解行政争议中如何真正发挥作用？如何进一步提升社会公众对行政复议的信任度？

近年来，行政复议与行政诉讼的案件数量对比发生了显著变化。过去，行政诉讼案件数量远多于行政复议案件；近年来，两者数量趋于平衡，很多地区的复议案件数量逐渐反超诉讼案件数量。以西湖区为例，2024 年行政复议案件数量已接近行政诉讼案件数量的 4 倍。[3]

---

〔1〕 参见《行政复议法》第八十至八十六条。

〔2〕 参见《全面推进依法治国的总目标》，载中国人大网 2014 年 11 月 5 日，http://www.npc.gov.cn/npc/c2/c189/201905/t20190521_226516.html。

〔3〕 参见《西湖区司法局 2024 年度法治政府建设报告》，载杭州市西湖区人民政府官网 2025 年 2 月 28 日，https://www.hzxh.gov.cn/art/2025/2/28/art_1229346873_59044798.html。

尽管行政复议制度建设取得了显著进展，各地也普遍成立了行政复议局，但实际中，到底有多少工作人员在实际参与行政复议工作，复议工作背后的职业教育是否完善，均存在一定的问题。《行政复议法》第六条第二款规定："行政复议机构中初次从事行政复议工作的人员，应当通过国家统一法律职业资格考试取得法律职业资格，并参加统一职前培训。"该款规定严格限制了复议人员的录用门槛，但制度变革也需考虑过往的客观实际，制定例外的规定。目前行政复议集中统一受理的规则决定了复议人员可能会处理医疗、质量监督、农业农村、公安等各类专业事项。术业有专攻，行政复议人员在处理跨行业的专业问题时，难免也会遇到难以准确判断的情况。

目前的行政复议还存在复议机构不独立、不统一的问题。以杭州市为例，过去的市政府法制办是单设的，有 4 个处室近 30 人，而基层政府的法制办一般只有 2 人，部分只有 1 人。现在一名复议人员每年可能需要处理 500 多个案件，超负荷的工作量无疑会对办案质量产生一定影响。由于复议机构不独立，导致财政无法保障。倘若财政独立，能聘请一些律师进驻司法局，复议人员的办案压力将会大大降低。可见，复议机构不独立造成的人员紧缺、财政吃紧问题都会对行政复议的实施造成相当大的阻碍。另外，行政复议机构作为政府的组成部门，其复议人员的工作难免会受到长官意志影响。事实上，随着领导法治意识的增强，他们通常会尊重复议机构内部提出的意见。然而，即便如此，领导仍可能基于自身的价值取向和判断对案件产生影响。例如，在某一区域内，90% 的住户已签订拆迁合同并搬离，但仍有 2 户坚决拒绝搬迁。为达成政绩目标，领导以及相关行政人员可能更倾向于追求效率，优先考虑如何尽快完成拆迁任务，而对行政行为可能产生的法律后果（如强制拆除房屋是否违法乃至发生诉讼是否可能败诉）未必作为首要考量。由于复议机构的不独立，必然导致复议机构在行政效率与法律公正之间进行权衡。此外，在这一轮的国家机构改革中，政府法制机构和司法行政部门进行合并，由政府的司法行政机构来承担原政府法制机构的职能。这一做法得到大部分省份的采纳，然而河南省采取了不同的策略，其政府法制机构被纳入政府办公系统，司法行政系统维持不变。这就导致了复议机构不统一的问题。若司法部就行政复议专门颁布特定规定，在河南省境内，就应该向省人民政府办公厅发文，这可能最终导致政令的传导受阻。行政复议局并不是法定的复议机关，而是专门的复议机构，其作出的复议决定仍应以实际受理的行政复议机关的名义作出。目前，行政复议局的设立、运行还没有完善的法律配套制度，虽有可能会带来新的问题，但终归是一种有益的尝试。

此外，目前的行政复议制度还存在这些问题：其一，公务员合法权益受到侵犯时无法得到复议救济。最简单的例子是，公务员被辞退或者开除时，只能提出申诉，不能提起行政复议或者行政诉讼。[1] 其二，行政复议仅限于对部分抽象行政行为进行审查，而对绝大部分的抽象行政行为无法进行监督，这种监督很可能只流于形式。其三，新修正的《行政复议法》规定了复议机关有权向有关单位和个人调查取证，但是未明确可以调查收集哪些证据。[2] 关于这个问题，基于复议的功能定位，应当认为复议机关即便有权调查取证，其范围也应限于以下事项：一是程序性事项；二是核实当事人所提交证据的真实性、合法性、关联性（即证据三性）；三是证明原

---

〔1〕《行政复议法》第十二条规定："下列事项不属于行政复议范围：……（三）行政机关对行政机关工作人员的奖惩、任免等决定……"

〔2〕参见《行政复议法》第四十五条第一款。

行政行为违法或申请人实体诉求成立；四是涉及公共利益的事项。要明确行政复议的监督与救济功能，避免其沦为行政程序的延续。

（三）新《行政复议法》的修订亮点

2023年新修订的《行政复议法》总结了过往行政复议存在的问题，对许多细节规定作出了修改，具有诸多亮点。

第一个亮点是改革复议管辖体制，取消了地方人民政府工作部门的行政复议职责，是此次修订最重要的改动之一。《行政复议法》实施以来确立了“条块结合”的复议管辖体制，即同级政府与上一级政府部门同时承担复议职能。此种管辖体制的弊端在于，因管辖权分散，容易导致复议渠道不集中，不利于申请人提出申请、同一类型案件不同复议机关办案尺度不统一等问题。改革后的复议管辖体制，以“块块管辖”（即县级以上地方人民政府统一行使复议职责）为原则，同时保留了“条条管辖”的例外情形，即对海关、金融、外汇管理等实行垂直领导的行政机关、税务和国家安全机关的行政行为不服的，向上一级主管部门申请行政复议。[1] 改革后的复议管辖权更为集中统一，便于群众找准复议渠道，同时有助于减少“同案不同判”现象的发生。

第二个亮点是首次制定行政复议范围“负面清单”。自1999年《行政复议法》实施以来，其第六条规定的行政复议范围已经实行了二十余年。二十多年来，随着经济社会的发展变化，各类新型行政行为和行政法律关系不断涌现，原有规定已经难以适应解决各类新型行政争议问题的需求。本次修改的一大要点即是结合行政争议解决实践，扩大了行政复议的受理范围，同时实现与行政诉讼受案范

〔1〕 参见《行政复议法》第二十七条。

围的进一步接轨。新法一方面通过列举的形式明确了行政复议受理的具体范围，其中第十一条参考2017年《行政诉讼法》第十二条受案范围和《最高人民法院关于审理行政协议案件若干问题的规定》的相关规定，[1] 以列举形式将行政强制执行、行政赔偿、工伤认定、侵犯公平竞争权、行政协议、政府信息公开等明确列入行政复议范围。另一方面，新《行政复议法》参考《行政诉讼法》的规定及立法模式，首次推出行政复议范围“负面清单”，即第十二条规定了不属于行政复议范围的四类事项，分别包括：国家行为、规范性文件、内部人事管理以及行政机关最终裁决。申请人对此四类行为申请行政复议的，复议机关可直接不予受理。

新法的第三个亮点是扩大了行政复议前置范围，强化行政复议化解争议的作用。本次修订的一大重点是扩大了行政复议前置范围。新《行政复议法》第二十三条将当场作出的行政处罚决定、未履行法定职责、申请政府信息公开不予公开等行为纳入行政复议前置范围。扩大行政复议前置范围，借助相对行政诉讼更为高效的行政复议程序快速处置、实质化解部分行政争议，一定程度上也可以起到为行政诉讼分流的作用。在扩大行政复议前置范围的过程中，如何对行政协议进行全面审查是一大难点，由于协议具有相对性，是否有必要让协议的相对人参与复议程序，亦是一个值得讨论的问题。

---

[1] 《最高人民法院关于审理行政协议案件若干问题的规定》第二条　公民、法人或者其他组织就下列行政协议提起行政诉讼的，人民法院应当依法受理：

（一）政府特许经营协议；

（二）土地、房屋等征收征用补偿协议；

（三）矿业权等国有自然资源使用权出让协议；

（四）政府投资的保障性住房的租赁、买卖等协议；

（五）符合本规定第一条规定的政府与社会资本合作协议；

（六）其他行政协议。

新法的第四个亮点是建立了行政复议当中的调解制度。传统理念认为，行政争议因其性质特殊，通常不适宜采用调解或和解的方式解决。然而，在目前强调政府依法行政的过程中，这一制度的建立将有助于实质性化解矛盾，符合政策导向。同时需要强调的是，调解的实施必须遵循合法自愿的原则，不得损害国家利益、社会公共利益或他人合法权益，且不得违背法律法规的强制性规定。

新法的第五个亮点是确立了行政复议委员会的制度。在功能定位上，行政复议委员会是一个咨询机构，其所提出的意见建议只有参考的价值，不具有终局的效力。从定位上来看，行政复议委员会与审判委员会、检察委员会不同，审判委员会与检察委员会在审判过程中享有实际权力。在机构设置上，县级以上地方政府应当设置行政复议委员会，国务院部门根据需要设置而非必须设置，国务院和地方政府部门不设置行政复议委员会；在组成上，行政复议委员会由政府工作人员与外部专家学者共同组成，其中政府人员处于主导地位；在职权上，行政复议委员会共有两项职权，即为办理行政复议案件提供咨询意见、研究行政复议工作中的重大事项和共性问题并提出意见。[1]

新法的第六个亮点是便利了行政复议申请。新法要求行政机关加强信息化建设，运用现代信息技术，方便公民、法人或者其他组织申请行政复议，提高行政复议工作的质量和效率。同时，新《行政复议法》还进一步明确了行政复议案件的受理时限。第二十条新增规定，行政机关作出行政行为时，未告知申请期限的，申请期限自知道或者应当知道之日起计算，但是最长不得超过1年。第二十

〔1〕 参见《行政复议法》第五十二条。

一条还明确了涉及不动产的特殊受理期限。[1]

新法的第七个亮点是行政复议类型化。新法第四章分为两节，对普通程序和简易程序分别规定了不同的适用情形与程序规则。适用简易程序的情形主要包括当场作出的行政行为、警告或者通报批评、案件涉及款额在3000元以下以及政府信息公开案件。[2] 适用简易程序审理行政复议案件，可以书面审理，[3] 同时复议机关应当在受理之日起30日内作出行政复议决定。[4] 自2016年以来，各级人民法院适用简易程序审结一审行政案件14.9万件，平均审理天数28.8天，较普通程序少88.3天。[5]

新法的第八个亮点是行政复议决定的方式多样化。2017年《行政复议法》的复议决定种类包括维持、责令履行、撤销、确认违法、责令重做和变更这六种。新法第六十六、六十七、六十九和七十一条分别新增了决定被申请人在一定期限内履行、确认该行政行为无效、驳回请求以及履行行政协议这几种决定类型。新法第六十三、六十四和六十五条还将变更决定、撤销决定和确认违法的适用规则进行明确细化，进一步规范行政复议决定的作出方式。

（四）中国行政复议制度的前瞻

要使行政复议制度更加完善，首先需要营造一个有利于行政复议制度健康发展的政治和社会环境。自2017年《行政诉讼法》修正以

〔1〕《行政复议法》第二十一条　因不动产提出的行政复议申请自行政行为作出之日起超过二十年，其他行政复议申请自行政行为作出之日起超过五年的，行政复议机关不予受理。

〔2〕参见《行政复议法》第五十三条。

〔3〕参见《行政复议法》第五十四条。

〔4〕参见《行政复议法》第六十二条。

〔5〕参见《最高人民法院关于人民法院行政审判工作情况的报告》，载《最高人民法院公报》，http：//gongbao. court. gov. cn/Details/5b9333f28289248444ce5724697fb9. html。

来，中国行政立法环境显著改善，立法的科学性和适应性也在不断提升。这些变化为行政复议制度的改革和完善提供了重要的制度基础和理论支持。同时，要充分发挥行政复议作为化解行政争议的主渠道作用。目前，复议正成为行政相对人寻求救济的首要选择，被复议的机关对纠错的敏感度也显著提高。如果行政相对人对被复议机关提出纠错意见，被复议的机关会非常积极、主动地与相对人进行协商。这种良好的行政风气与社会氛围对行政复议制度的健康发展非常重要。

其次，增强行政复议的公正性和公信度。为了增强行政复议制度的公正性和公信力，有必要借鉴自然正义和正当程序的原则。法律不应强人所难，这一理念在行政复议工作中应得到充分贯彻。为了彰显复议制度的公正性和公信力，可以从以下几个方面作出相应制度安排：（1）建立相对独立的行政复议机构，在法律上确保其工作不受行政首长以及其他行政机关的干预和影响。2017 年《行政诉讼法》修改时，学界便预测类似于杭州铁路运输法院这样的专门法院可能会成为独立的行政法院，由其集中受理该辖区内的所有行政争议。但考虑到审判资源的有限和当事人起诉的便利程度，这种想法最后没能落地。类比到行政复议制度，可以做出哪些尝试呢？举个例子，可以让市行政复议局垂直领导下级各个城区的所有的行政复议局。而既然是改革，甚至可以大胆一点，把行政复议局这个机构的管理纳入党委系统当中，独立于政府。正如网信办虽为党委部门，却能依据法律法规作出行政处罚等行政行为，行政复议局同样可参照此逻辑，由党委统筹管理并赋予其法定行政复议职权。如此一来，复议局的独立性将会得到强力的支撑。（2）基于行政复议专业化的要求，应当建立起行政复议人员统一选拔、培训、考核和奖惩机制。参考法院系统，现已建立起法官员额制，员额法官的薪酬得到显著提升。建立新的奖惩机制，完善复议人员的福利保障，也是符合目前实践的措施。(3) 建立行政复议公开审理制度。可以尝试把听证程序引入到复议制度中，加强复议程序的公开性。目前的行政复议大多采用书面审查方式，这种方式可能因缺乏当事人的直接参与和质证，导致对案件事实的认定不够全面准确，进而影响复议结果的公正性和公信力。对此，可以尝试对复议案件先进行简要的筛选，选择一些复杂的、对相对人权利义务影响大的案件进行公开听证，公开审理能让复议的公信力得到加强。(4) 建立复议回避制度。回避制度在诉讼程序中起到相当重要的作用，但这种机制在复议中仍然是缺位的。若复议案件申请人为办案人员近亲属，仅凭个人自觉选择回避，既缺乏制度层面的强制力保障，也难以彻底消除公众对"人情案""关系案"的合理质疑。另外，行政复议的垂直管辖机制也存在一定问题。垂直管辖机制造成了管辖权的垄断，政府无法介入这类案件的复议过程，公信力是否能得到保障也需要打上一个问号。

最后，对行政复议制度的完善还可以从扩大行政复议受案范围来展开。《行政复议法》在修订过程中不断扩大复议的受案范围，但这还不够。至少目前来看，行政复议的受案范围仍相对较窄。行政复议具有便利、成本低的特征，如果能将对抽象行政行为的审查问题以及对相对人产生重大权利义务影响的内部行政行为问题等纳入复议的受案范围，也会改变相关救济制度不充分的局面。

三、其他行政司法制度

(一) 行政裁决

行政裁决，是指行政机关依照法律授权，以中间人身份对特定的民事争议进行审理并作出决定的行政行为。行政裁决具有以下特征：第一，主体是行政机关。如果裁决机关是法院或者民间组织，就不属于行政裁决，而属于司法审判或者民间仲裁。民间仲裁也在现在的纠纷解决体制中扮演了越来越重要的角色。第二，行政裁决的范围由法律授权。未经法律授权，行政机关不得裁决，否则构成行政越权。第三，裁决的对象是特定的民事纠纷。一般的民事纠纷行政机关不能裁决。

（二）行政仲裁

行政仲裁是指行政机关依照法律规定，以第三人身份对特定的民事纠纷进行仲裁的活动。目前的行政仲裁主要集中在两类，一类是劳动争议，还有一类是人事争议。对于劳动争议仲裁裁决结果不服的，当事人可以向人民法院提起民事诉讼。[1] 对于人事仲裁结果不服的，当事人不能提起诉讼。

〔1〕《劳动争议调解仲裁法》第五十条 当事人对本法第四十七条规定以外的其他劳动争议案件的仲裁裁决不服的，可以自收到仲裁裁决书之日起十五日内向人民法院提起诉讼；期满不起诉的，裁决书发生法律效力。

第八章　行政诉讼与行政赔偿

一、中国行政诉讼制度的建立

中国的行政诉讼制度是伴随中国民主法治进程而产生、发展的。特别是改革开放以来，中国社会整体处于高速发展阶段，法治化建设亦取得显著成效。行政诉讼制度亦在改革开放的进程中得到前所未有的发展。

最初，中国行政诉讼的相关规定零散地出现在一些法律规范中。最早规定行政诉讼的法律分别是1980年发布的《中外合资经营企业所得税法》（于1991年7月1日废止）和1981年发布的《外国企业所得税法》（于1991年7月1日废止）。这两部法律规定，外国组织、公民对中国税务机关的行政行为不服或者对纳税决定不服的，可以到人民法院提起诉讼。[1] 后来，大量的法律、行政法规作出类似规定。为了统一规范，1982年试行的《民事诉讼法（试行）》第三条第二款便规定："法律规定由人民法院审理的行政案件，适用本法规定。"人民法院受理行政案件自此具备了统一的程序性规范，行政诉讼制度也初具雏形。

随着行政诉讼案件的增多，人们普遍认为民事诉讼程序无法完全适应行政诉讼内在的特殊性。举证规则的适用差异即为典型例证。民事诉讼遵循"谁主张谁举证"的原则，[2] 即当事人若无法提供所主张事实的证据，将承担举证不能的法律后果。然而，若将这一规

〔1〕 参见《中外合资经营企业所得税法》(1980) 第十五条；《外国企业所得税法》第十六条。

〔2〕 参见《民事诉讼法》第六十七条第一款。

则应用于行政诉讼，便会暴露出诸多问题。在行政诉讼中，行政相对人作为被管理的一方，相较于行政机关而言处于弱势地位。因此，要求行政相对人提供与具体行政行为相关的证据，其往往难以实现，举证不能最终又将导致败诉的结果。这种由于主体地位不平等导致的诉讼困境还有很多。正是考虑到行政诉讼当事人在行政程序中存在地位不平等的问题，1990 年 10 月 1 日起施行的《行政诉讼法》在原则、受案范围、管辖、诉讼参与人、证据、起诉与受理、审理和裁判、执行等方面作出了区别于民事诉讼的规定。试举以下几点为例，第一，受理行政诉讼的机关是普通法院而非专门的行政法院。在立法时，部分观点认为类似于铁路运输法院这样的专门法院受理行政诉讼。然而，最终立法时还是选取了由普通法院受理行政诉讼的做法，具体实现路径为在普通法院内部设行政审判庭。第二，在行政诉讼中，行政主体不具备原告资格，被告通常为具有行政管理权的行政机关或组织。这一点也是基于行政行为双方主体地位相对不平等以及行政诉讼立法目的的审慎考量。第三，被告承担举证责任，但不排除原告的举证权利。原告举证权利是在 2014 年《行政诉讼法》修正中明确的规定，其主要的适用情形为在起诉被告不履行法定职责的案件中，原告应当提供其向被告提出申请的证据。[1] 第四，法院不仅审查事实问题，也可以对明显不当的行政处罚予以变更，[2] 这说明司法机关可以就合理性问题进行有限的审查。例如，在打架斗殴的行政处罚案件中，如果对涉事双方均处以五天的拘留，一般符合常理；但如果一方被拘留七日，另一方仅被拘留三日，这就可能引发合理性争议。在这种情况下，法院可以基于合理性原则

〔1〕 参见《行政诉讼法》(2014 修正) 第三十八条。

〔2〕 参见《行政诉讼法》第七十七条第一款。

进行审查，并酌情作出调整。同样地，在罚款环节，如果法定罚款幅度为500元到3000元，行政机关选择罚款3000元而非500元，则必须根据违法行为的性质、情节以及社会危害结果等进行全面、综合的评价，以作出合理的判断。在这一过程中，法官依法享有自由裁量权，可以根据具体情况对行政处罚的合理性进行审查和判断。

二、中国行政诉讼制度的发展

自《行政诉讼法》实施以来，中国的行政诉讼制度取得了长足的进步，各类行政争议得到妥善解决。以杭州市西湖区为例，2023年西湖区行政诉讼发案146件，[1] 2024年全区发生一审行政诉讼案件229件，[2] 行政诉讼制度在基层实践中成为解决行政争议、促进依法行政的重要途径。据最高人民法院公布的数据，2024年，全年受理行政一审案件近30万件，案件类型已经基本囊括了所有的行政领域。[3]

在2000年，为了适应新的行政诉讼形势，最高人民法院发布了《最高人民法院关于执行〈中华人民共和国行政诉讼法〉若干问题的解释》（于2018年2月8日废止），为后续的行政诉讼法修改进行了创新与探索。相较于1990年施行的《行政诉讼法》，后续的行政

〔1〕参见《杭州市西湖区司法局2023年法治政府建设年度报告》，载杭州市西湖区人民政府官网2024年3月6日，https：//www. hzxh. gov. cn/art/2024/3/6/art_ 1229346873_ 59036465. html。

〔2〕参见《西湖区司法局2024年度法治政府建设报告》，载杭州市西湖区人民政府官网2025年2月28日，https：//www. hzxh. gov. cn/art/2025/2/28/art_ 1229346873_ 59044798. html。

〔3〕参见《最高人民法院公布2024年司法审判工作主要数据》，载最高人民法院网2025年1月26日，https：//www. court. gov. cn/zixun/xiangqing/453701. html。

诉讼法修订方向主要集中在受案范围不断拓宽、起诉条件逐步放宽、证据制度进一步完善以及审判方式日趋成熟几个方面。

（一）行政诉讼的受案范围变宽

1990年《行政诉讼法》施行后，部分行政机关认为行政诉讼的受案范围太过宽泛，一些司法解释也限缩行政诉讼的受案范围。例如，1992年12月1日，最高人民法院、公安部发布的《关于处理道路交通事故案件有关问题的通知》（于2013年1月18日废止）第四条规定便排除了将交通事故责任认定纳入行政诉讼受案范围的可能性。[1]《最高人民法院关于执行〈中华人民共和国行政诉讼法〉若干问题的解释》的发布便是为了纠正当时行政诉讼受案范围被限缩的局面。其能得以顺利实施的一个重要原因在于，行政机关逐渐接受了在诉讼中可能作为被告的角色定位。以我的亲身经历为例，2004年上半年，我还在法院担任法官，同年下半年我调入法制办后便开始处理行政诉讼案件，以被告的代理人身份作为应诉方参与诉讼活动。这种角色的转换在初期往往令人难以接受，但经过多年的实践与磨合，大多数行政人员逐渐适应并认可了这种制度安排。根据现行的《行政诉讼法》，行政诉讼的受案范围越来越宽，主要体现在以下几点。

第一，明确界定了行政行为可诉性的外延。在实践中，相当一部分应当受理而没有受理的案件，就是在行政行为可诉性的判断上出现了偏差。目前，法律、法规、规章授权的组织作出的行政行为

---

〔1〕《最高人民法院、公安部关于处理道路交通事故案件有关问题的通知》第四条规定："当事人仅就公安机关作出的道路交通事故责任认定和伤残评定不服，向人民法院提起行政诉讼或民事诉讼的，人民法院不予受理……"

都属于行政诉讼的受案范围。[1] 例如，行使行政职权的非行政机关组织是否能成为被告的问题，过去可能存在争论，但现在已经有很清晰的结论。如学校作为法律、法规授权的履行部分教育行政管理职责的教育机构，在行使其教育管理职权时，便可能成为行政诉讼中的被告。[2] 当然，对于教育权和受教育权是否属于纯粹的行政管理职权，存在不同的理解。学生缴纳学费，学校履行教学义务并为学生颁发毕业证，这种基于当事人契约而形成的权利义务关系，似乎也可理解为一种民事关系。不过无论如何，为确保受理条件的统一性、充分保证相对人救济权利，《行政诉讼法》还是选择将此类行为纳入行政诉讼的受案范围。又如，当村民委员会依据法律法规管理村集体土地征收补偿费用时，其虽非传统意义上的行政机关，却因法律授权成为行政主体，能够作为适格被告参与诉讼。

第二，明确界定了不可诉行政行为的外延和内涵。现行《行政诉讼法》第十三条明确将四类行为排除在受案范围之外。[3] 其一，国家行为具有显著政治属性，其行为主体和内容具有特定性。以往把征兵、退役军人安置、军事设施保护和签发护照等行为视作国家

〔1〕《行政诉讼法》第二条 公民、法人或者其他组织认为行政机关和行政机关工作人员的行政行为侵犯其合法权益，有权依照本法向人民法院提起诉讼。

前款所称行政行为，包括法律、法规、规章授权的组织作出的行政行为。

〔2〕《最高人民法院关于适用〈中华人民共和国行政诉讼法〉的解释》第二十四条第三款规定："当事人对高等学校等事业单位以及律师协会、注册会计师协会等行业协会依据法律、法规、规章的授权实施的行政行为不服提起诉讼的，以该事业单位、行业协会为被告。"

〔3〕《行政诉讼法》第十三条 人民法院不受理公民、法人或者其他组织对下列事项提起的诉讼：

（一）国防、外交等国家行为；

（二）行政法规、规章或者行政机关制定、发布的具有普遍约束力的决定、命令；

（三）行政机关对行政机关工作人员的奖惩、任免等决定；

（四）法律规定由行政机关最终裁决的行政行为。

行为，这显然超出了国家行为的内涵。其二，抽象行政行为不可诉。抽象行政行为与具体行政行为的区分要点主要在于是否可以反复适用，若一个行政行为可以普遍、持续地适用，那么它就符合抽象行政行为的特征。其三，内部行政行为不可诉。内部行政行为，是指行政主体在内部行政组织管理过程中所作的，仅对行政组织内部人员产生法律效力的行政行为，包括行政处分以及行政机关对其工作人员作出的奖惩任免等决定。与高校和学生之间的权利义务关系相类似，内部行政行为同样可以从不同的视角看待。例如，公务员在国家机关上班，这与职工在企业内上班的关系相仿，从这个角度而言完全可以把行政人员与行政机关的关系视作劳动关系。基于此，在未来，内部行政行为亦可能具有可诉性。其四，终局行政行为不可诉。终局行政行为必须由法律规定，法规与规章不得规定。比较典型的终局行为有国务院复议裁决以及对外国人的遣送出境措施等。[1]

第三，明确受案标准，将确实不该受理的行为予以排除。明确排除在受案范围之外的事项有以下几项。其一，公安、国家安全等机关依照《刑事诉讼法》的明确授权实施的行为。对刑事案件侦查过程中采取的查封、扣押、限制人身自由等措施是依照《刑事诉讼法》的授权实施的行为，[2] 并非行政行为，故不能提起行政诉讼。其二，调解行为以及法律规定的仲裁行为。经人民调解委员会调解达成的协议具有民法上的约束力，就调解协议的履行或者协议内容有争议的，应当向人民法院提起民事诉讼，而非行政诉讼。[3] 同理，

〔1〕 参见《行政复议法》第二十六条；《出境入境管理法》第六十四条。

〔2〕 参见《刑事诉讼法》第三、一百零二条。

〔3〕 参见《人民调解法》第三十二条。

对仲裁协议有异议的，可以请求仲裁委员会或人民法院作出决定，而不应提起行政诉讼。[1] 其三，行政指导行为。行政指导本身并不具有强制性，但在实践中存在变相强制的现象，这完全背离了立法本意。对此，建议制定专门规制行政指导行为的法律法规。除上述内容之外，还有驳回当事人对行政行为提起申诉的重复处理行为以及对公民、法人或者其他组织权利义务不产生实际影响的行为等等。

总结行政诉讼受案范围的演变趋势，主要可以归纳为以下四点。其一，从法律行为扩大到事实行为。例如，在公安机关依据《治安管理处罚法》对违法人员执行拘留时，相对人出现一些不配合的举动，公安机关工作人员随即实施掌掴行为。这种行为不是法律行为而是事实行为。针对此类情形，当事人有权提起诉讼。[2] 试举一例，一名男子深夜醉酒后在公共场合言行失序，引发邻居恐慌继而报警。民警到场后拟将其带离，因男子拒不配合，执法过程中发生肢体冲突，民警挥拳致其遭受重击，造成该男子手部粉碎性骨折。后来，该男子提起行政诉讼并要求国家赔偿，最后获赔。可见，执法人员一定要谨记行政执法活动也在《行政诉讼法》的监管范畴之内，执法活动务必遵循合理合法的原则。其二，受案范围从单方行为扩大到双方行为，而双方行为主要包括一些行政协议。其三，受案范围从涉及人身权、财产权的行政行为，扩展到除政治权利以外的包含所有其他权益的行政行为。一名来自嘉兴的人员前往西湖区公安分局，提交了一份游行示威的申请，但该申请遭到拒绝。此时，按照

〔1〕参见《仲裁法》第二十条。

〔2〕《行政诉讼法》第十二条第一款规定："人民法院受理公民、法人或者其他组织提起的下列诉讼：……（十二）认为行政机关侵犯其他人身权、财产权等合法权益的……"

规定他可以向人民政府申请一次复议。[1] 集会、游行、示威等权利属于政治权利，此时人民政府受理该申请，并不是严格意义上的行政复议，或者说不是《行政复议法》意义上的行政复议。所以此处的“复议”其实用“申请复核”更为合适。其四，将申请行政机关履行法定职责的行为纳入受案范围。不履行法定职责分为两种，一种是消极不作为，另一种则是积极不作为。其中，后者是普遍意义上的不作为，是可以提起行政诉讼的情形。

（二）起诉条件更加宽松

起诉条件更加宽松的首要体现便是对原告资格限制的放宽。《最高人民法院关于执行〈中华人民共和国行政诉讼法〉若干问题的解释》对原告资格进行了修正，其第十二条规定：“与具体行政行为有法律上利害关系的公民、法人或者其他组织对该行为不服的，可以依法提起行政诉讼。”后续《行政诉讼法》的修改也遵循了这一规定。对于这个问题，试举一例，某市场监管部门对一家有限责任公司作出了罚款 3 万元的行政处罚决定，公司内部产生了股权争议，持有公司印章的总经理对该处罚不愿提起行政诉讼，其他两名股东则认为公司受罚会影响其分红。若依据以往严格的原告资格规定，在总经理拒绝起诉且其他股东无权自行提起诉讼的情况下，这两位股东将陷入无法获得法律救济的困境。此时，放宽对原告资格的限制，允许与行政行为有利害关系的主体皆可提起诉讼，能最大程度上保障这两位股东的权益。

起诉条件更加宽松的第二个方面体现在行政诉讼的前置条件规定上。除了法定的复议前置情形外，当事人都可以直接提起诉讼。

---

〔1〕 参见《集会游行示威法》第十三条。

最初，《行政复议法》规定的复议前置情形仅限于自然资源权属争议，[1] 经过法律的多次修订，目前的复议前置情形还包括了对当场作出的行政处罚决定不服、认为行政机关存在未履行法定职责以及申请政府信息公开而未公开等情形。[2] 复议机关维持原行政行为的，原告可将原机关和复议机关列为共同被告；复议机关改变原行为的，原告可选择起诉原机关或复议机关。这种灵活的诉讼方式，使当事人得以能根据复议结果调整诉讼策略，降低了诉讼门槛。

第三个方面在于起诉期规定更加宽裕。最初的行政诉讼起诉期限是自相对人知诉权起三个月。[3] 后续的修法对该期限作了修改，并针对特殊情形制定了特别规定。目前的《行政诉讼法》规定起诉期为相对人知诉权起六个月，并规定了一般案件的最长起诉期为五年，不动产案件为行为作出之日起二十年。[4]

（三）行政诉讼证据制度进一步完善

行政诉讼制度的完善还包括证据制度方面。第一，《最高人民法院关于执行〈中华人民共和国行政诉讼法〉若干问题的解释》对行政诉讼中的举证责任分配进行了创新。关于被告的举证责任，该解释第二十六条第一款规定："在行政诉讼中，被告对其作出的具体行政行为承担举证责任"；对于原告可以举证的事项，该解释也进行了

〔1〕 参见《行政复议法》（1999）第三十条。
〔2〕 参见《行政复议法》第二十三条。
〔3〕 参见《行政诉讼法》（1989）第三十九条。
〔4〕 参见《行政诉讼法》第四十六条。

列举。[1] 同时，该解释新增了相对人可以举证的规则，这是一项重要创举。打官司就是打证据，如果原告掌握对自己有利的证据，完全有权向法庭提供。原告对特定事项进行举证，也有利于全面还原案件事实，更为有效地解决纠纷。

第二，《最高人民法院关于执行〈中华人民共和国行政诉讼法〉若干问题的解释》也进一步明确被告的举证方式和期限，规定被告应当在收到起诉状副本之日起10日内提交答辩状，并提供作出具体行政行为时的证据、依据；被告不提供或者无正当理由逾期提供的，应当认定该具体行政行为没有证据、依据。[2] 该规定中的“依据”是指法律、法规和规章，被告应当提供相关法律、法规和规章的完整条文。此举的必要性在于，中国的法律、法规和规章处于不断修订的过程中，行政机关作出行政行为时，必须确保其依据的法律、法规和规章仍具有效力。部分行政机关的工作人员认为，只要提供了某项条文即视为履行了举证责任，这是完全不正确的。法院审查需要重视法律适用问题，特别是在新旧法律交替时期，提供完整的条文显得尤为必要。

第三，限制了被告补充证据的范围。原则上，被告应当在法定的期限内提供证据，特殊情况下可以在期限外进行补充。[3] 特殊情

〔1〕《最高人民法院关于执行〈中华人民共和国行政诉讼法〉若干问题的解释》第二十七条 原告对下列事项承担举证责任：

（一）证明起诉符合法定条件，但被告认为原告起诉超过起诉期限的除外；

（二）在起诉被告不作为的案件中，证明其提出申请的事实；

（三）在一并提起的行政赔偿诉讼中，证明因受被诉行为侵害而造成损失的事实；

（四）其他应当由原告承担举证责任的事项。

〔2〕参见《最高人民法院关于执行〈中华人民共和国行政诉讼法〉若干问题的解释》第二十六条第二款。

〔3〕参见《最高人民法院关于执行〈中华人民共和国行政诉讼法〉若干问题的解释》第二十八条。

况具体包括两种情形：其一，被告在作出具体行政行为时已经收集证据，但因不可抗力等正当事由而无法提供的。试举一例，某行政机关在作出行政行为时已经收集了证据，但行政诉讼发生时，行政机关的首长因公出差而无法及时对证据进行签字、盖章。这种情况下就可以允许行政机关在法定举证期限外进行举证。其二，原告或者第三人在诉讼过程中，提出了其在被告实施行政行为过程中没有提出的反驳理由或者证据的。比较常见的情形是，行政机关在作出行政行为时，本应按照规定听取相对人陈述和申辩，但是相对人在该阶段并未进行陈述和申辩，于诉讼阶段才提出反驳的证据。此种情形下，为保证举证局面的相对平衡，应当认为被告有正当理由补充相关证据。当然，即便允许被告补充证据，仍然要确保这些证据是在作出行政行为时就已经取得。如果证据是在行政行为作出后才收集的，法院应当不予认可。

第四，限制了法院的取证范围。原则上，法院在行政诉讼中不能主动调取证据。法院主动调取证据，主要是两种情形。一是，原告或者第三人及其诉讼代理人提供了证据线索，但无法自行收集而申请人民法院调取的；二是，当事人应当提供而无法提供原件或者原物的。[1] 以不动产纠纷形成的行政诉讼为例，部分原告因搬迁导致不动产登记证遗失。在以前，数字化改革并未推广，不动产登记证的补办程序较为繁琐。一旦证件遗失且面临诉讼，便可能遇到产权归属无法证明的困境。此时，相对人可以申请法院调取相关证据。再举一例，行政机关认为一处建筑物是违章建筑，建筑物所有人明确主张曾依法办理建设工程规划许可证，但所有人无法直接提供建

〔1〕 参见《最高人民法院关于执行〈中华人民共和国行政诉讼法〉若干问题的解释》第二十九条。

设工程规划许可证。这种情况下，建筑物所有人也可以申请法院调取相关证明。

第五，初步确立了非法证据的排除规则。《最高人民法院关于执行〈中华人民共和国行政诉讼法〉若干问题的解释》共确立了两种非法证据排除的情形。一是，被告及其诉讼代理人在作出具体行政行为后自行收集的证据；二是，被告严重违反法定程序收集的其他证据。[1] 此外，《最高人民法院关于执行〈中华人民共和国行政诉讼法〉若干问题的解释》规定了未经法庭质证的证据不能作为人民法院裁判的根据。[2]

（四）行政审判方式日趋成熟

审判方式的日渐成熟主要体现在两大方面。第一，正当程序规则普遍得到接受；第二，合法性审查原则[3]、被告举证原则[4]以及不调解原则[5]得以贯彻落实。需要说明的是，目前推行的调解方式，实际上是通过引导相对人与行政机关在诉前达成和解，进而由相对人撤回起诉来解决纠纷，而真正意义上的行政调解应当是在行政行为实施过程中进行的调解。为什么当年会规定不调解的原则？一个非常重要的原因是担心行政权力在调解中被滥用，进而影响国家行政权力的正常运行。下述离婚案件可充分说明这一原因。一对夫妻因为探望权的行使产生争执，公安机关调解六个月无果。公安

---

〔1〕 参见《最高人民法院关于执行〈中华人民共和国行政诉讼法〉若干问题的解释》第三十条。

〔2〕 参见《最高人民法院关于执行〈中华人民共和国行政诉讼法〉若干问题的解释》第三十一条第一款。

〔3〕 参见《行政诉讼法》第六条。

〔4〕 参见《行政诉讼法》第三十四条。

〔5〕 参见《行政诉讼法》第六十条第一款。

机关既没有促成调解的达成，又没有作出终局性裁决，导致争议陷入了僵局，这实际上就是对调解的滥用。

三、中国行政诉讼制度的完善

多年的实践表明，《行政诉讼法》对中国民主法治建设产生了巨大的影响，它极大地推动了政府职能的转变，也让各级官员意识到行政权力是受到约束的。同时，人民法院独立行使审判权这一原则也通过行政诉讼制度得到了巩固和发展。

针对过去《行政诉讼法》中存在的问题，历经几轮修正。2015 年 5 月 1 日起施行的修正后的《行政诉讼法》得以在民主与法治建设进程中发挥更为显著且有效的作用，主要体现在以下几个方面。

第一，改变立法目的。过去的立法目的还包括维护行政机关依法行使行政职权，[1] 修正后的《行政诉讼法》就只保留了监督行政机关的相关表述。[2]

第二，进一步推进行政审判制度改革，正式将起诉期限延长至六个月，[3] 并确立了立案登记制。[4]

第三，进一步扩大受案范围，保障相对人的诉权。2014 年的修法主要增加了以下几种可诉情形：（1）对征收、征用决定及其补偿

〔1〕参见《行政诉讼法》（1989）第一条。

〔2〕参见《行政诉讼法》（2014 修正）第一条。

〔3〕参见《行政诉讼法》（2014 修正）第四十六条第一款。

〔4〕参见《行政诉讼法》（2014 修正）第五十一条第一款。

决定不服的；（2）认为行政机关违法集资、摊派费用或者违法要求履行其他义务的；（3）认为行政机关没有依法支付抚恤金、最低生活保障待遇或者社会保险待遇的；（4）认为行政机关不依法履行、未按照约定履行或者违法变更、解除政府特许经营协议、土地房屋征收补偿协议等协议的。[1]

第四，改革行政诉讼管辖制度。2014 年修法规定县级以上人民政府的行为都归中院管辖。[2] 当时社会上存在一种误解，认为只要将法院级别提高就可以提高审判能力。但是大量的案件涌入中院后，产生了诉讼挤兑的嫌疑，给法院带来了巨大的办案压力。管辖制度的另一创新是实行跨区域管辖。《行政诉讼法》第十八条第二款规定："经最高人民法院批准，高级人民法院可以根据审判工作的实际情况，确定若干人民法院跨行政区域管辖行政案件。"这种跨区域、交叉的审判方式可以减少一个辖区内潜在的司法干预行为，对于实现公正司法有重要意义。行政诉讼的管辖制度依然有值得思考的空间，鉴于行政工作的专业性以及行政权力运作的复杂性，可以考虑专门设置处理行政纠纷的行政法院。

第五，复议机关可作为共同被告。《行政诉讼法》对复议维持和复议不作为时的被告列明方式分别作出规定。[3] 1990 年 10 月 1 日起实施的《行政诉讼法》规定，行政复议机关作出复议维持决定的，

---

〔1〕 参见《行政诉讼法》（2014 修正）第十二条。

〔2〕 参见《行政诉讼法》（2014 修正）第十五条。

〔3〕《行政诉讼法》第二十六条第二款规定："经复议的案件，复议机关决定维持原行政行为的，作出原行政行为的行政机关和复议机关是共同被告；复议机关改变原行政行为的，复议机关是被告。"第二十六条第三款规定："复议机关在法定期限内未作出复议决定，公民、法人或者其他组织起诉原行政行为的，作出原行政行为的行政机关是被告；起诉复议机关不作为的，复议机关是被告。"

作出原行为的机关是被告。[1] 原先的规定是复议机关作出维持决定后不会成为被告，导致复议机关为了减轻自身责任而倾向于作出复议维持的决定。对该款规定进行修改后，复议机关若作出复议维持的决定，则会在行政诉讼中成为共同被告，此举加重了复议机关的责任，也督促复议机关全面、积极地履行复议职责。

第六，行政首长应当出庭应诉。《行政诉讼法》第三条第三款规定："被诉行政机关负责人应当出庭应诉。不能出庭的，应当委托行政机关相应的工作人员出庭。"2018 年发布并实施的《最高人民法院关于适用〈中华人民共和国行政诉讼法〉的解释》又对行政机关负责人出庭应诉这一制度进行了补充规定：（1）明确行政机关负责人包括行政机关的正职、副职负责人以及其他参与分管的负责人；（2）规定行政机关负责人出庭应诉的，可以另行委托一至二名诉讼代理人。[2] 对行政机关负责人出庭应诉制度进行补充规定的主要目的在于更为高效地推动庭审活动进行。中国作为行政主导型的国家，行政效率非常高，但也导致行政首长的时间安排极为紧张，如何平衡法院的庭审需要和行政机关负责人的公务活动，成为了一个难题。行政机关负责人出庭应诉制度的本意是为相对人与行政机关负责人提供良好的交流机会，但是由于行政公务的繁忙，让行政机关正职负责人出席每一次庭审确有难度，所以对负责人的范围进行扩大解释并无不可。允许不熟悉庭审流程的行政机关负责人委托诉讼代理人也使其更好地应对庭审活动，促进诉讼活动的高效推进。《最高人民法院关于行政机关负责人出庭应诉若干问题的规定》第十四条第

[1] 参见《行政诉讼法》（1989）第二十五条第二款。

[2] 参见《最高人民法院关于适用〈中华人民共和国行政诉讼法〉的解释》第一百二十八条。

一款规定："人民法院可以通过适当形式将行政机关负责人出庭应诉情况向社会公开。"这条规定在督促行政机关负责人出庭应诉方面也起到了积极的推动作用。以杭州市西湖区为例，2024 年，西湖区一审行政诉讼案件 229 件，而行政机关负责人出庭率达到了 100%。[1]

对于行政诉讼未来的发展，应当从以下几个维度进行完善。首先，需要设置更为具体、合理的审判程序规则，包括起诉、答辩、质证和辩论等环节。其次，需要增强庭审的公开性。甚至可规定行政诉讼案件必须当庭宣判。其好处在于可以减少行政干预和司法干预的可能性，避免让案件在判决结束前受到不合理的影响。再次，应当平衡诉讼权利与审判权的关系，加强诉讼权利对审判权的制约。最后，需进一步完善行政附带民事审判的审判制度。虽然制度上已经确立，但在实践中这种审判制度还是缺乏一些具体的操作性规定。

对于行政诉讼制度内在的合理性，也应当进行深入的思考。第一，复议维持时复议机关作为共同被告的问题。原机关与复议机关作为共同被告会产生两个问题。一是，两个行政机关的负责人都需出庭应诉，这显著增加了诉讼成本；二是，以复议机关为被告，事实上扭曲了行政复议的性质定位，导致复议不再具有原本的中立性和独立性，原先的三方主体构造变成了事实上的双方主体构造。第二，行政机关负责人应诉制度在行政机关级别提高时，实施难度也会大幅提高。毕竟，一个县长和一个省长出庭是完全不一样的概念。此外，由于行政机关负责人实际上对案件事实以及诉讼流程的掌握程度不够，如何确保行政机关负责人应诉制度实现其应有价值也是

〔1〕 参见《西湖区司法局 2024 年度法治政府建设报告》，载杭州市西湖区人民政府官网 2025 年 2 月 28 日，https://www.hzxh.gov.cn/art/2025/2/28/art_1229346873_59044798.html。

值得进一步思考的问题。第三，行政判决方式上的合理性。例如，维持判决和驳回原告诉讼请求，这两种判决方式的实际法律效果基本一致，两者并存的必要性值得商榷。

四、行政赔偿制度概述

行政赔偿是国家赔偿中重要的组成部分。行政赔偿是与行政诉讼紧密联系的制度，从某种意义上看，行政赔偿就是一种特殊的行政诉讼制度。二者均以制约公权力、保障公民合法权益为核心目标。行政诉讼通过司法审查纠正违法行政行为，国家赔偿则通过经济补偿修复因公权力不当造成的损害，两者共同构成了公民权利救济的完整链条。赔偿机构支付赔偿款后，可向具体责任人追偿。[1]

（一）国家赔偿制度的历史沿革

在19世纪以前，没有哪个国家明确规定国家机关及其工作人员的侵权行为需承担赔偿责任。19世纪至20世纪初，随着国家职能的迅速扩展，国家侵权现象也日益增多，加上民权运动的高涨，国家赔偿进入相对肯定阶段。第二次世界大战结束后，随着世界经济的迅猛发展，各国民主政治、人权事业取得长足进步，许多国家通过判例或立法形式建立健全了国家赔偿制度。例如瑞士《民法典》第69条确立了国家赔偿制度，1958年的《联邦与雇员赔偿责任法》进一步扩大和健全了国家赔偿制度。美国、日本、英国等国也相继公

〔1〕 参见《国家赔偿法》第十六条第一款。

布了国家赔偿法。

（二）中国的国家赔偿制度的发展历程

第一阶段，制度雏形阶段。1949年以前的国家赔偿制度是由当时的中华民国政府通过宪法和特别法确立的。这些所谓的法律在当时战乱的环境下无法真正得到实施，但从法史的发展角度而言，应当认可国家赔偿制度已经在1949年之前建立。中国关于国家赔偿的最早规定见于1934年《中华民国宪法草案》中。该草案于1946年12月由制宪国民大会通过，标志着国家正式承认国家赔偿制度。

第二阶段，依赖政策实施的阶段。1954年《宪法》第九十七条中规定："由于国家机关工作人员侵犯公民权利而受到损失的人，有取得赔偿的权利。"这是首次以宪法的形式确立了国家赔偿制度。但是，这些规定由于没有具体的操作程序，始终没有成为真正法律意义上的国家赔偿制度，这一时期的国家赔偿制度并没有真正地发挥作用。1976年以后，中国重点对历次政治运动中受到冲击和迫害的人平反昭雪，采取了补发工资、发放生活困难补助费、返还被查抄没收的财产、安排工作等方式进行赔偿和补偿。这段时间的国家赔偿由于没有具体的规则，更像是政策的产物，缺乏普遍实施的可能性。

第三阶段，国家赔偿制度的初步建立。1989年，中国颁布了具有里程碑意义的《行政诉讼法》，这是国家赔偿制度发展的重要突破口。该法赋予行政相对人对行政机关作出的具体行政行为不服可以提起行政诉讼的权利，同时还规定因违法行为受到损害的，有取得国家赔偿的权利。[1] 当然，它的缺陷也很明显，如没有对具体行政

〔1〕 参见《行政诉讼法》（1989）第六十七条。

行为以外的行为造成的损害作出规定，也没有涉及司法行为的赔偿制度等。

第四阶段，正式确立国家赔偿制度。1994 年 5 月，全国人大常委会通过了《国家赔偿法》，并于 1995 年 1 月 1 日起施行。1995 年，国务院发布《国家赔偿费用管理办法》（于 2011 年 1 月 17 日废止），对国家赔偿费用的分级财政列支、赔偿费用的申请核拨条件、程序、追偿制度以及法律责任等作了明确的规定。此外，1994 年 12 月发布《最高人民法院关于贯彻执行〈中华人民共和国国家赔偿法〉设立赔偿委员会的通知》，要求中级以上法院设立赔偿委员会，专门审理司法侵权赔偿案件。由此开始，国家赔偿制度得以正式确立。

自国家赔偿制度确立以来的一段时间内，法院审结的相关案件数量以及赔偿金额呈上升趋势，体现了这一补偿机制的重要作用。2006 年全年审结国家赔偿案件 2323 件，判处赔偿金额 3484 万元；审结行政赔偿案件 3236 件，赔偿金额 8716 万元。[1] 近两年，行政赔偿案件数量趋于稳定，2024 年全年审结国家赔偿案件 6721 件。[2] 试举一涉及百万余元的赔偿案件，张某和张某某系叔侄二人，20 多年前的一天他们从安徽出发前往上海，在途经杭州时，他们搭载了一位年轻女性。小姑娘下车后的第二天，有人在一处溪沟中发现了她的尸体。叔侄二人被认定为主要嫌疑人，两人分别被判处死缓和有期徒刑十余年。后来，他们坚持申诉，在案发后十年，浙江省高级人民法院再审改判二人无罪，并赔偿叔侄二人共计百万余元的赔偿款。这个案件的改判产生了重大的社会影响。

---

〔1〕 参见《2006 年全国法院审判执行工作统计》，载中国法院网 2007 年 3 月 14 日，https：//www. chinacourt. org/article/detail/2007/03/id/238930. shtml。

〔2〕 参见《最高人民法院工作报告》，载中国政府网 2025 年 3 月 13 日，https：//www. gov. cn/yaowen/liebiao/202503/content_ 7013680. htm。

（三）现行国家赔偿制度的特点

现行国家赔偿制度具有四大特点，具体表现为国家承担责任且行政机关履行赔偿义务、赔偿范围的有限性、赔偿方式和赔偿标准的法定化以及赔偿程序的多元化。

第一，国家承担责任，最终支付赔偿费用，并且由行政机关作为赔偿义务机关履行具体的赔偿义务。[1] 而作出侵权行为的公务人员个人并不直接向受害人承担赔偿责任、履行赔偿义务。这就与“谁侵权谁赔偿”的民事赔偿责任不同。由于国家是一个极其抽象的主体，不可能履行具体的赔偿义务，因此法律规定了由行政机关作为赔偿义务机关履行赔偿义务。

第二，赔偿范围的有限性。立法机关、军事机关、司法机关的行为，即使造成了损害，国家也不承担责任。此外，法院对民事、经济、行政案件的错判，行政机关因抽象行政行为造成的损害，均不在国家赔偿的范围内。国家赔偿的范围由《国家赔偿法》明文规定，[2] 在其明确的赔偿条款外的事项一般都不予赔偿。《国家赔偿法》第五条明确规定的国家不承担赔偿责任的事项有：行政机关工作人员与行使职权无关的个人行为，因公民、法人和其他组织自己的行为致使损害发生的以及法律规定的其他情形。可见，国家赔偿的范围是相对有限的。

第三，赔偿方式、标准的法定化。国家赔偿以支付赔偿金为主要方式，以返还财产、恢复原状为辅助方式。[3] 对于多数损害，国

〔1〕参见《国家赔偿法》第七条。

〔2〕参见《国家赔偿法》第三、四、十七、十八条。

〔3〕参见《国家赔偿法》第三十二条。

家并不按受害人的要求和实际损失给予赔偿，而是按照法定的标准，以满足受害人基本生存与生活需求为原则，给予适当的赔偿。《国家赔偿法》第三十三条规定：“侵犯公民人身自由的，每日赔偿金按照国家上年度职工日平均工资计算。”由此就会产生一个值得思考的问题，如果受到人身自由侵害的是农民，会不会产生同命不同价的问题？这也是法理学中一个非常经典的议题。

第四，赔偿程序的多元化。《国家赔偿法》规定了行政赔偿程序、司法赔偿程序等，相关程序各有不同。受害人要求行政赔偿的，可以直接向赔偿义务机关提出，也可以在行政复议和行政诉讼中提出。[1] 受害人提出司法赔偿的，首先应当向赔偿义务机关提出，然后向上级机关提出，最后才能向法院赔偿委员会提出，但不能提起诉讼。[2]

〔1〕 参见《国家赔偿法》第九条第二款。

〔2〕 参见《国家赔偿法》第二十二、二十四、二十五条。

附录一　行政诉讼案例五则

一、信访投诉与行政履职申请之甄别[1]

（一）案情

上诉人范某某自2002年起开始利用干窑镇白龙潭60亩水域从事渔业养殖。2012年11月20日，范某某致信嘉善县环境保护局投诉河道污染严重、养殖业受损一事，要求职能部门认真履行职责，依法查处，弥补损失，并作出具体行政行为。信中反映，2012年5月以来有人养殖生猪，开办餐具洗涤厂，所产生的污水排入河道，造成水质严重污染，养殖鱼类大量死亡。2012年11月21日，嘉善县环境保护局收到范某某的投诉信件。2012年12月31日，范某某以其向嘉善县环境保护局投诉反映问题后，嘉善县环境保护局未履行法定职责为由，向嘉善县人民政府申请行政复议，要求责令嘉善县环境保护局履行法定职责。2013年2月26

〔1〕惠忆、赵青航：《信访投诉与行政履职申请之甄别》，载浙江省高级人民法院编：《案例指导》（2014年卷），中国法制出版社2015年版。文中案例系最高人民法院于2014年2月18日在《人民法院报》公布的人民法院保障民生典型案例之一，刊载于《最高人民法院公报》2014年第10期，并被评为浙江省法院优秀案例。

日，嘉善县人民政府作出行政复议决定，该决定认为，依据《信访条例》（于2022年5月1日废止，被《信访工作条例》取代）第二十二条第二款的规定，有关行政机关收到信访事项后，能够当场答复是否受理的，应当当场书面答复；不能当场答复的，应当自收到信访事项之日起15日内书面告知信访人。被申请人嘉善县环境保护局未提交证据证明对范某某信访事项的登记受理情况，应当认为被申请人嘉善县环境保护局已经受理该信访事项。根据《信访条例》第三十三条的规定，被申请人嘉善县环境保护局自2012年11月21日收到信访申请，至2012年12月31日范某某申请行政复议之时，仍在《信访条例》所规定的办理期限内。根据《行政复议法实施条例》第十六条第一款的规定，公民、法人或者其他组织申请行政机关履行法定职责，行政机关未履行的，有履行期限的，行政复议申请期限自履行期限届满之日起计算。故本案行政复议申请期限应当按照《信访条例》规定的履行期限届满之日起计算。据此，范某某申请行政复议不符合《行政复议法实施条例》第二十八条第四项规定，未在法定申请期限内提出。依照《行政复议法实施条例》第四十八条第一款第二项的规定，决定驳回范某某的行政复议申请。范某某对该《行政复议决定书》不服，向法院提起诉讼。

（二）审理

一审法院经审理认为：根据《水污染防治法》（2008修订）第八、十七条的规定，以及该法所明确的环境保护主管部门可通过排污许可、排污监测、日常检查、行政处罚等方式对向水体排放污染物的主体进行管理，故环境保护主管部门对水污染防治具有法定监督管理职责。原告范某某在信中陈述，位于河岸旁的生猪养殖场和餐具消毒店存在向河道排放污染物的行为，引发水质污染，导致其养殖的鱼类大量死亡。其去信的目的是请求嘉善县环境保护局履行法定职责，对河道排污问题进行调查处理，并作出责令停止排污的行政决定，解决水质污染问题。因此，范某某向嘉善县环境保护局投诉的行为符合要求履行法定职责的本质特征。嘉善县人民政府所作的行政复议决定将该投诉行为定性为信访，适用《信访条例》，属于适用法律、法规错误。故依照《行政诉讼法》第五十四条第二项第2目［注：现行《行政诉讼法》第七十条第二项］的规定，撤销嘉善县人民政府善政复决字〔2013〕5号行政复议决定，并责令其自本判决生效之日起在法定期限内重新作出具体行政行为。

原告范某某不服一审判决，遂上诉至浙江省高级人民法院。

二审法院经审理，对原审认定的案件事实予以确认，并认为从上诉人范某某的投诉申请事项看并非属于《信访条例》规定的信访事项范畴，而系要求被申请人嘉善县环境保护局对河道污染行为予以制止并依法进行查处，该请求事项属于被申请人的法定职责范围。因此，被上诉人嘉善县人民政府仍将上诉人的投诉事项界定为信访投诉，并依据《信访条例》的规定认为上诉人的复议申请条件尚未成就，并据此驳回上诉人的行政复议申请，属于认定事实不清，证据不足，依法应予撤销并判令其重作。

（三）评析

本案的审查对象为嘉善县人民政府所作的行政复议决定适用法律、法规是否正确。本案的争议焦点是上诉人范某某致信嘉善县环境保护局的投诉行为，究竟属于向行政机关信访，还是要求行政机关履行法定职责。本案的复议机关嘉善县人民政府认为，上诉人范某某的投诉行为属于向行政机关信访，但一审法院与二审法院均将范某某的投诉行为定性为要求行政机关履行法定职责。

须知，公民向行政机关信访与要求行政机关履行法定职责是不同的法律关系。法官在办理该类型的案件时，首先应当甄别当事人提供的信件的性质，再依法裁判。笔者认为，二者的区别在于：第一，概念不同。“信访”作为法律概念，源于2005年国务院颁布的《信访条例》第二条，其是指公民、法人或者其他组织采用书信、电子邮件、传真、电话、走访等形式，向各级人民政府、县级以上人民政府工作部门反映情况，提出建议、意见或者投诉请求，依法由有关行政机关处理的活动。该概念将信访类型划分为批评、建议式信访和行政救济式信访。显然，本案中嘉善县环境保护局将范某某的投诉行为定性为行政救济式信访。在理解“要求行政机关履行法定职责”这一概念时，须参见《行政诉讼法》第十一条第一款第五项［注：现行《行政诉讼法》第十二条第一款第六项］的规定，“人民法院受理公民、法人和其他组织对下列具体行政行为不服提起的诉讼：……（五）申请行政机关履行保护人身权、财产权的法定职责，行政机关拒绝履行或者不予答复的”。通过该条规定，可知公民“要求行政机关履行法定职责”必须符合三个条件：一是行政机关负有保护公民、法人或者其他组织人身权、财产权的法定职责；二是行政机关在公民、法人或者其他组织的人身权、财产权面临被侵害时能够履行法定保护职责；三是当事人已向行政机关提出符合法定条件的申请。本案中，根据《水污染防治法》的规定，嘉善县环境保护局具有防治水污染的法定职责，范某某以去信的形式向嘉善县环境保护局提出申请，要求嘉善县环境保护局对河道排污问题进行调查处理，解决水质污染问题，以保护其财产权。

第二，受理的事项不同。根据《信访条例》第十四条，信访受理的事项主要是信访人对特定主体[1]的职务行为进行反映情况，提出建议、意见，或者不服特定主体的职务行为而向有关行政机关提出信访事项。具体至环境信访，《环境信访办法》（于2025年1月1日废止）第十六条确立的信访人可以提出的环境信访事项包括：（1）检举、揭发违反环境保护法律、法规和侵害公民、法人或者其他组织合法环境权益的行为；（2）对环境保护工作提出意见、建议和要求；（3）对环境保护行政主管部门及其所属单位工作人员提出批评、建议和要求。公民要求行政机关履行法定职责，该职责的对象可以划分为人身权和财产权两大类别。这与中国行政诉讼的受案范围有着密切的联系，根据《行政诉讼法》的规定，行政诉讼的受案范围是涉及公民、法人或者其他组织的人身权、财产权的具体行政行为。其具有明确的职权指向，因为行政机关履行其职责，必须具有相应的职权。所以，法官在对公民投诉的事项进行审查时，须审查申请的事项是要求履行行政管理职责，还是要求履行办理信访事项的职责。范某某的投诉源于其用于渔业养殖的水域被污染严重，致使养殖业严重受损，其投诉时明确要求职能部门认真履行职责，依法查处，并作出责令停止排污的行政决定。通过分析，作出该具体行政行为的法律依据主要是《水污染防治法》的相关规定。据此，范某某申请的事项属于要求嘉善县环境保护局履行行政管理职责。

第三，价值定位不同。《宪法》第四十一条第一款是信访这一极具中国特色的权利救济制度的宪法依据：“中华人民共和国

[1]《信访条例》第十四条规定的“特定主体”包括：（1）行政机关及其工作人员；（2）法律、法规授权的具有管理公共事务职能的组织及其工作人员；（3）提供公共服务的企业、事业单位及其工作人员；（4）社会团体或者其他企业、事业单位中由国家行政机关任命、派出的人员；（5）村民委员会、居民委员会及其成员。

公民对于任何国家机关和国家工作人员，有提出批评和建议的权利；对于任何国家机关和国家工作人员的违法失职行为，有向有关国家机关提出申诉、控告或者检举的权利，但是不得捏造或者歪曲事实进行诬告陷害。”对照《宪法》的这一规定，其第一句可对应于批评建议式信访，第二句可对应于行政救济式信访。[1] 于公民而言，“信访权是一种兼具权利救济以及政治参与和监督双重属性的法律权利”。[2] 而行政机关以作出影响行政相对人权利义务的具体行政行为的方式处理行政相对人的履职申请，是行政管理活动的具体运行，是其通过行政执法以制止危害公共利益、公民权益和维护行政管理秩序的行为。[3] 一来体现行政机关为人民服务的工作宗旨，彰显依法行政、责任行政的理念；二来促使行政机关全面履行为行政相对人提供保护的义务，有利于及时将公民置于公权力的保护之下，促使公民的合法权益得到有效保障。无疑，选择信访，抑或申请行政机关履行法定职责，均是本案当事人范某某的权利，其具有选择争议解决方式的权利，而一旦其选定以申请行政机关履行法定职责的方式维护自身的财产权益，嘉善县环境保护局无权以办理信访件之名行拒绝、推诿履行法定职责之实。

第四，行政机关的职权依据不同。职权法定原则是行政法的重要原则之一，职权是职责的保障。行政机关处理信访人向其提

---

〔1〕 参见章剑生：《论信访处理行为的可复议性——基于〈信访条例〉有关规定所展开的解释》，载《法商研究》2011年第6期。

〔2〕 林来梵、余净植：《论信访权利与信访制度——从比较法视角的一种考察》，载《浙江大学学报（人文社会科学版）》2008年第3期。

〔3〕 参见刘嫒嫒、余韬：《寄信要求行政机关履行法定职责的司法审查》，载《人民司法（案例）》2011年第8期。

出的信访事项，主要的法律依据是《信访条例》；在环境信访领域，《环境信访办法》亦是规范行政机关受理、办理环境信访职权事项的主要依据。而公民要求行政机关履行法定职责，其依据则是涉及特定行政管理领域的法律、法规或者规章。例如本案，根据《水污染防治法》第八条（注：现行《水污染防治法》第九条）的规定，县级以上人民政府环境保护主管部门对水污染防治实施统一监督管理。该法第二十七条、第六十九条（注：现行《水污染防治法》第三十条、第八十条）规定，环境保护主管部门和其他依照本法规定行使监督管理权的部门，有权对管辖范围内的排污单位进行现场检查；发现违法行为或者接到对违法行为的举报后不予查处的，或者有其他未依照本法规定履行职责的行为的，对直接负责的主管人员和其他直接责任人员依法给予处分。被申请人嘉善县环境保护局在其网站公布的工作职责亦明确，其承担监督管理大气、水体、土壤等事项的污染防治和环境保护行政执法检查工作。由此，《水污染防治法》和嘉善县环境保护局网站公布的工作职责系本案上诉人范某某要求嘉善县环境保护局对河道排污问题进行调查处理、解决水质污染问题的职权依据。

第五，法定处理机关不同。《信访条例》规定，各级人民政府、县级以上人民政府工作部门须承担信访工作；县级以上人民政府信访工作机构是本级人民政府负责信访工作的行政机构；信访工作应当在各级人民政府领导下，坚持属地管理、分级负责，谁主管、谁负责的原则。在环境信访中，《环境信访办法》规定，县级环境保护行政主管部门应当设立或指定环境信访工作机构，配备环境信访工作专职或兼职人员；各省、自治区和设区的城市环境保护行政主管部门应当设立独立的环境信访工作机构。而受理申请履行法定职责的行政机关，必须依照相关法律的规定，由具有法定职责的行政机关受理。通过上文对《水污染防治法》若干规定的列举，可以明确，环境保护主管部门具有对向水体排放污染物的主体进行管理的职权，且其具有通过排污许可、排污监测、日常检查、行政处罚等方式防治水污染的职责。由此产生了一个机关“竞合”的问题，即在本案中，嘉善县环境保护局既是受理公民信访的行政机关，也是受理公民申请其履行环境保护法定职责的法定机关。正因如此，需注意区分一个行政机关的多个职能（职权）。通过审查范某某的投诉事项，可知其迫切要求嘉善县环境保护局认真履行职责，依法查处，并作出责令停止排污的行政决定。这反映了范某某将信寄至的行政机关是作为对水污染防治具有法定监督管理职责的嘉善县环境保护局。

有鉴于此，公民的举报投诉是一种信访，还是履职申请，应具体分析其内容才能确定。如公民举报投诉的事项属于行政机关的职责范围，公民与行政机关的履职行为具有法律上的利害关系，且其举报投诉请求内容明确，未超过法定期限，应作为履职申请来处理。[1] 结合本案，可以得出结论，上诉人范某某的投诉行为符合申请行政机关履行法定职责的条件。首先，嘉善县环境保护局对水污染防治具有法定的监督管理职责，范某某去信的目的是要求其对河道排污问题进行调查处理，解决水质污染问题，这属于嘉善县环境保护局的职责范围。其次，范某某的举报投诉请求内容明确，其在投诉信中已经写明：“在今年 5 月份几名外来务工人员租房养猪，开洗涤餐具工场，猪圈的污水和洗碟剂污水统

〔1〕《浙江省高级人民法院行政审判庭关于审理履行法定职责案件法律适用问题的研讨会综述》，载《行政审判通讯》2009 年第 3 期。

统进入河道，造成水质严重污染……猪水、废水仍在流向河道，侵害仍在进行。因此，我再次恳请职能部门依法查处。”嘉善县环境保护局在日后出具的《信访事项答复意见书》中亦将此情况进行核实。期间，作为查处对象的一家餐具消毒店与三家养殖场均得以明确。最后，嘉善县环境保护局是否履行法定职责以及履行法定职责的程度与范某某养殖水域的水质密切相关，也直接影响到其经济利益，故范某某与嘉善县环境保护局的履职行为具有法律上的利害关系。综上所述，范某某向嘉善县环境保护局的投诉行为符合要求其履行法定职责的本质特征。

另需指出，《最高人民法院关于不服县级以上人民政府信访行政管理部门、负责受理信访事项的行政管理机关以及镇（乡）人民政府作出的处理意见或者不再受理决定而提起的行政诉讼人民法院是否受理的批复》指出：“信访工作机构是各级人民政府或政府工作部门授权负责信访工作的专门机构，其依据《信访条例》作出的登记、受理、交办、转送、承办、协调处理、监督检查、指导信访事项等行为，对信访人不具有强制力，对信访人的实体权利义务不产生实质影响。信访人对信访工作机构依据《信访条例》处理信访事项的行为或者不履行《信访条例》规定的职责不服提起行政诉讼的，人民法院不予受理。”因此，实践中存在少数行政机关将行政相对人提出的申请以信访的形式加以受理，以此规避有关的法律，变相剥夺了行政相对人的诉权，进而逃避司法审查和监督。在本案中，嘉善县环境保护局假借信访程序对上诉人范某某的权利义务作出实质性影响，经法官慎重审查，将上诉人范某某的投诉准确定性为申请嘉善县环境保护局履行法定职责，促使行政机关合法行政、合理行政、权责统一。

二、行政诉讼涉及确认亲子关系时应如何适用证据推定规则[1]

（一）案情

原告郑某与原告尹某某于1997年9月22日登记结婚，1998年6月29日生育一女。2011年5月18日，两原告登记离婚。同年7月12日，原告郑某与案外人王某某登记结婚，并提出再生育的申请。同月21日，被告台州市某区人口和计划生育局批准同意郑某、王某某再生育，并于同月26日发给郑某、王某某《再生育申请审批决定通知书》。2012年1月10日，郑某诞下一子，取名郑某某。2012年4月16日，被告对两原告不符合法定条件生育立案查处。同年7月25日、29日，被告分别向两原告送达《预处理告知书》，告知两原告郑某某系二人婚内所生，限两原告在接到告知书后7日内到台州市某区计划生育指导站抽取DNA亲子鉴定样本。两原告拒绝做亲子鉴定。同年8月14日、17日，被告分别告知两原告涉嫌不符合法定条件生育，依据《浙江省人口与计划生育条例》拟向二人分别征收社会抚养费，同时告知其享有陈述与申辩的权利。同年8月22日、23日，被告分别向两原告送达《征收社会抚养费决定书》。两原告不服，分别提起行政诉讼。

（二）分歧

本案的核心问题有两个：一是本案能否适用证据推定规则，其所涉关键事实是被告以两案原告离婚前怀孕且拒绝做亲子鉴定为由推定亲子关系存在并作出征收社会抚养费的行政行为；二是若能适用证据推定规则，则应如何选择法律依据。对此，笔者总

〔1〕 赵青航：《行政诉讼涉及确认亲子关系时应如何适用证据推定规则》，载《辽宁律师》2019年第6期。

结出以下三种不同的观点：第一种观点认为，本案不应适用证据推定规则。根据《行政诉讼法》第三十二条（注：现行《行政诉讼法》第三十四条第一款）的规定，被告对其所作的具体行政行为的合法性承担举证责任。本案中，被告没有直接证据证明两案原告在婚姻关系存续期间怀孕生子的事实；原告郑某与案外人王某某在婚姻关系存续期间所生之子，根据法律推定，其应属于郑某与王某某的婚生子，被告没有直接证据推翻这一事实，故被告应承担败诉的不利后果。

第二种观点认为，本案应适用证据推定规则。第一，行政案件适用清楚而有说服力标准。被告提供的证据可以证明原告郑某离婚且与王某某结婚不合常理。两案原告办理离婚手续时，两处房产归女方所有，按揭贷款、共同债权债务归男方，女儿由男方抚养，明显存在假离婚的情况。第二，郑某与王某某结婚，未举办婚礼，结婚的情况男方父母均不知；郑某既不知道王某某的具体工作，也未与其父母见面，明显不合常理。由此认定被告在作出具体行政行为时可参照《最高人民法院关于适用〈中华人民共和国婚姻法〉若干问题的解释（三）》（于2021年1月1日废止，以下简称《婚姻法司法解释（三）》）关于亲子鉴定的相关证据推定规则。[1]

第三种观点亦认为本案应适用证据推定规则，基本理由同第二种观点。但在法律规范的适用方面，首先应根据《最高人民法

---

〔1〕《婚姻法司法解释（三）》第二条　夫妻一方向人民法院起诉请求确认亲子关系不存在，并已提供必要证据予以证明，另一方没有相反证据又拒绝做亲子鉴定的，人民法院可以推定请求确认亲子关系不存在一方的主张成立。

当事人一方起诉请求确认亲子关系，并提供必要证据予以证明，另一方没有相反证据又拒绝做亲子鉴定的，人民法院可以推定请求确认亲子关系一方的主张成立。

院关于执行〈中华人民共和国行政诉讼法〉若干问题的解释》（于2018年2月8日废止，以下简称《行政诉讼法解释》）第九十七条："人民法院审理行政案件，除依照行政诉讼法和本解释外，可以参照民事诉讼的有关规定。"其次根据《最高人民法院关于民事诉讼证据的若干规定》（以下简称《民事诉讼证据规定》）第七十五条（注：2019《民事诉讼证据规定》第九十五条）："有证据证明一方当事人持有证据无正当理由拒不提供，如果对方当事人主张该证据的内容不利于证据持有人，可以推定该主张成立。"以此作为本案证据推定规则的法律依据。

（三）评析

笔者赞同第三种意见。在中国，司法必须贯彻"以事实为根据，以法律为准绳"的方针。以事实为根据，就是司法机关对案件作出处理决定，只能以被合法证据证明了的事实和依法推定的事实作为适用法律的依据。[1] 推定作为司法证明的一般方法，系指根据推断进行判定，并非对事实的直接认定，而是以推测性判断为桥梁的间接认定。尽管这种事实可能与客观事实有所不同，但是，其在法律上能够引起同样的效果。

在大量的行政诉讼案件中，作为具有行政管理优势地位的被告，可以利用其行政管理职权广泛、深入地收集证据，而处于被管理者弱势地位的原告，在多数情况下因缺乏权力支持，难以收集证据。[2] 由此，为了平衡原告和被告在行政诉讼中的不平等地位，一方面，《行政诉讼法》规定被告对其所作的具体行政行为

[1] 参见张文显主编：《法理学》（第五版），高等教育出版社2018年版，第254页。

[2] 参见蔡小雪：《行政诉讼司法认知和推定的理论及适用》，载《法律适用》2003年第4期。

的合法性承担举证责任;[1] 另一方面,《最高人民法院关于行政诉讼证据若干问题的规定》(以下简称《行政诉讼证据规定》)第六十九条作为直接确立行政诉讼证据推定规则的依据,即原告确有证据证明被告持有的证据对原告有利,被告无正当事由拒不提供,可以推定原告的主张成立。因为主体不适格,故该条规定显然无法适用于本案。但通过该条规定,可以看出作为《行政诉讼证据规定》颁布主体的最高人民法院对于行政诉讼案件适用证据推定规则所持的肯定态度。笔者认为,证据推定规则能否适用于本案,应是本案审理时的焦点。

首先,作为证明亲子关系证据的亲子鉴定具有显著的特殊性。一方面,在行政实践中,亲子鉴定具有独特的证明功能,即其可以鉴别当事人之间(特别是父子间)是否具有真实的血缘关系,可以帮助行政机关完成对当事人身份的辨认。[2] 另一方面,在涉及亲子关系的行政诉讼中,因为直接证据的缺乏和亲子关系证明责任的高标准,使亲子鉴定成为认定或否认亲子关系的关键性证据。但是,在行政实践中,因为在无法律直接约束力的情况下,公民对行政机关要求其抽取 DNA 亲子鉴定样本的预处理告知书,多采取不理会、不配合的抵抗态度。所以,细观本案可察觉,本案与一般行政诉讼案件的区别是,被告的证据收集能力未较原告强,甚至明显弱于原告。在原告不配合的情况下,由被告提供作为认定亲子关系的证据(即 DNA 鉴定),不具可行性。

其次,本案中,原告基于各种原因拒绝做亲子鉴定,这不仅

〔1〕 参见《行政诉讼法》第三十四条第一款。

〔2〕 参见杜万华、程新文、吴晓芳:《〈关于适用婚姻法若干问题的解释(三)〉的理解与适用》,载《人民司法(应用)》2011 年第 17 期。

给行政机关收集作出具体行政行为时的证据带来了巨大的困难，亦给法院查明案件事实设置了难以逾越的障碍。更须指出，导致案件事实处于真伪不明状态的原因，并非负有证明责任的被告没有证据可提供，而是不负有证明责任的原告通过实施证据妨碍行为，使负有证明责任的被告陷入证据缺失的境地，最终导致作为被告的计生部门身临“举证难”的窘境。因此，若由本案中的计生部门对其所作的征收郑某、尹某某社会抚养费的行政行为的合法性承担举证责任，不具有合理性。在此情形下，若法院机械适用《行政诉讼法》确立的证明责任规范，对负有证明责任的政府作出败诉的判决，其非正义性更是显而易见。这必将给社会传递一种不良信号，导致更多人效仿两原告的行为，亦会造成十分恶劣的社会影响（当地群众认为郑某系“计生部门干部带头违法超生”），进而破坏公民遵守中国计划生育政策及相关法律法规的秩序。同时，计划生育是中国的基本国策，关涉亲子关系的行政纠纷案件具有显著的公益性特征。由此，笔者认为法官在审理涉及确认亲子关系的行政诉讼案件中，可以依据《行政诉讼法解释》第九十七条的援引规定，采用《民事诉讼证据规定》第七十五条（注：2019《民事诉讼证据规定》第九十五条）确立的证据推定规则，以此排除原告的证据妨碍行为。

再次，《行政诉讼证据规定》第六十八条明确将“根据日常生活经验法则推定的事实”确定在推定的范围之列。可见，其属于一类事实推定，是指法官根据日常生活经验法则，推论与之关联的行政诉讼中需要证明的另一事实是否存在的一种证明规则。本案中被告提供的证据可以证明，原告郑某与尹某某离婚以及与王某某结婚，不符合日常生活经验和常理：郑某与尹某某离婚时，两处房产归女方，按揭贷款、共同债权债务归男方，女儿由男方抚养；郑某既不知道王某某的工作情况，也未与其父母见过面；并且郑某与王某某结婚，非但未举办婚礼，甚至连结婚的情况男方父母都不知道；后更查明，郑某于2012年1月10日在台州某医院生产时，是由尹某某陪护。所以，计生部门以一般常人所认同的日常生活经验推定郑某与尹某某的行为属于假离婚，以此推定郑某之子郑某某系郑某与尹某某之子。当然，法官对此是否采信，则有赖于其自由裁量。同时，《行政诉讼证据规定》第六十八条第二款规定，针对“根据日常生活经验法则推定的事实”一项，若当事人有相反证据足以推翻的，法庭将不能认定上述推定的事实。所以，司法推定是可错的，是可以通过举证反驳的。[1]若两案原告郑某、尹某某能够配合法庭，提供郑某某非尹某某之子的亲子鉴定结论，则行政机关无疑将败诉。

最后，前述第二种观点认为本案可适用《婚姻法司法解释(三)》关于亲子鉴定的相关证据推定规则，笔者认为有待商榷。一方面，该解释属于民事法律规范，因此其不应适用于行政诉讼案件；另一方面，因为该解释中，提起婚生子女确认之诉的当事人只能是夫或妻，而本案的当事人双方是公民与行政机关，显然不符合适用该条款的主体条件。但是，本案适用《民事诉讼证据规定》，则兼具合法性与合理性。一来，中国行政诉讼法的规定大多脱胎于民事诉讼法，适用《民事诉讼证据规定》规定的证据推定规则，有《行政诉讼法解释》第九十七条作为援引依据；二来，程序被喻为“看得见的正义”，司法正义在很大程度上依赖司法程序上的正义。实现行政审判程序正义，一方面要看到绝大

[1] 参见何家弘、张卫平主编：《简明证据法学》，中国人民大学出版社2011年版，第106页。

部分的行政案件中，作为被告的行政机关的优势地位主要体现在其收集证据方面；另一方面须切忌以“一刀切”的思路与眼光审视所有的行政案件，正如本案中，行政机关在收集诸如亲子鉴定之类涉及人身关系的证据时，其弱势地位已充分显现。此时，为了维护公共利益，并使原被告双方处于实质上的平等地位，法院应适用《民事诉讼证据规定》第七十五条（注：2019《民事诉讼证据规定》第九十五条）的规定，以此确保实质正义的实现，达到法律效果与社会效果双统一。

在行政诉讼活动中适用证据推定规则，既是诉讼当事人的权利，也是法官的权力。[1] 针对本案，可以得出结论，台州市某区人口和计划生育局已有证据证明郑某、尹某某持有证据而无正当理由拒不提供，如果该局主张该证据的内容不利于郑某、尹某某，法官可以据此推定该主张成立，即郑某某系郑某、尹某某之子。

三、环评复议案件复议申请人资格的司法审查[2]

（一）案情

2010年7月28日，浙江省生态环境主管部门向华东电网有限公司作出浙环辐〔2010〕29号《关于秦山核电厂扩建项目（方家山核电工程）电厂送出工程环境影响报告书审批意见的函》（以下简称《环评审批意见》），同意该公司报送的《秦山核电厂扩建项目（方家山核电工程）电厂送出工程环境影响报告书》的结论，同时要求建设单位在工程建设中认真落实环境影响报告书提出的各项环保对策措施，项目竣工后，必须按规定程序申请环

〔1〕 参见何家弘：《论推定规则的适用》，载《人民司法（应用）》2008年第15期。

〔2〕 惠忆、赵青航：《环评复议案件复议申请人资格的司法审查》，载《浙江审判》2013年第8期。

境保护竣工验收，验收合格后，项目方可投入正式运行。该工程中的秦山一、二、三期至海宁变500KV线路从沈某某等十七人所住的房屋上方跨越。根据国家电力行业标准《110～500KV架空送电线路设计技术规程》（DL/T 5092－1999P）的规定，500KV输电线路边导线5m之内属于拆迁范围，沈某某等十七人的住宅即位于其中。2012年6、7月，沈某某等十七人先后向浙江省人民政府申请行政复议，请求撤销浙江省环境保护厅作出的浙环辐〔2010〕29号《环评审批意见》。经补正、答复等程序后，浙江省人民政府于2012年9月10日作出浙政复〔2012〕141号《驳回行政复议申请决定书》，认为沈某某等十七人与《环评审批意见》无法律上的利害关系，决定驳回沈某某等十七人的行政复议申请。沈某某等十七人不服该行政复议申请，向法院提起诉讼。

（二）审理

一审法院经审理认为，沈某某等十七名原告并不属于涉案项目工程实施后可能造成环境影响的环境保护目标，即不属于《秦山核电厂扩建项目（方家山核电工程）电厂送出工程环境影响报告书》的环境影响评价对象。因此，沈某某等十七名原告与浙江省环境保护厅作出的浙环辐〔2010〕29号《环评审批意见》并不存在法律上的利害关系，其针对该环评审批意见提出的行政复议申请不符合行政复议受理条件，浙江省人民政府据此决定驳回其行政复议申请，并无不当。原告的诉讼理由不能成立，其诉讼请求不予支持。故判决驳回原告沈某某等十七名原告的诉讼请求。

二审法院经审理认为，沈某某等十七名上诉人属于受涉案架空送电线路影响的拆迁户的事实可以认定。本案所涉的环境影响报告，系针对秦山核电厂扩建项目（方家山核电工程）电厂送出工程建成后可能产生的环境影响所作的分析、预测和评估，并据此提出预防或者减轻不良环境影响的对策和措施。由于上诉人房屋处于工程环境影响的范围之内，按照国家电力行业标准将在工程投入使用之前被拆迁安置，故上诉人与《环评审批意见》之间不存在法律上的利害关系。浙江省人民政府据此驳回上诉人的行政复议申请，具备事实和法律依据。据此，二审法院判决驳回上诉，维持原判。

（三）评析

近年来，随着行政复议、行政诉讼的受案范围不断拓展，行政相对人法律意识（权利意识）的不断增强，公民可以申请行政复议和提起行政诉讼的行政管理事项日益增多。其中，法院受理的以具有“法律上利害关系”的公民、法人或者其他组织提起有关撤销环境影响评价审批意见的案件开始出现。但本案已经历了浙江省人民政府的行政复议程序，故在此首先需明确，行政复议决定的合法性是本案法官的审查对象。其次应当认识到，本案中，行政相对人的核心诉求是撤销浙江省生态环境主管部门作出《环评审批意见》这一具体行政行为。由此，本案亟须查明的问题是浙江省生态环境主管部门作出的《环评审批意见》这一具体行政行为与沈某某等上诉人之间是否具有法律上的利害关系。该问题对于案件当事人的诉讼权利和实体权益将产生最直接的影响，因此其为本案的审理重点。

第一，依据《行政诉讼法》的规定，原告起诉应当符合法定条件。原告资格的审查确认主要涉及两个方面：一是原告法律人格的审查；二是利害关系的审查。[1] 其中，自《最高人民法院关

[1] 参见马怀德主编：《行政诉讼法学》（第二版），北京大学出版社2008年版，第118－119页。

于执行〈中华人民共和国行政诉讼法〉若干问题的解释》（于2018年2月8日废止）第十二条明确规定与具体行政行为有法律上利害关系的公民、法人或者其他组织有权提起行政诉讼之后，“法律上利害关系”这一概念已经成为法官在办案过程中审查原告资格时所关注的焦点，“甚至成为考虑原告资格的核心”。〔1〕《行政复议法实施条例》第二十八条亦将“申请人与具体行政行为有利害关系”作为公民申请行政复议时需满足的要件之一。所以，在行政复议和行政诉讼中，相关法律均要求作为原告或者申请人的一方当事人与具体行政行为须存在法律上的利害关系，且对此利害关系的认定标准应当一致。根据最高人民法院行政审判庭的释义，“与具体行政行为有法律上利害关系”是指行政机关的具体行政行为对公民、法人和其他组织的权利义务已经或将会产生实际影响；这种利害关系包括不利的关系和有利的关系，且必须是一种已经或者必将形成的关系。〔2〕同时需要注意，鉴于行政诉讼以行政主体所作具体行政行为的合法性为审查对象，因此法院在审理行政案件时，必须从复杂的案件事实背后甄别、提炼出作为案件审理对象的具体行政行为，以此判定原告是否与该具体行政行为具有法律上的利害关系。正如本案，从表面上看，允许高压线路从沈某某等十七人所住的房屋上方跨越的《环评审批意见》怎会与该住户没有法律上的利害关系？实则不然，需做深入剖析。

第二，本案中，上诉人在申请行政复议时均自称系受秦山核

〔1〕 斯金锦：《行政诉讼原告资格——“法律上利害关系”要件研究》，载浙江大学公法与比较法研究所编：《公法研究》，中国政法大学出版社2005年版，第164页。

〔2〕 参见最高人民法院行政审判庭编：《关于执行〈中华人民共和国行政诉讼法〉若干问题的解释释义》，中国城市出版社2000年版，第26-27页。

电厂扩建项目（方家山核电工程）电厂送出工程影响的拆迁户，并提供照片证明该影响事实的存在。被上诉人浙江省人民政府和浙江省生态环境主管部门、浙江省电力公司也认为，无论从涉案环境影响报告书具体内容，还是原审时提供的拆房分布图等，均可印证部分上诉人即为报告书确定的工程沿线拆迁户，有些虽未明确列为拆迁户，但亦已考虑列入拆迁范围。另外，就上诉人是否属于涉案送电线路之下住户的问题，原审时进行了实地勘验并认可了上诉人提供照片的真实性，对此各方当事人均未提出异议；二审庭审时上诉人亦陈述，就线路影响的拆迁事宜确实已在进行，只是因为就补偿标准尚未达成共识故拆迁协议未予签订。综上，上诉人属于受涉案架空送电线路影响拆迁户的事实可以认定。由此可以得出结论，行政主体规划或建造秦山核电厂扩建项目（方家山核电工程）电厂送出工程的具体行政行为，与上诉人的房屋面临被拆具有直接的利害关系。然而，本案的审理对象并非为行政主体作出规划、建造该工程的具体行政行为，而是浙江省生态环境主管部门所作的《环评审批意见》。所以，浙江省生态环境主管部门作出《环评审批意见》这一具体行政行为与本案一审原告是否具有法律上的利害关系，应当是法官的审查对象。

第三，根据《环境影响评价法》第二条的规定，环境影响评价，是指对规划和建设项目实施后可能造成的环境影响进行分析、预测和评估，提出预防或者减轻不良环境影响的对策和措施，进行跟踪监测的方法与制度。第十六条规定，国家根据建设项目对环境的影响程度，对建设项目的环境影响评价实行分类管理。其中，对可能造成重大环境影响的建设项目，建设单位应当编制环境影响报告书，对产生的环境影响进行全面评价。本案所涉的

《秦山核电厂扩建项目（方家山核电工程）电厂送出工程环境影响报告书》，系针对秦山核电厂扩建项目（方家山核电工程）电厂送出工程建成后可能产生的环境影响，进行的分析、预测和评估，并提出预防或者减轻不良环境影响的对策和措施。《环评审批意见》则是浙江省生态环境主管部门依照《环境影响评价法》的规定对建设单位华东电网有限公司所作的环境影响报告书的审批。所以，《环评审批意见》审查的对象是该项目实施后可能造成的环境影响。《环境保护法》第十三条规定，环境影响报告书经批准后，计划部门方可批准建设设计任务书。《电力行业标准》(110～500KV 架空送电线路设计技术规程)(DL/T 5092－1999P) 16.0.4 及其《条文说明》16.0.5 规定，500KV 送电线路不应跨越长期住人的建筑物，边相导线地面投影外 5m 以内不允许有经常住人的建筑物。由于沈某某等十七名上诉人的房屋处于工程环境影响的范围之内，属于拆迁范围，按照国家电力行业标准的规定，其将在工程投入使用之前被拆迁安置。据此认定，上诉人的房屋不是该区域新建建设项目实施后的环境保护目标，亦不属于该项目环境影响评价的对象。沈某某等十七名上诉人与被上诉人浙江省生态环境主管部门所作的《环评审批意见》之间不存在法律上的利害关系。

第四，无论是《环境影响评价法》，还是《环境影响评价公众参与暂行办法》（于 2019 年 1 月 1 日废止），现有的制度安排未能解决公众参与环境影响评价的实质正当性问题，公众参与环节往往流于形式。利害关系人享有环境影响评价的参与权，针对建设项目而言，项目周围的居民以及受到直接影响或者存在利害关系的人应当成为法律上的利害关系人。[1] 其应充分参与到环境影响评价的不同环节，并被允许充分表达自己的利益诉求。需警惕，环境问题因牵涉广泛的利益冲突，近年来部分纠纷因未能及时、有效解决，已引发大量不利于行政纠纷妥善化解的累诉、缠诉。例如本案，上诉人在各个阶段的举证表明本案实际是由房屋拆迁问题引发的行政争议。反思可得，与其事后救济，不如在事先的环评阶段充分吸纳利害关系人的广泛参与，以“非诉”的方式有效化解纠纷。人民法院要当好社会管理创新的参与者，大胆探索受理、审理新类型行政案件，使审判活动介入新的管理领域，调处新类型纠纷，为加强社会建设、创新社会管理，维护好重要战略机遇期的社会和谐稳定提供有力的司法保障和服务。[2]

四、小区业主公共利益与个人合法权益的甄别[3]

(一) 案情

杭州市某街道在实施某小区交通综合治理工程时，该小区的一位业主贾某认为街道在实施治理工程中存在违反相关法规、规定及要求的行为，侵害了自身合法权益，遂多次向街道提出信访，要求恢复其住宅边被占用的绿地及减伐的绿化，并撤销在其住宅边消防栓旁设置的停车位。街道针对贾某的信访多次予以答复，申明了工程的审批依据、安全问题和绿化情况。2016 年 1 月 12 日，贾某以街道对其投诉不作为为由，向区政府申请行政复议。

[1] 参见白贵秀:《环境影响评价的正当性解析——以公众参与机制为例》，载《政法论丛》2011 年第 3 期。

[2] 参见江必新:《拓宽行政审判职能推进社会管理创新——行政审判在社会管理创新中的角色思考》，载《法律适用》2011 年第 3 期。

[3] 惠忆、赵青航:《小区业主公共利益与个人合法权益的甄别》，载《人民法院报》2017 年 11 月 15 日第 6 版。

同年1月18日，区政府予以受理，并于同年3月7日作出行政复议决定书，认为根据《物业管理条例》（2007修订）的相关规定，建筑区划内属于业主共有的道路、绿地，业主在行使共有和共同管理权利时，相关事项应由业主共同决定。[1] 针对申请人贾某要求被申请人某街道就案涉工程对其本人及公共利益造成的损害采取补救措施的请求，区政府认为，由于该工程涉及小区广大业主的利益，该事项应由业主共同决定，贾某不能代表小区全体业主行使权利。故贾某与涉案工程之间不存在法律上的直接利害关系，其单独提出行政复议申请不符合《行政复议法实施条例》第二十八条第二项规定的受理条件，遂驳回了申请人贾某的行政复议申请。贾某不服，诉至法院。

（二）分歧

针对本案，存在两种不同的意见。第一种意见认为，贾某所称其住宅边的绿地、减伐的绿化以及住宅边消防栓旁设置的停车位，均属于小区业主共有部分，涉及全体业主的共同利益，对于案涉土地用途的改变亦应由业主共同决定。因此，不论是对业主共同部分原用途的改变还是要求恢复至原用途均应由业主共同决定。贾某对应由业主共同决定的事项，以自己的名义提起复议，没有法律依据。区政府认定贾某与案涉工程没有利害关系，驳回贾某的复议申请，系认定事实清楚，适用法律正确。

第二种意见认为，关于贾某复议申请事项中涉及全体业主公共利益的部分，因贾某不符合申请人资格，故不能以自己的名义申请行政复议。但就涉案小区工程的施工致使贾某自身合法权益受损部分，其应属于利害关系人，享有申请行政复议的主体资格。

---

[1] 参见《物业管理条例》（2007修订）第十一条。

区政府认为贾某与其行政行为不存在法律上的直接利害关系，不符合《行政复议法实施条例》规定的受理条件，并据此驳回贾某的行政复议申请，属于认定事实不清，适用法律错误。

（三）评析

笔者赞同第二种意见。本案系贾某不服区政府所作行政复议决定而提起的行政诉讼，因此本案的审理对象是行政复议决定的合法性。本案的审查重点应包括贾某复议申请的具体事项、贾某与该复议事项的利害关系，以及被诉复议决定的合法性。针对以上三个问题的分析如下：

第一，明晰贾某的复议申请事项。贾某申请复议的请求是责令街道恢复住宅绿地及减伐的绿化，撤销住宅边消防栓旁的停车位。为此，贾某提出多项理由，最核心的是街道擅自减少其住宅边绿地、减伐绿化以及在消防栓旁设置停车位等，使其住宅朝东、朝南窗户采光面均被密集的汽车包围，汽车发光、灯光、噪声、废气等使居民居住环境恶化、安全隐患增加，这些行为将导致贾某的身心健康遭受侵害，房产价值减损。所以，贾某的复议申请事项既包括就案涉交通综合治理工程建设导致其居住的小区绿化及绿地的损毁、消防栓旁建设停车位带来安全隐患等公共利益的维护，也包括其个人因案涉工程建设带来的居住环境恶化、安全隐患增加、房产价值减损等合法权益受损的救济。

第二，分析贾某与复议申请事项的利害关系。根据《物权法》（于2021年1月1日废止）《物业管理条例》《最高人民法院关于审理建筑物区分所有权纠纷案件具体应用法律若干问题的解释》（注：现《最高人民法院关于审理建筑物区分所有权纠纷案件适用法律若干问题的解释》）中的相关规定，贾某复议所称的住宅边的“绿地”，减砍的“绿化”及住宅边消防栓旁设置的

"停车位"，均属于小区业主的共有部分，涉及全体业主的共同利益。因此，不论是对案涉土地用途的改变还是要求恢复至原用途均应由业主共同决定。贾某对应由业主共同决定的事项以自己的名义提起复议，没有法律依据。笔者认同被诉复议决定就上述公共利益权利主体关系的确认，即贾某不能以自己的名义主张涉及小区全体业主的共同权益部分，针对这些事项，其不享有行政复议申请人资格。

但是，贾某的复议申请中包括由涉案工程致使其合法权益受损的指控，即减少绿地、减伐绿化及在消防栓旁设置停车位等，使其住宅朝东、朝南窗户采光面均被密集的汽车包围，汽车反光、灯光、噪声、废气等污染造成其居住生活环境恶化、安全隐患增加，这些行为导致其身心健康遭受侵害，房产价值减损。贾某对上述危害情形的指控涉及其自身合法权益，应当属于《行政复议法》第二条规定的"合法权益"。[1] 根据《行政复议法实施条例》第二十八条第二项[2]的规定，贾某具有申请行政复议的主体资格。

第三，判断被诉复议决定的合法性。根据上述分析，涉及全体业主公共利益维护的事项，贾某因不符合申请人资格，故不能以自己的名义申请行政复议。但因涉案工程的施工导致贾某自身合法权益受损，其应当属于利害关系人，享有申请行政复议的主体资格。区政府认为贾某与涉案行政行为不存在法律上的直接利

〔1〕《行政复议法》(2009 修正) 第二条　公民、法人或者其他组织认为具体行政行为侵犯其合法权益，向行政机关提出行政复议申请，行政机关受理行政复议申请、作出行政复议决定，适用本法。

〔2〕《行政复议法实施条例》第二十八条规定："行政复议申请符合下列规定的，应当予以受理：……（二）申请人与具体行政行为有利害关系……"

害关系，不符合《行政复议法实施条例》规定的受理条件，并据此驳回贾某的行政复议申请，属于认定事实不清，适用法律错误。

五、正当程序原则在行政程序中的独立价值[1]

（一）案情

浙江省某高校教师李某认为该校校长林某某等10人据以申请第七届高等教育国家级教学成果奖的《行业院校办学特色拓展与深化的路径研究及实践》，涉嫌剽窃其学术成果，遂向教育部提出申诉。教育部对此进行了协调，同时要求浙江省教育厅进行调查处理。教育厅调查后，向李某作出答复。李某不服该答复，于2015年4月向教育厅寄交《查处学术违法违规行为申请书》，提出三项申请：第一项申请为要求对该教学成果涉嫌抄袭、剽窃、侵吞他人学术成果的学术违法违规行为进行查处（以下简称申请一）。第二项申请为要求对违反成果申报程序暗箱操作的学术违法违规行为进行查处（以下简称申请二）。第三项申请为要求对未参加创作却在他人学术成果上署名的学术违法违规行为进行查处（以下简称申请三）。教育厅依照《浙江省高等学校学术不端行为调查处理规程》（于2020年12月25日废止）的有关规定进行调查，并邀请专家组对相关材料进行比对分析，出具了专家意见。2015年12月，教育厅学风办作出被诉回复，并送达原告。该回复援引专家意见认为，该教学成果的申报材料不构成著作权意义上的剽窃；关于李某主张的除林某某和易某某以外的8位署名者不具备成果完成人主体资格的问题，认为李某提供的材料不能证明该8位署名者不是成果的主要完成人。李某于2016年1月

[1] 惠忆、赵青航：《正当程序原则在行政程序中的独立价值》，载《人民法院报》2019年7月4日，第6版。

向教育部申请行政复议，请求撤销教育厅不予查处的行政行为，并责令教育厅在一定期限内重新作出具体行政行为，履行查处学术违法违规行为的法定职责。教育部于2016年4月作出行政复议决定，认为教育厅的处理行为符合有关规定，决定维持教育厅作出的回复。李某不服，针对教育厅作出的回复及教育部的行政复议决定一并向法院提起诉讼。

（二）审理

一审法院经审理认为，被告教育厅于2015年12月作出回复的行政行为，在办理原告李某的申请一的调查过程中存在程序违法的事实。主要的程序违法行为包括未严格遵照执行备案登记、未按照正当程序的要求向原告发送受理通知、未按照规定组成调查组、未向原告告知调查组的组成人员以及未保障原告对调查组组成人员申请回避的权利等。上述程序性瑕疵未对原告的权利产生实际影响，故法院对被告教育厅就申请一作出的调查决定判决确认违法。原告的申请二属于学术成果的评价评比及其奖惩，不属于《调查处理规程》所列的学术不端行为，故不属于本案审查范围。原告申请三要求查处的事项是“未参加创作”的署名者侵犯了“参加创作”的署名者的权利，但这些署名者与原告也没有法律上的利害关系，故教育厅就此所作的调查决定亦不属于本案审查范围。一审法院据此驳回原告针对被告教育厅就其申请二、申请三作出的调查决定提起的诉讼请求。针对被告教育部作出的行政复议决定，教育部未对原告的三项申请依照法律规定加以区分处理，全案决定维持教育厅作出的回复，系适用法律错误，判决撤销被告教育部作出的行政复议决定。

二审法院经审理认为，教育厅在接受李某举报后，本应履行案件登记、送达受理通知、向被投诉人寄送投诉材料并告知相应权利、向双方当事人告知调查人员及鉴定专家的身份信息及依法享有申请回避的权利等义务，并依法形成调查报告并提出处理意见。但教育厅作出回复行政行为时并未履行上述程序义务，严重违反行政正当程序原则，属严重违法，而原审仅将该行为认定为行政程序轻微违法，属于事实认定不清、法律适用错误，遂判决撤销一审法院作出的确认违法的判决，撤销教育厅于2015年12月作出的被诉回复，责令教育厅重新作出具体行政行为，并撤销教育部作出的行政复议决定。同时，浙江高院维持了一审法院驳回原告针对申请二、申请三诉请的判决事项。

（三）评析

并非一切法律程序都是正当的。现代意义上的法律程序是一种有价值倾向的程序，即正当法律程序。[1] 行政正当程序是当代行政法的主要原则之一，法院应通过该原则对行政行为的合法性进行监督，维护行政相对人的合法权益。在行政诉讼法领域，目前只规定了行政机关违反法定程序应当承担的不利结果，但没有明确指出正当程序原则的具体内容以及违反正当程序原则需承担何种法律后果。下文将结合正当程序原则对本案进行分析。

第一，正当程序原则的内涵及其在行政诉讼中的适用。正当程序原则，即行政机关作出影响行政相对人权益的行政行为，必须遵循正当法律程序，包括事先告知相对人、向相对人说明行为的根据和理由、听取相对人的陈述和申辩以及事后为相对人提供相应的救济途径等。[2] 2004年国务院颁布的《全面推进依法行政实施纲要》对“程序正当”有过表述：“行政机关实施行政管

〔1〕 参见张文显主编：《法理学》（第五版），高等教育出版社2018年版，第264页。

〔2〕 参见姜明安：《行政法》，北京大学出版社2017年版，第126页。

理，除涉及国家秘密和依法受到保护的商业秘密、个人隐私的外，应当公开，注意听取公民、法人和其他组织的意见；要严格遵循法定程序，依法保障行政管理相对人、利害关系人的知情权、参与权和救济权。行政机关工作人员履行职责，与行政管理相对人存在利害关系时，应当回避。”由此可见，行政主体在作出行政行为的过程中应当根据正当程序原则保障程序当事人（指行政相对人和利害关系人）的知情权、参与权、救济权、要求回避以及陈述申辩等权利。

关于正当程序原则在审判实践中的适用问题。虽然当前我国行政法没有明确界定正当程序原则，但其已成为判定《行政诉讼法》（2014 修正）第七十四条第一款第二项中“程序轻微违法”的重要标准。最高人民法院行政庭认为，一般而言，只要不违反正当程序原则，就属于程序轻微违法的情形。[1] 判断某行政行为是否程序轻微违法，会直接影响最后的裁判结果。行政行为严重违反法定程序，且撤销不会给国家利益、社会公共利益造成重大损害的，法院应判决撤销；对于程序轻微违法又未给原告权利产生实际影响的行政行为，法院通常只需判决确认违法。

第二，分析本案所涉的正当程序原则问题。行政机关在接受李某的举报后，没有履行程序义务，一、二审法院均认为教育厅存在程序违法的情形，但本案的主要分歧就在于教育厅所作的具体行政行为究竟是轻微程序违法还是严重程序违法，这也决定了法院究竟是只需判决确认行政行为违法还是要判决撤销行政行为并要求被告重作。根据《最高人民法院关于适用〈中华人民共和

[1] 参见最高人民法院行政审判庭编著：《最高人民法院行政诉讼法司法解释理解与适用》，人民法院出版社 2018 年版，第 445 页。

国行政诉讼法〉的解释》第九十六条的规定，认定程序轻微违法的一个标准就是对原告依法享有的听证、陈述、申辩等重要程序性权利不产生实质损害，即不违反正当程序原则。据此，最高人民法院行政庭对违反正当程序原则的违法情形进行了列举，主要包括三个方面：一是未依法举行听证；二是未遵守回避原则；三是作出不利行政行为时，未听取利害关系人的陈述、申辩等。[1]本案中，被告教育厅在依据《浙江省高等学校学术不端行为调查处理规程》介入调查处理时，一是没有依照规定履行听证程序；二是在组成专家组进行调查时，没有告知李某专家组的身份信息及依法享有申请回避的权利；三是在作出行政行为前，也没有听取李某对拟处理结果的陈述和申辩。就上述三个方面，教育厅的行政行为已经违反了正当程序原则，系严重违反法定程序的行为，应当依照《行政诉讼法》（2014 修正）第七十条第三项的规定[2]进行处理。故二审法院撤销一审法院作出的确认违法判决事项，并对教育厅作出的被诉行政行为判决撤销重作，是正确合法的。

第三，在强调正当程序原则的同时，还需要平衡程序正义与国家利益和社会公共利益之间的关系。实践中，存在行政机关在作出行政行为时未依法听证、未听取利害关系人陈述、申辩等严重程序违法的情形，但审理后发现行政行为的处理结果并无不当，对原告的实体合法权益不产生实际的影响，如若判决撤销重作，

〔1〕参见最高人民法院行政审判庭编著：《最高人民法院行政诉讼法司法解释理解与适用》，人民法院出版社 2018 年版，第 445 页。

〔2〕《行政诉讼法》（2014 修正）第七十条规定："行政行为有下列情形之一的，人民法院判决撤销或者部分撤销，并可以判决被告重新作出行政行为：……（三）违反法定程序的……"

行政机关极有可能依照相关司法解释的规定，[1] 以同一的事实和理由作出与原行政行为基本相同的行政行为。若行政相对人不服再次向法院起诉，可能会增加诉累，造成程序的空转。法律程序是以国库和当事人负担诉讼制度所花高额费用为前提条件，[2] 行政机关依程序重新作出行政行为也需花费成本，是故不宜作出撤销重作的判决。此时法院可以依照《行政诉讼法》（2014 修正）第七十四条第一款第一项的规定，以严重损害国家利益、社会公共利益为由，判决确认行政行为违法。[3]

但也要防止正当程序原则因《行政诉讼法》（2014 修正）第七十四条第一款的规定而被架空。在行政程序严重违法的情况下，法院应对行政相对人的实体权益是否产生实际影响进行严格审查。就如本案，虽然教育厅在庭审中多次主张其违反程序的行为未对行政相对人权益造成实质损害，但浙江省高级人民法院经审理认为，教育厅在作出行政行为的过程中严重忽略行政相对人依法享有的申请回避和陈述申辩的权利。此外，其在一审时也未能举证证明所聘请的专家具备资质、所作结论具备事实依据及其权威性，聘请程序公开透明符合规范要求等，上述事实已经对行政相对人的实体权利产生影响。为此，即使之后行政机关重新作出的行政

〔1〕《最高人民法院关于适用〈中华人民共和国行政诉讼法〉的解释》第九十条第二款规定："人民法院以违反法定程序为由，判决撤销被诉行政行为的，行政机关重新作出行政行为不受行政诉讼法第七十一条规定的限制。"

〔2〕参见孙笑侠：《程序的法理》（第二版），社会科学文献出版社 2017 年版，第 287 页。

〔3〕否则，若当事人再次对重新作出的行政行为提起诉讼，再经一、二审程序，终审判决驳回原告的诉讼请求。这样的结果只能是造成程序空转，浪费行政资源和司法资源，而且会进一步激化矛盾，对国家利益和社会公共利益都是一个重大损失。参见最高人民法院行政审判庭编著：《最高人民法院行政诉讼法司法解释理解与适用》，人民法院出版社 2018 年版，第 446 页。

决定与被撤销的行政决定完全一致，也不应忽略相应的正当程序，因为“公正必须首先是看得见的公正”（卢曼语）。

重实体轻程序是中国法治长期存在的思维惯性。只是在多数情况下，关乎结果的实体正义是难以检验的，这时程序就是一种间接的支持力量。“人们通过程序的直观公正来确信决定者无偏私，同时也影响了所有参与者对决定的心理上的服从，因而间接地支持了决定结果的妥当性。”〔1〕在法治国家建设中，行政机关不仅要认识到程序正义是实体正义实现的重要保障，更要恪守程序正义在行政决策中的独立价值。还要提到的是，本案判决作出后，浙江省高级人民法院还向教育厅发出司法建议，督促其在法定期限内重新作出具体行政行为，并及时修改相关的规范性文件，保证行政行为能够符合正当程序原则的要求。教育厅也按时向浙江省高级人民法院复函，详细反馈整改落实情况。这亦体现了司法建议在促进依法行政、规范行政行为方面的重要作用，有效推动了政府依法治理能力提升和法治政府建设。

〔1〕孙笑侠：《程序的法理》（第二版），社会科学文献出版社2017年版，第25页。

附录二　如何做好政府法律顾问[1]

推进政府法律顾问工作，是贯彻依法治国方略、深化依法行政的一项重要举措。随着经济的发展、改革的深化，民众对政府依法行政的能力提出了更高的要求。面对新时代、新局面，政府迎来了新挑战，律师迎来了新机遇。一般认为，政府法律顾问在防控政府法律风险、规制政府权力、促进政府决策合法性等方面能发挥积极的作用。[2] 如何转变思维，积极主动地为政府当好参谋；如何创新思维，在政府履职过程中保驾护航；如何开拓思路，为政府提供更高质量的法律顾问服务和法律服务产品等，都是摆在政府顾问律师面前的重要课题。

一、律师担任政府法律顾问的政策背景

中国的政府法律顾问制度相较于其他法治发达国家起步较晚，从 20 世纪 80 年代至今，经历了从无到有、从试点到逐渐成熟的

---

〔1〕 赵青航、郭天奇：《如何做好政府法律顾问》，载《中国律师》2021 年第 4 期，本书收录时做了较大幅度的修改。

〔2〕 参见宋智敏：《政府法律顾问制度研究》，法律出版社 2018 年版，第 25－34 页。

过程。近年来，随着中国法治化进程的逐步推进，中央和地方相继颁布了相关政策文件，强调政府法律顾问的重要性，各级政府对法律顾问的需求不断增加。

党的十八届四中全会通过的《中共中央关于全面推进依法治国若干重大问题的决定》指出："积极推行政府法律顾问制度，建立政府法制机构人员为主体、吸收专家和律师参加的法律顾问队伍，保证法律顾问在制定重大行政决策、推进依法行政中发挥积极作用。"2016年，中共中央办公厅、国务院办公厅印发《关于推行法律顾问制度和公职律师公司律师制度的意见》，提出要积极推行党政机关法律顾问制度，吸收律师参加法律顾问队伍。党的二十大报告提出，到二〇三五年，中国发展的总体目标之一是基本建成法治政府。在上述政策背景下，律师为政府提供法律顾问服务有着广阔的发展空间和充裕的市场存量，律师应当紧紧围绕新时代发展目标，把握职业发展契机，积极发挥在法治政府建设中的作用。相反，"如果没有大批的政府法律顾问作为'谔谔之士'发挥法治高参和法治保健作用，那么花费巨大成本建立起来的政府法律顾问制度也会虚有形式、仅作摆设，无助于推动法治政府建设，无法实现以人为本、良法善治、刚柔并济的行政法治目标"。[1]

二、政府法律顾问的基本素养

法治政府的建设目标对政府法律顾问提出了具体的要求，政

〔1〕莫于川：《政府法律顾问的时代使命与角色期盼》，载《广东社会科学》2017年第1期。

府法律顾问不仅要“有”，而且要“有效”。[1] 笔者将政府法律顾问的基本素养总结为以下六点。

第一，有情怀。担任政府的法律顾问不同于从事其他业务领域的法律服务工作，律师需要有推进法治政府建设的职业理想。政府法律顾问的事务繁杂、专业性强、涉及面广、突发情况多，同时还存在人力成本大、耗费精力多、服务费用不高等困难，律师若没有一定的情怀与抱负，恐难以面对服务过程中客观存在的压力与挑战。笔者在担任某局法律顾问期间，团队律师为处理一起突发性事件，连续几个月每天24小时待命，甚至多次于黎明时分赶赴事发现场，协助政府工作人员现场处理法律问题并做好群众安抚工作。

第二，有能力。处理政府法律事务不仅要求律师具有扎实的法律功底，而且十分考验律师的综合能力，需要律师有较强的应变能力、突发事件处理能力、沟通谈判能力等。笔者曾参与协助政府处理某片区土地征收项目，律师除了要熟知与土地征收相关的法律法规，还需要与各个职能部门协调，全程参与征收协议签订，与被征收人进行谈判沟通。上述环节对律师的能力、经验要求之高可想而知，这就需要律师具有较强的实战能力。

第三，有担当。政府不同于一般的客户，因为政府的决策经常事关广大人民群众的切身利益。作为政府法律顾问的律师要有担当，一方面秉持服务精神，想政府之所想，急政府之所急；另一方面保持法律顾问的独立性，理性发表意见，为政府把好法律

〔1〕 例如《浙江省人民政府办公厅关于进一步深化政府法律顾问工作的意见》（浙政办发〔2018〕98号）提出：“进一步规范政府法律顾问工作，加快推进政府法律顾问制度从‘有形覆盖’向‘有效覆盖’转变。到2020年，全面形成与我省经济社会发展和法治政府建设进程相适应的政府法律顾问工作体系。”

关。在服务过程中，律师难免会遇到有部分政府工作人员坚持己见、沟通不畅的情况，尤其是年轻律师面对实务经验丰富的一线工作人员时容易妥协让步，这时律师更要有担当意识，切忌无原则妥协，要勇于据理力争，敢于说“不”。

第四，懂政治。担任政府法律顾问的律师要有政治意识，善于从政治上看待问题，从法律上解决问题。律师虽非国家公职人员，但在提供法律服务时要牢牢把握政治方向，坚持用党中央的精神分析客观形势、推动具体工作，提出的意见和出具的结论必须经得起政治考验。例如笔者在为某民族宗教行政管理部门提供法律顾问服务时，不仅需要深研党的民族政策、宗教政策和相关法律法规，而且要熟悉当地的民族、宗教情况，所提的法律意见既要具有合法性，也要有利于当地的民族团结、宗教和顺与社会和谐。

第五，懂政府。政府法律顾问工作要真正落地，律师就必须清楚了解政府内部的组织架构和运行机制，包括政府如何议事，重大决策如何作出，不同职能部门之间如何协调等，律师得深谙其道。笔者在为某交通运输行政管理部门提供法律顾问服务时，律师团队就专门配备了具有多年政府工作经验的资深律师，以保证顾问工作的有效推进。笔者在担任某市场监督管理局、某生态环境行政管理部门和某新区管委会法律顾问期间，律师团队安排多名律师实地驻点，全方位熟悉、掌握上述政府的职能运行情况，全身心投入到政府的日常法制工作之中。

第六，懂法律。顾问律师必然要懂法律，此处的“法律”并不仅指狭义上的法律，而是包括但不限于法律、法规、规章以及其他规范性文件。例如当前基层政府在鼓励制定村规民约、社区公约等社会规范时，应注意对风俗习惯的吸收以推动其显性化，同时也要提高对这类“乡土”规范的合法性把关力度，防止出现和纠正“民约”违法或“民约”高于法律的现象。[1] 这对基层政府法律顾问审核相关规范的工作提出了更明确的合法性要求。同时，律师不仅要熟知行政法和行政诉讼法，还需要扎实掌握与服务对象有关的规范性文件，尤其是服务政府职能部门时，律师更需要加强学习所涉专业、行业的规范性文件。笔者曾为某物价局提供法律顾问服务，在协助该局履行价格监督检查职能的过程中，仅判断商家是否存在价格欺诈这一项，就需要熟练运用《价格法》《反不正当竞争法》《浙江省价格条例》《禁止价格欺诈行为的规定》《国家发展改革委关于〈禁止价格欺诈行为的规定〉有关条款解释的通知》中的相关规定作出综合分析。

三、政府法律顾问的工作方法

律师担任政府法律顾问须内外兼修，除了要具备扎实的法律基本功，还要根据政府的具体需求不断调整工作方法，将知识真正外化为服务，体现政府法律顾问的价值。

第一，勤于请教学习。政府事务涉及面广，律师除了要掌握专业的法律知识，熟悉行业特点，还要时刻关注相关领域的最新发展动态。在担任某交通运输行政管理部门法律顾问期间，笔者不仅需要掌握最基本的与交通运输有关的法律规则，而且要熟悉与港航、公路、交通工程相关的专业知识，例如“交通强国”如何开展，“美丽交通建设”的要求是什么，“智慧公路”如何实现，非现场执法需要怎样的技术支持等。律师向政府内各业务部门工作人员的请教学习尤为关键，应不懈学习新知，否则法律规

---

〔1〕 参见景汉朝：《新时代“枫桥经验”的基本问题与法治化构建》，载《政法论坛》2024年第2期。

则只会沦为脑海中空洞的条文，恐难有效运用。

第二，善于沟通协调。担任政府法律顾问的律师与政府领导和各处室工作人员沟通交流时要有礼有节。律师在服务过程中若发现政府工作人员存在一些问题，一方面要勇于指出其不当之处，另一方面要注意方式与方法，保证沟通效果。例如代理行政诉讼案件时，律师需要与执法人员、法规部门工作人员、单位负责人分别沟通。律师首先要与一线执法人员充分交流，对案件事实了然于心，确保在庭审时能流利、准确地应答；其次要与法规部门工作人员充分论证代理思路，以期获得最佳的代理效果；最后在开庭前要与单位负责人交流代理思路，告知庭审可能出现的各种情形（尤其是不利情形），必要时组织模拟庭审。

第三，重视调查研究。律师担任政府法律顾问，不只是做一些案头工作，而要注重调查研究，包括与政府工作人员当面沟通、参加会议、参与论证、陪同调研等。“调查研究是谋事之基、成事之道。”〔1〕律师若一味地闭门造车，就会和一线的工作实际发生脱节，提出的解决方案也难接地气。例如笔者曾代理某县人民政府与某公司行政协议纠纷一案，因该案涉及某垃圾处理项目建设，虽然手头已有相关照片及视频资料，但为了解项目工程的进展，笔者冒雨前往项目工地，实地勘察项目实施情况，了解垃圾处理流程。若缺少了深入一线这一重要工作步骤，律师就无法直观地了解到案件的真实情况，更遑论出色地完成代理工作。

第四，反馈高效高质。律师在日常服务政府的过程中常需要

〔1〕中共中央党史和文献研究院、中央学习贯彻习近平新时代中国特色社会主义思想主题教育领导小组办公室编：《习近平关于调查研究论述摘编》，党建读物出版社、中央文献出版社2023年版，第4页。

高效地处理突发事务，高质地完成行政复议案件、行政诉讼案件的代理工作。以行政诉讼为例，政府应当在收到起诉状副本之日起十五日内向法院提交答辩状，[1] 为此，律师必须迅速反应，与政府经办人员沟通，收集、整理据以做出行政行为的相关证据材料和法律依据，并撰写答辩意见，再将所有材料交至法规部门，由领导签批，盖章后提交法院。律师要在极短的时间内完成委托事项，这无疑是对其执行力的严峻考验。

第五，提出解决方案。当律师发现政府工作中的问题时，不能只抛出问题，还要附带解决方案，甚至是几套不同的解决办法。简言之，律师不宜让政府做问答题，要创造条件让后者做选择题、判断题，这是律师应尽的服务之道。只能提出问题的律师未必是政府心目中的优秀律师，善于发现问题、评估风险、为政府设计多种解决路径的律师才是政府真正需要的专业法律顾问。笔者在为某街道办事处提供法律顾问服务时就深有感触。街道办事处和人民群众联系紧密，往往是政府落实工作的“最后一公里”，处理基层法律事务需要结合当地的实际情况，提出既能化解矛盾又切实可行的解决方案。

第六，定期汇报总结。律师在担任政府法律顾问的过程中，欲让政府“看得见”律师的具体服务，就要把工作内容、工作成果以文本的形式固定下来。笔者平时在为政府提供法律服务时，会对每一次完成的工作都进行登记，定期汇总，以便政府能清楚地了解到律师的工作内容和工作质量。到了年底，律师有必要向政府提交书面版的《法律顾问服务年度报告》，对一整年的顾问

〔1〕《行政诉讼法》第六十七条第一款规定：“被告应当在收到起诉状副本之日起十五日内向人民法院提交作出行政行为的证据和所依据的规范性文件，并提出答辩状。”

工作做出系统的梳理和总结，并提出相应建议。同时，律师团队内部要定期（建议起码半个月一次）总结工作中发现的问题，及时与政府工作人员探讨，在双方的良性互动中提高顾问服务质量。

四、律师担任政府法律顾问的若干经验

虽然政府对法律顾问服务的需求不断扩大，但律师行业内部的竞争也愈发激烈，如何优化服务方式，提供更有含金量的顾问服务，在此介绍五点个人经验。

第一，重视顾问团队建设，有效应对服务需求。新形势下的政府法律顾问服务早已不再是“单打独斗”式的由一名律师来应对所有工作，而是“抱团取暖”式的由多名律师组成法律顾问团队，以便有效应对政府的各种法律服务需求。律师服务团队要形成金字塔式的人员结构：团队由资深律师领衔，亲自指挥处理疑难复杂问题，配备刻苦肯干、执业经验丰富的骨干律师负责处理日常事务，并指导年轻律师的日常工作。如此组团，方能使团队内部分工明确，团队成员通力合作。团队负责人务必要花精力招聘优秀的骨干力量、年轻的后备力量，实现团队成员的梯队化建设。不仅如此，团队内部还要建立定期的学习交流机制（建议每周一次），保持知识共享，确保信息互通，促进共同进步。

第二，树立律所间合作理念，争取交流学习机会。不少政府在选择法律顾问时，往往不止委托一家律师事务所，而是同时委托多家律师事务所共同提供服务。在这种情况下，律所间的竞争关系尤为明显。但这种竞争并不是拳击式的互相搏斗，而是跳高式的合作共赢。律师要树立合作的理念，博采众长，从优秀的同行身上学习经验，取长补短。同时，律师要有更为宽阔的眼界，争取机会走出去，向其他省、市的优秀律师学习，积极参加专业的论坛或研讨会，逐渐将优质的理念和知识内化于心、外化于行。

第三，善于运用公开渠道，把握政府工作动态。律师一要关注各级政府发布的《政府工作报告》，从宏观层面了解政府过去一年的施政情况以及未来一年的工作计划。二要关注服务的政府及其上级政府的官网和微信公众号，这有利于律师充分了解政府的最新动态，尤其包括政府开展的专项行动以及规范性文件的增、改、废等情况，保持接收信息的敏锐度。三要关注中央党政机关的媒体平台，从上至下地把握相关信息。四要深入研读《人民政府公报》，把握政府工作的脉络，了解政府的工作重点，从而寻找到政府法律顾问工作的发力重心。上述都是政府顾问律师应有的动作，需要长期坚持。

第四，研究行业发展动态，推进服务型政府建设。随着时代的发展、科技的进步，各领域的新业态层出不穷，政府必须跟上新业态的发展速度。比如近年来交通运输领域内技术不断革新，但交通主管部门的监管手段却未相应提升，仍然沿用原有的监管模式，如对网约车的监管，政府普遍要求管理对象在本地设立分公司或办事机构，使平台企业的运营成本相应上升。又如在市场监督管理领域，随着网络交易平台的兴起，政府原有的价格监督检查模式、广告违法行为管理模式也迎来新的挑战。在新形势下，律师要与时俱进，着力研究行业发展新动态，为政府提供专业性意见，推动政府管理方式和方法的更新迭代，满足服务型政府建设的需求。

第五，化解政府工作难题，开拓新型业务领域。政府法律顾问不能仅满足于完成行政规范性文件合法性审查、重大行政执法决定合法性审查、行政协议合法性审查等日常法律服务工作，要时刻有意识地提高自身的不可替代性。这就要求律师必须抓住政府工作的痛点、难点，创新性地提出富有成效的解决方案。试举一例。近年来一些地方政府面临巨大的财政压力，为化解地方政府的偿债压力、平滑财政支出，前几年PPP项目（政府和社会资本合作）发展得如火如荼，许多律师投身其中。但随着监管收紧以及政府和社会资本合作新机制的政策落地，新增项目数量骤减，相关的法律服务业务也受到了冲击，律师如何在变局中求新局？唯有积极转变服务思路，为政府管好“钱袋子”，守好法律关。例如可以将服务工作的重点从前期的咨询、督导转移到存量项目的争议解决。又如协助政府客户有效识别隐性债务和交易风险，并提出有针对性的审计和监管应对方案。再如在保障国有企业合规融资方面开拓创新，研发存量资产盘活法律服务产品，助力国有企业形成投资良性循环。

五、政府法律服务产品

法律服务产品对于政府法律顾问的工作具有重要意义。法律服务产品既是对工作经验的提炼、总结，又是对工作业绩的梳理、展示。对律师而言，开发法律服务产品往往能有效改变政府对顾问律师只善于提供日常咨询、讲授新法、合同审查、行政复议、行政诉讼等传统法律服务的固有印象，提升顾问律师在处理政府重大疑难事项中的价值，从而为其争取到与政府更多的合作机会。对政府而言，律师以法律服务产品为载体，变按需服务为主动服务，以事前防范代替事后化解，在为政府解决问题方面会更有作为。由此，律师的法律服务产品清单其实也是律师的“能力清单”，能够供政府精准锁定不同情形或需求下可供选择的法律服务项目。在此列举以下几种常见的法律服务产品。

（一）规范性文件审查（侧重公平竞争审查）法律服务产品

公平竞争是市场机制高效运行的重要基础，但目前地方保护、区域封锁等不符合建设全国统一大市场的现象仍然存在。尤其是部分地方政府曾经制定的规范性文件可能存在违背公平竞争审查要求的情形，需要及时、有序清理。经验相对丰富的律师可以协助政府在较短时间内对存量文件进行梳理、审查。

（二）政府信息公开法律服务产品

随着《政府信息公开条例》的进一步修改，以公开为原则、以不公开为例外的理念已逐渐深化，但政府信息公开仍是许多政府的大难题。该法律服务产品对政府信息公开的全流程进行梳理，从明确是否属于政府信息，到如何检索，再到如何回复等做出详细说明，分步骤指导政府工作人员合法应对政府信息公开申请。

（三）政府立法法律服务产品

律师参与政府立法业务的技术难度大、服务周期长，对律师的独立研究能力、实证调查能力、问题分析能力和统筹协调能力提出了很高的要求。律师可以将政府立法法律服务产品设计成六个服务阶段，即课题准备阶段、前期研究阶段、实地调研阶段、疑难问题研究阶段、成果撰写阶段、结题验收阶段。律师团队须在各阶段确定任务要求、时间节点及律师分工等，确保服务项目有序进行。

（四）地方政府债务管理法律服务产品

为解决政府违规举债带来的偿债风险，在风险防控方面，律师可着力从社会资本方和政府方这两个角度对政府投资项目进行合规检查、跟踪服务，确保项目融资模式不构成政府隐性债务。在化解存量债务方面，律师可积极谋划，盘活存量资产，整合现有资源，实现政府债务化解和国企转型升级的“双覆盖”。

（五）招商引资协议审查法律服务产品

招商引资是政府主导和企业广泛参与的一项重要工作，是指地方政府向投资者推介当地优势，争取投资者到当地开展包括直接或间接投资的各类投资活动。签订招商引资协议是政府开展这项工作的重要内容之一。律师可以研发招商引资协议审查的法律服务产品，主要内容包括：协议主体审查，土地出让条款和协议供地条款审查，估值调整协议审查，补助资金条款审查，税收优惠条款审查，项目用地收回及相关条款审查，项目公司条款审查，政策调整条款审查等。

（六）执法案卷评查法律服务产品

执法能力对于法治政府建设具有重要意义，执法案卷作为案件办理的书面记录，直接体现了政府的执法水平。律师可以研发执法案卷评查的法律服务产品（如评查行政处罚案卷），主要内容包括：行政执法主体是否适格、是否具有执法权限，行政执法人员是否具备执法资格，执法对象是否认定准确，案件事实是否清楚，证据是否合法、充分、确凿，审核行政执法程序是否合法，审核适用法律、法规、规章是否准确，裁量基准运用是否适当，行政执法文书是否完备、规范，违法行为是否涉嫌犯罪、需要移送司法机关等。律师可以先评查个案办理情况，再对政府执法活动提出切实有效的建议，以期达到以点带面提升政府执法能力的良好效果。

附录三　行政规范性文件合法性审查[1]

新时代以来，党中央、国务院高度重视行政规范性文件制定的监督管理。2013年《中共中央关于全面深化改革若干重大问题的决定》要求“完善规范性文件、重大决策合法性审查机制”。2018年《国务院办公厅关于全面推行行政规范性文件合法性审核机制的指导意见》（国办发〔2018〕115号，以下简称《意见》）及2021年《法治政府建设实施纲要（2021—2025年）》对行政规范性文件合法性审查工作作出了进一步的规定。与此同时，不少省、自治区、直辖市相继出台规范性文件的管理办法。由此，行政规范性文件的合法性审查在全国范围内全面铺开，已成为担任政府法律顾问的律师须承担的一项重要法律业务。

一、行政规范性文件合法性审查的前提

（一）准确掌握行政规范性文件的含义

2018年，《国务院办公厅关于加强行政规范性文件制定和监

〔1〕史庭来、赵青航：《律师参与行政规范性文件合法性审查的经验启示》，载《中国律师》2022年第7期，本书收录时做了较大幅度的修改。

督管理工作的通知》（国办发〔2018〕37号，以下简称《通知》）对行政规范性文件作出界定："行政规范性文件是除国务院的行政法规、决定、命令以及部门规章和地方政府规章外，由行政机关或者经法律、法规授权的具有管理公共事务职能的组织（以下统称行政机关）依照法定权限、程序制定并公开发布，涉及公民、法人和其他组织的权利义务，具有普遍约束力，在一定期限内反复适用的公文。"同年，《浙江省行政规范性文件管理办法》（以下简称《办法》）颁布，其延续了《通知》对行政规范性文件的概念界定。本节所讨论的行政规范性文件，系《通知》和《办法》所确定的行政规范性文件之含义。行政规范性文件的特征包括：[1]（1）行政性。以行政机关名义作出，内容属于行政管理或者公共服务的范围，作为行政机关履行职责的依据。（2）外部性。调整对象为与行政机关不具有行政隶属关系的外部管理对象。（3）规范性。内容涉及公民、法人或者其他组织的权利义务，在一定时期内反复适用，具有普遍约束力。

（二）判断制定主体是否适格

行政规范性文件的表现形式有命令、决定、公告、通知、办法等，种类繁多、形式多样，仅从名称难以对其作出准确认定。从形式上认定一份文件是否属于行政规范性文件，关键要看其制定主体是否适格。《通知》规定行政规范性文件的制定主体是行政机关，但并非所有行政机关都可以作为行政规范性文件的制定主体。《办法》第七条第一、第二款规定的可以制定行政规范性文件的行政机关包括各级人民政府，县级以上人民政府所属工作部门，县级以上人民政府依法设立的派出机关，法律、法规授权

〔1〕参见《浙江省行政规范性文件合法性审查指引（试行）》。

的具有管理公共事务职能的组织。同时，《办法》第七条第三款也作出反向列举，即“县级以上人民政府所属工作部门的内设机构或者派出机构，以及不具有行政管理职能的机构，不得制定行政规范性文件。法律、法规另有规定的除外”。

县级以上人民政府所属工作部门的内设机构或者派出机构相对容易辨别，如公安派出所、各行政机关的内部处室等都不具备制定行政规范性文件的权力，其在日常工作中制定的文件不能被认定为行政规范性文件。此处较难把握的是认定具有管理公共事务职能的组织制定的文件之性质。律师要认定这类组织是否有权制定行政规范性文件，首先，要分析其管理的事项是不是公共事务，这就需要通过“三定”方案等文件加以认定。其次，律师要判断该文件是否在法定授权范围内，须审查其接受授权的相关法律文件。实践中，诸如高校、房屋征收办公室等往往都属于具有管理公共事务职能的组织，但若超越授权范围制定的文件便依然不能被认定为行政规范性文件。

随着国家治理体系和治理能力的不断提升，行政机构改革深入推进，一些行政机关在改革后成为参公管理的事业单位。如某管理局经改革后成为某管理中心，其是否还有权制定行政规范性文件？律师应依据“三定”方案等文件判断该中心是否属于管理公共事务职能的组织，以及该中心是否被授权参与某类具体事务的管理。若不具备上述条件，其制定的文件就不能被认定为行政规范性文件。

（三）判断是否涉及公民、法人和其他组织权利义务，具有普遍约束力，在一定时期内反复适用

行政机关在日常工作中不仅需要制定行政规范性文件，还常会制定其他文件。如何认定某一份文件是否应作为行政规范性文

件制发，是律师需要关注的问题。

《意见》指出："凡涉及公民、法人和其他组织权利义务的规范性文件，均要纳入合法性审核范围，确保实现全覆盖，做到应审必审。行政机关内部执行的管理规范、工作制度、机构编制、会议纪要、工作方案、请示报告及表彰奖惩、人事任免等文件，不纳入规范性文件合法性审核范围。"再结合行政规范性文件的定义，可以得出结论，是否涉及公民、法人和其他组织的权利义务，并具有普遍约束力且在一定时期内能够反复适用，成为判断行政机关制定的公文是否属于行政规范性文件的实体认定标准。

现实中涉及公民、法人和其他组织权利义务之规定的表现形式多种多样，常见的内容审查包括涉及公平竞争的审查、涉及公共信用信息管理的审查、涉及优化营商环境的审查、涉及行政职责的审查等。律师须对诸多情形严加甄别，如行政机关制定的文件里出现"降低其信用等级""限制其参与……"等表述，则会被认定涉及公民、法人和其他组织权利义务的情形。根据笔者的经验，若将以上表述调整为"按有关规定管理"，便可视为引出其他规定的一种指引行为，能够避免被认定为直接涉及公民、法人和其他组织权利义务的情形，进而使文件不会被定性为行政规范性文件。

关于是否具有普遍约束力并在一定时期内能够反复适用的认定，律师可用反向判断的方法，判断文件是否针对特定主体作出，是否针对某事项作出。例如行政机关对某一事件作出的行政处理决定（如奖惩文件、信访答复）就不具有普遍约束力，而且只能一次性适用于该事件，故此类决定就不能被认定为行政规范性文件。

二、行政规范性文件合法性审查的要点

（一）审查是否超越职权或违反上位法

《办法》第五条规定："行政规范性文件应当符合法律、法规、规章的规定，依照法定权限、程序制定。行政规范性文件不得设定行政许可、行政处罚、行政强制等事项；不得违法制定含有排除或者限制公平竞争内容的措施；没有法律、法规依据，不得减损公民、法人和其他组织的合法权益或者增加其义务。"《意见》和《通知》亦对行政规范性文件的制定作出了严禁越权发文和明确审核职责的规定。据此，是否超越职权或违反上位法是律师审查行政规范性文件合法性的重中之重。

超越职权或违反上位法分为两类情形：第一类情形系主体违法，即行政规范性文件本身系制定主体超越其职权范围或违反上位法规定所制定；第二类情形系行为违法，即行政规范性文件本身系有权主体制定，但其具体条文存在超越制定主体职权范围或违反上位法规定的情形。

针对第一类情形，通常而言，行政主体的行政规范性文件制定权与其事务管辖权相同，由法律、法规和规章予以明确。例如《浙江省公路条例》第四条第一款规定："县级以上人民政府交通运输主管部门主管本行政区域内的公路工作；高速公路的监督管理职责由省、设区的市交通运输主管部门承担。"由此至少可以得出两个结论：一是交通运输主管部门以外的政府职能部门不能就本行政区域内的公路工作制定相关行政规范性文件；二是县级人民政府交通运输主管部门不能就高速公路的监督管理制定行政规范性文件。

针对第二类情形，即行政性规范文件中的部分条款系制定主体超越其职权范围或违反上位法的规定而制定。例如《国务院关

于清理规范税收等优惠政策的通知》（国发〔2014〕62号）中规定："未经国务院批准，各地区、各部门不得对企业规定财政优惠政策。"据此，行政规范性文件若违反该通知的内容对企业的财政优惠政策作出规定，便属于超越职权范围。

实践中，律师在审查行政规范性文件是否超越职权或违反上位法时，常会先将该行政规范性文件所涉垂直事务管理领域内的上位法与该行政规范性文件进行比对。例如在对《关于进一步加强某省交通建设工程安全生产管理工作的若干规定》（草案）进行合法性审查时，律师往往会先将其与《安全生产法》《公路水运工程安全生产监督管理办法》《某省交通建设工程质量和安全生产管理条例》进行比对。虽然与垂直事务管理领域内的上位法进行比对是合法性审查的关键步骤，但完成此种审查还不足以对行政规范性文件的合法性作出判定。比较容易忽视或遗漏的是将规范性文件和一些综合性的上位法（尤其是看似其他领域的上位法）进行比对的工作。须知，行政规范性文件中的任何一个条文若违反了上位法的任何一项规定，都会招致该文件的合法性被否定的法律后果。因此，律师应当精准、全面地审查行政规范性文件中具体条文的合法性。例如律师在审查上文所提规定的合法性时，除了要对垂直事务管理领域内的上位法进行全面比对，还务必将与条文所涉其他相关领域的上位法（如《民法典》《行政处罚法》《劳动合同法》《某省公共信用信息管理条例》）作出有针对性的比对。要想做到这一点，律师需要不断夯实专业功底，不懈积累实践经验，以此提高审查的敏感性，从而准确地作出判断。

（二）审查是否违反法定制定程序

正当程序是行政法的基本原则，程序正义是实体正义的保证，行政规范性文件的制定过程亦须遵循该要求。在制定行政规范性文件的过程中，行政机关须严守法定程序。《通知》规定："行政规范性文件必须严格依照法定程序制发，重要的行政规范性文件要严格执行评估论证、公开征求意见、合法性审核、集体审议决定、向社会公开发布等程序。要加强制发程序管理，健全工作机制，完善工作流程，确保制发工作规范有序。"目前，行政机关在制定行政规范性文件的过程中基本上能够遵循法定程序，但尚存在薄弱环节，特指出两个常见的问题。

第一，起草单位在报送行政规范性文件合法性审查时，提供制定依据不全面、不完整的情况时常发生。起草单位应完整地提供规范性文件的制定依据，包括文件制定所依据的法律、法规、规章、上级规范性文件等。建议起草单位将制定依据逐条标注在条文下方，便于后续的审查者（包括律师）能更有针对性地进行逐条审查。

第二，合法性审查重形式、轻实质的现象普遍存在。尊重程序绝不等于只看形式，切忌将行政规范性文件的审查视作"走过场"。《意见》规定："除为了预防、应对和处置突发事件，或者执行上级机关的紧急命令和决定需要立即制定实施规范性文件等外，合法性审核时间一般不少于5个工作日，最长不超过15个工作日。"当前，行政机关一般能做到对拟制定的行政规范性文件启动合法性审查程序，但常忽视审查质效。有些行政机关要求审查机构于两三个工作日内对文件草案出具审核意见，导致有的审查机构不得不要求律师"夕发朝至"。《意见》对合法性审查专门作出时间规定，正是考虑到该过程所需花费的合理时间，若时间过短，审查效果可想而知。

（三）审查是否符合最新的政策导向

除了上述通行的审查要点，律师在审查行政规范性文件合法性时还应紧跟时代背景，关注政策导向。随着中国特色社会主义法治体系的不断完善，行政规范性文件有了更成体系化的上位法依据，不仅包括正式的行政法法律渊源，而且包括党和国家的政策以及地方的重要文件。后者体现国家最新的发展形势，紧贴地区实际的发展需求。律师在审核时必须领会政策精神，汲取文件要义，确保行政规范性文件与时俱进、科学合法。

三、行政规范性文件合法性审查的拓展与深化

（一）对行政规范性文件的合法性审查不应局限于“不违法”标准

符合以上合法性审查要素的行政规范性文件虽不会被认定为“违法”，但“不违法”绝不等同于“合法”。行政规范性文件合法性审查的本质是对行政机关是否依法行政作出全面、精准的判断。《全面推进依法行政实施纲要》将依法行政的基本要求概括为合法行政、合理行政、程序正当、高效便民、诚实守信、权责统一。基于此，律师审查行政规范性文件的合理性、科学性、适当性[1]是合法性审查的题中应有之义。

（二）注重对行政规范性文件制定必要性、实用性的审查

制定行政规范性文件须遵循合理性原则。正如《通知》所指出的：“严控发文数量。凡法律、法规、规章和上级文件已经作出明确规定的，现行文件已有部署且仍然适用的，不得重复发文；对内容相近、能归并的尽量归并，可发可不发、没有实质性内容的一律不发，严禁照抄照搬照转上级文件、以文件‘落实’文

---

〔1〕行政规范性文件明显不适当的主要情形有：(1) 明显违背社会主义核心价值观和公序良俗；(2) 对公民、法人或者其他组织的权利和义务的规定明显不合理，或者所规定的手段与行政管理目的明显不匹配；(3) 拟采取的措施明显脱离实际。参见《浙江省行政规范性文件合法性审查指引（试行）》。

件。确需制定行政规范性文件的，要讲求实效，注重针对性和可操作性……”《办法》也提出了相似要求。

实践中，行政机关为了制定文件而制定文件的现象时有发生。对比各地制定的行政规范性文件和相关上位法后不难发现，一些行政规范性文件的文字重复率较高，有些条文甚至是直接从上位法中照搬照抄而来，而真正需要明确、细化之处却一笔带过，未能发挥行政规范性文件的应尽之效。实际上，国家赋予行政机关制定行政规范性文件之权力的主要目的是应对复杂的现实情况，鼓励行政机关结合当地实际，在符合上位法的前提下制定出因地制宜、操作性强、便于落地的具体规定，以弥补上位法中难以或不宜规定过细的部分。因此，如果上位法已有明确规定的事项，且可以直接适用的，完全不必再以行政规范性文件的形式加以重复。针对上位法中有待进一步细化之处，才有制定行政规范性文件的必要。[1] 控制数量、提高质量，是保证行政规范性文件制定合理性的关键方法，也是律师判断文件制定合理性的重要标准。

行政机关在制定行政规范性文件前可参照立法过程中的立法前评估，委托律师对行政规范性文件所涉内容进行调查研究，针

[1] 习近平总书记针对党内法规的制定工作曾作出过精辟的论述：“要坚持科学立规、民主立规，确保每项党内法规都立得住、行得通、管得了。不要搞那种形式主义，写一堆套话，最后都没有用，就是凑份子，与其这样不如不立。每一部法规文件，质量要上去，一个是严谨性，包括文字的精炼、准确，于法周延、于规周详，都能体现出来。不要着急，得慢慢磨。根本你要有调查研究的基础，要对于我们的党章这些有深刻的理解，相关联的一些规则都要熟悉，知道他们相互关系。已经重复了的就不要再在这讲，别的法规该管的事情就不是这个法规再去啰嗦的，某个法规就管某一方面的问题，针对性很强。”中共中央党史和文献研究院、中央学习贯彻习近平新时代中国特色社会主义思想主题教育领导小组办公室编：《习近平关于调查研究论述摘编》，党建读物出版社、中央文献出版社 2023 年版，第 8 页。笔者认为，总书记对党内法规制定工作提出的要求同样适用于行政规范性文件的制定。

对制定行政规范性文件的必要性和实施后可能带来的影响（包括正面影响和负面影响），通过定性、定量等研究方法做出事先评估，以提高文件制定的合理性。

（三）注重对行政规范性文件实施效果的科学性审查

即使一份行政规范性文件在制定时是合法、合理的，也难以保证其在实施一段时间后就一定能产生良好的社会效果。中国当前正处于社会经济高速发展的新时代，静态规范不足、滞后的现象既常见，也不可避免。为此，律师在做更深层次的合法性审查时不能仅停留在静态审查，还须通过科学的评估方法掌握其运行的动态效果，以便及时发现问题并进行纠偏，此即动态的合法性审查。理论界和实务界对立法后评估已有不少有益实践，但对行政规范性文件制定后的评估尚处于探索阶段，律师应积极参与这项业务，致力于通过制定后评估持续保障行政规范性文件的科学性。

附录四　如何做好法律研究业务[1]

一、律师参与法律研究业务的优势

律师的法律研究业务通常由行政机关、事业单位、企业等通过公开招标、委托研究等方式产生。上述主体委托符合条件的律师事务所开展研究，由后者根据要求和约定提供相应的法律研究成果，这类业务被称为法律研究业务。律师在与委托人管理领域、所在行业、产业相关的具有涉法因素的领域中具有以下显著的法律研究优势。

第一，律师具有跨学科的思维方式。律师的跨学科思维使他们能够将法律知识与行业知识相结合，从而有效地解决法律研究业务中的难题。例如法律顾问服务的内容复杂性与对象差异性，要求律师在提供顾问服务时，除了需要熟练掌握民事、商事、刑事、劳动等法律规定，还应根据企业的行业属性和经营范围掌握相关的法律规范及政策依据。这种跨学科的知识积累和思维方式

〔1〕 赵昕阳、褚亮、赵青航：《律师如何做好法律研究业务》，载《中国律师》2025 年第 6 期，本书收录时做了较大幅度的修改。

赋予律师跨越单一法律领域的能力，并整合来自金融、科技、工程等多领域的信息和见解，为委托人提供全面、新颖的法律分析和解决方案。

第二，律师的社会关系网络在研究过程中能够发挥独特优势。一是知识方面的优势。由于律师的服务对象涉及各地的多种职业、行业，他们不仅有条件谙熟某一地区、某一群体的地方性知识，而且有机会了解多个区域、多个群体的相关情况。这使律师在调研时能跳出狭隘的单一视角，洞察调研对象的核心问题，进而提出独到的研究观点。二是社会资源方面的优势。律师的社会关系网络涵盖律师群体、媒体以及长期支持他们的社会各界人士。这为律师的法律研究业务提供了多渠道、多方位的支持。例如律师可以组建具有共同研究兴趣的专业团队，收集来自社会的多方意见，向有关支持者争取研究资源，而且律师广泛的社会交往使其在调研中具有一定的不可替代性。

第三，律师工作具有紧密联系实践的特质。在法学界的学术研究中，研究者们有时会忽视理论与现实生产生活的紧密联系。“如果问题本身没有什么意义，甚至是一个伪命题，那么，而后的全部研究都会变得没有什么价值，甚至是毫无价值。”〔1〕“一个好的社会调查研究者必须善于观察问题和发现问题，保证调查研究的前沿性和现实性。”〔2〕律师在日常服务委托人的过程中具有紧密结合实际的优势，有机会深入了解、剖析委托人所在行业的状况，具备个体经验的支撑，能发现实际存在的问题。其中，不

〔1〕《马克思主义与社会科学方法论》编写组编：《马克思主义与社会科学方法论》，高等教育出版社2018年版，第19页。

〔2〕邢占军、衣芳主编：《社会调查研究方法》，人民出版社2010年版，第5页。

乏新颖的问题能够反映社会上的一些现象，解释社会中存在的部分难题，具有实际的应用价值，能够助推个体、组织和社会的高质量发展。

第四，律师的办案思维能够强化法律研究结论的实证基础。尽管法律研究业务与传统的律师业务（尤其是诉讼业务）存在显著的差异，但二者并非完全割裂，而是具有天然的关联性。律师在开展法律研究业务时，办案思维不可或缺。办案思维强调精确理解法律条文和灵活运用法律规则，遵循这种思维所做的法律研究业务往往更具专业性。律师通过法律解释学、司法判例分析等方法，研判法律研究的结论能否获得行政机关、司法部门的认可。这为律师产出扎实的应用法学研究成果提供有力的支撑，确保研究成果的有效性和实用性。

二、律师开展法律研究业务的调研方法论

（一）调研的基本态度与要求

“调查研究是谋事之基、成事之道。没有调查，就没有发言权，更没有决策权。”[1] 律师在做法律研究业务时，应深入调研，得出既切合实际又精准细致的研究成果。律师若一味地闭门造车，与一线工作相脱节，最终提供的法律研究成果必会脱离实际。下文介绍律师调研的基本态度与要求。

第一，尽量掌握第一手资料，注重实效。调研常存在形式主义的风气，“面对火热的社会生活，一些同志深入实际不够，习

[1] 中共中央党史和文献研究院、中央学习贯彻习近平新时代中国特色社会主义思想主题教育领导小组办公室编：《习近平关于调查研究论述摘编》，党建读物出版社、中央文献出版社2023年版，第4页。

惯于跑机关、泡会议、抄材料，或借助网络摘抄拼凑，……”[1]显然，基于这样的调研难以产出蕴含实用价值的创新成果。只有踏踏实实地深入一线，掌握第一手资料，才能得出具有实践指导意义的法律研究结论。

第二，坚持问题导向。以问题意识为导向的研究路径是引领、组织法律研究业务的基本逻辑。发现问题、分析本质、探索规律、提出方案，构成整个研究的核心任务。其中，律师调研是发现问题、研究规律、寻求解决的必经步骤。

第三，坚持细致钻研，拒绝表面研究。不深入的、蜻蜓点水式的调研，难以获取真实情况。单次调研、形式化调研催生的话题（尚不能称之为“课题”）往往只能触及表面问题，难以发现问题的症结所在。律师应把调研融入日常为行政机关、事业单位、企业等委托人提供法律服务的全过程之中，即律师既主动服务，又主动调研，将调研内化于服务过程中，推动调研活动的常态化。[2] 唯有如此，律师才能不断深化对研究重点、难点的认识，产出富有建设性的成果。

第四，坚持系统观念，全面调查，真正把情况摸实摸透。系统观念是具有基础性的思想和工作方法。系统观念要求调研者应将与调研对象相关的因素有机地联系起来，构建完整的研究体系。由此，律师须深入探索研究对象及其内部之间的联系与规律，广泛、全面地收集材料，摸实摸透真实情况，以期实现从感性认识

[1] 中共中央党史和文献研究院、中央学习贯彻习近平新时代中国特色社会主义思想主题教育领导小组办公室编：《习近平关于调查研究论述摘编》，党建读物出版社、中央文献出版社2023年版，第76页。

[2] 这样的做法还能提升委托人的服务体验，从而增强律师对委托人的服务黏性，增加双方深化合作的动力。

到理性认知的“质”的飞跃。

第五，注重内外合作，发挥多方优势。大型法律研究项目不会只涉及单一的专业领域，这就要求不同专业的律师紧密配合、分工协作。同时，律师可以与政府、高校、科研院所、智库、行业协会、企业的有关专家进行深度合作，依托大数据、人工智能、5G等现代化技术开展调研，有效借力，凝聚合力，使法律研究业务获得人才与技术的支撑。

（二）调研设计

律师基于法律研究进行的调研，通常是解释性、应用性、专题性调研，即从解决问题的角度出发，针对某一具体现象或问题开展调查，“主要探寻研究主题现象背后的原因，揭示研究对象或者研究主题发生变化的内在规律和运行模式”，[1] 并力图在此基础上提出切实可行、有针对性的意见或建议。

律师在着手调研之前须制定一份详尽的调研方案，一份精心设计的调研方案可以让调研取得事半功倍的效果。在制定调研方案时，律师应遵从实用性、时效性、经济性、弹性等有关调研设计的基本原则。调研方案应涵盖从调研题目的选定与研究启动，到资料的全面搜集与深入分析，直至调研报告最终撰写完成。调研方案具体包括确立调研的目的、界定调研对象、确定调研内容、选择调研方法、安排调研时间、经费预算和后勤保障等。

（三）调研的具体方法

1. 检索：调研前的准备工作

在调研前，律师应先做好文献检索和法律检索工作，为之后的调研确定方向。文献检索在调研中起到基础性作用。首先，文

[1] 廉思：《如何有效开展调查研究》，人民日报出版社2019年版，第38页。

献检索可以帮助律师了解某项法律研究业务在该领域已有的研究成果。其次，筛选出的优质研究成果能为律师提供可参考的研究思路和方法。最后，检索的文献可以为律师解释、论证重要的研究结论提供必要的理论依据和学术支持。在检索文献时，律师可以交替使用检索工具查找法和参考文献查找法，[1] 力求在资料准备上达到"穷尽"的程度。

法律检索是律师在工作中获取法律规范、案例、资讯等信息的重要方法。"全面无误地检索法律规范及相关信息则是关键。如果检索的法律规范及相关信息不全面，有遗漏，甚至不准确，将直接影响调研结论及律师建议。"[2] 法律检索要求律师拥有扎实的法律基础知识和清晰的逻辑思维能力，当面对一个不熟悉或不确定的法律问题时，律师需要迅速辨析问题的本质及其所属法律领域，通过检索找出对应的信息，解决相关的问题。法律检索能力是在理论与实践的互动中获得的，律师通过法律检索获取有效信息，这些有效信息又能拓展法律检索的广度与深度，以此不断往复。

2. 四种调研方法

在完成前期准备工作后，律师遂深入调研。调研方法大体包括问卷法、深入访谈法、座谈法、大数据法等。问卷法是"运用统一的有问有答的资料搜集工具向各个被调查人了解情况与意见的一种方法"。[3] 问卷通常分为结构化问卷和无结构问卷。结构化问卷指的是每个问题都事先预设了可能的答案，调研对象可以

〔1〕 参见吴增基、吴鹏森、苏振芳主编：《现代社会调查方法》（第五版），上海人民出版社 2018 年版，第 137－138 页。

〔2〕 李大进主编：《非诉讼业务律师基础实务》，中国人民大学出版社 2014 年版，第 80 页。

〔3〕 宋林飞：《社会调查研究方法》，上海人民出版社 1990 年版，第 232 页。

从中选择恰当的答案。这类问卷适合需要量化结果的大范围的研究，便于将不同类型的调研对象进行对比分析。无结构问卷中的问题虽是统一的，但事先未列出任何选择答案，调研对象可以根据自己的情况自由回答。这类问卷适合不需要量化，且对调研对象主观反馈诉求较高的研究。律师可以根据不同的调研需求选择使用上述两种问卷，或灵活地交叉使用。

深入访谈法主要用于“搜集个人的特定经验过程及其动机所做的访问”“被广泛用于对于个人生活史及有关个人行为、动机、态度等的深入调查中”。[1] 定性研究主要依靠访谈法来完成，律师调研应主动走入田野、走到现场、走进一线，与调研对象面对面地深入交流。但该研究方法存在一定的缺陷，即“那种不开调查会，不作讨论式的调查，只凭一个人讲他的经验的方法，是容易犯错误的。那种只随便问一下子，不提出中心问题在会议席上经过辩论的方法，是不能抽出近于正确的结论的”。[2] 由此需要引入座谈法。

座谈法亦称为会议调查法，是指调研者邀请若干被访者，通过座谈的方式回答问题，“围绕某一焦点，基于结构化、半结构化或非结构化的座谈提纲系统地访谈一群参与者”，[3] 从而搜集资料，针对焦点做出定性的调查方法。实践中，座谈既可以是调研者与被访者以口头交流的形式进行面对面的直接调研，也可以是以书面咨询、电话会议、网络会议等形式进行间接调研。[4] 该研究方法既可以在研究进行时使用，从而帮助调研者改进、完善

---

〔1〕 张彦、吴淑凤编著：《社会调查研究方法》，上海财经大学出版社2006年版，第112页。

〔2〕 毛泽东：《毛泽东选集》（第一卷），人民出版社1991年版，第116页。

〔3〕 廉思：《如何有效开展调查研究》，人民日报出版社2019年版，第199页。

〔4〕 参见张晓琼主编：《社会调查研究方法教程》，山东人民出版社2011年版，第161页。

一些定量研究方法，也可以在研究后期用于进一步有针对性地补充资料，便于更全面地解释定量研究结果。

大数据法也被称为定量分析法，是指“将研究对象加以定量化表述以及综合处理，以探索、揭示事物内在数量规律的过程和方法”。[1] 使用该方法时常依赖于一些统计分析系统，如SPSS、SAS、BMDP、LISREL、AMOS、HLM。很多时候，若缺乏足够详实的数据支撑调研结果，研究成果便如无源之水、无本之木，其说服力和实际效用将大打折扣。

三、律师撰写法律研究报告的要求

法律研究业务的成果须以研究报告的形式呈现。通常而言，该类报告围绕特定的法律问题展开，具有明确的主题；所选材料均来自实践素材，具备典型性甚至创新性；报告结构清晰，逻辑严密，体现出较强的整体性和系统性。律师撰写法律研究报告的基本要求如下。

第一，在理念层面。首先，坚持正确的政治方向。律师应对研究报告的主题和内容具有政治敏感度。“在社会思想观念多元多变、各种文化交流交融交锋情况下，自觉坚持以马克思主义为指导，坚持正确的政治方向、价值取向、学术导向，尤为重要。”[2] 其次，坚持理论与实践相结合。在研究和写作时须防止两种错误倾向，一种是开中药铺式的罗列现象，不作任何理论分析；另一种是用一些空洞的原理或信条来解释现象。[3] 前者缺乏

〔1〕 戎安编著：《调查研究科学方法》，中国建筑工业出版社2008年版，第155页。

〔2〕 王伟光：《深入开展“两学一做” 如何繁荣中国特色哲学社会科学》，载《人民论坛》2016年第24期。

〔3〕 参见张性秀、常艳娥编著：《调查研究理论与方法》，国防科技大学出版社2001年版，第35－36页。

批判性的独到见解，创新性不足；后者则陷入教条主义，不能适应复杂多变的实践情形。律师应充分把握好理论与实践的关系，既要发挥自身的实务优势，又要重视对应的理论学习，二者不可偏废。最后，坚持创新驱动。创新可以从两方面入手：一是从调研入手，发现新问题、新情况，提出新观点、新对策；二是从写法入手，如在多级标题、篇章结构、典型实例等方面求新。

第二，在内容层面。首先，制作简明、精美的可视化图表。一份精心设计的可视化图表在展示复杂的法律关系、理顺繁冗的业务脉络时往往能发挥事半功倍的效果，故可适时使用。其次，提出可行的解决方案。律师在写作时不能只负责抛出问题，而应提出一套甚至多套既“接地气”又有创意的解决方案。最后，注意保密。律师在做一些敏感且重要的涉密项目时要有保密的意识，对委托人承担保密责任。在涉密项目中，律师不仅要对调查收集而来的资料予以保密，而且对自己撰写的研究报告也须严格保密，否则会给各方造成被动的局面。

第三，在语言层面。律师若把研究报告写得过于学理化，恐会给委托人带来理解上的困难，故应避免将研究报告写成学究气过浓的学术论文，追求文字的深入浅出、言近旨远。律师若写得过于叙述化，容易产生论述、分析不够深入的不佳效果，故“应尽量避免用新闻报道、娓娓道来讲故事的方式撰写调研报告”。[1]总之，律师使用的语言风格宜最大程度地符合委托人的阅读习惯，用委托人惯用的话语体系展现法律逻辑，体现法理深度。

---

〔1〕 刘哲：《从调查研究到调研报告：如何成为调研报告写作高手》，人民邮电出版社 2024 年版，第 213 页。

后　记

一

2011 年，我在读本科二年级时，时任杭州市西湖区政府法制办主任的陈建华老师给我上过一个学期的政府法律实务课。陈老师知识渊博、亲切幽默、毫无架子，我很喜欢他的课。

从那时起，我就和陈老师保持着非常密切的来往，我们逐渐成为一对非常投缘的忘年交。他是一位极其热心且无私的法律界前辈，乐于提携后辈，诲人不倦。每遇难题，我总会及时向他请教。他也总是很耐心地娓娓道来，直入人心。他不仅对我如此，对待我的朋友甚至一些陌生人也是这样。只要在他的能力范围内，他总是愿意助人，不求回报。

我曾在《法治日报》（2023 年 9 月 3 日，第 8 版）发表过一篇小文《自然之事》，我与陈老师的缘分，以及对他的感情，在这篇小文中已有所体现：

> 今天下午，我的一位当律师的学生到某司法局去交

一份材料。临走前，我叮嘱他，我读大学时的授课恩师陈建华老师在司法局当局长，如果真遇到麻烦，可以直接去请教他。

傍晚，学生回来，说他遇到陈老师了，我很感兴趣地打听这段经历。

学生说他到司法局后，收材料的工作人员恰去开会了，他只得在门口等着。等着等着，一位头发银白的长者招呼他去办公室坐一会儿，给他倒了一杯水，很亲切地与他交谈："当律师不能心急，切忌过于功利，不要受如今社会上'卷'的氛围影响，要一步一步往前走，走得认真，走得踏实。我相信你们这代人肯定比我们这代人聪明，见识也比我们那时候广，所以在工作初期不要急着去想创收，学好本领，该来的总会来的。"

陈老师一直视我为令他骄傲的学生，如今他对我的学生也是这般关心与温暖，我很感激。

但学生说他坐在办公室时不知道这位长者是局长，因为办公室的门上只有房间号，没有"局长"的标牌。长者也没有介绍自己，学生自然也就没有表明我和局长的这层师生关系。直到走出办公室时，才听到有人称这位长者为"局长"。

听罢，我既惊讶，又感动。

惊讶的是，陈老师是圈内公认的大忙人，平时我给他打电话，大部分的时候他都没法接听，而要在微信里回复我"开会，稍后联系"或"在忙，晚点联系"。这样一位大忙人竟然能请一位陌生的年轻人进办公室喝水、聊天，的确让我感到意外。

感动在于，陈老师一直是如此真诚地善待年轻人的。我读书那会儿，他就特别善聊，很多学生都喜欢课间、课后围着他聊天。我和陈老师第一次正式聊天，就是课后我和几位同学送他出教室、下楼、走上车的十几分钟内，他记住我了。那时我才读大二，他没有觉得彼时我的话语很幼稚，而是一直笑眯眯的，就像今天他和我的学生聊天时也是一直微笑着，学生说他的模样和蔼可亲。

往后的岁月里，我都喜欢找他聊天。2022年秋季的一天深夜，我下决心去高校任教，便给陈老师打电话，征求他的意见，他在电话那头坚定地对我说："遵从内心，做真实的自己。"

我曾把一位性格内向、不善言辞的师弟引荐给陈老师，没想到接下去的一年，陈老师每次去学校上课，竟都带着这位师弟！渐渐地，他俩也成了忘年交。当我再见到学弟时，真感觉他的性格开朗多了。

再后来，陈老师转岗至司法局，不仅继续以兼职教授身份在学校上课，几十年如一日，与更多的学生交谈，而且精心安排了很多平台和场合，与青年律师们交流，带着他们到外面去见世面，边看边聊。

学生离开后，我给陈老师打电话，想表达谢意。他没接，微信回复我："开会，稍后联系。"

傍晚，他给我回电话，我谈了对下午发生之事的感受，他在电话那头笑着说："就是要善待年轻人，让这些刚出校门的年轻人感受到社会的温暖，而不是冷冰冰的；既然来了司法局，就要让他们感觉是到了'娘家'，而且'娘家'是关心他们的。就像今天那么热，就不要在门口干等着了，进来坐一会儿，喝杯水，这都是很自然的事。”

由此，陈老师是我十分尊敬的一位师长。

二

几年前，我曾当面建议陈老师，他在浙大城市学院法学院开设政府法律实务这门课十余年了，想必授课体系和内容已比较完善，故城院师生有条件将他的授课精华转化成规范的文字，结集成书，予以出版。其间，陈老师亦常在浙江工商大学法学院授课，我又建议该院的师生完成该项目。可惜，未果。

今年年初，我的研究生狄佩宇向我提出想去基层司法行政机关实习。佩宇是一位非常勤奋、好学、负责的学生，跟我做过几个规模较大的科研项目，接受过比较规范的科研训练。我便想到，与陈老师一道制作《政府法律实务讲义》这本书的时机到了。我遂安排佩宇赴杭州市西湖区司法局实习，并诚挚地希望陈老师亲自指导，他欣然应允。实习期间，佩宇有机会与陈老师近距离接触，遂成为编写本书的骨干力量。张驰翔是从我校毕业的优秀本科生，现已顺利保研至西南政法大学，今年春节过后，他来到浙江金道律师事务所实习，与我见面的频率增多，我很欣赏他的文字能力，便请他配合佩宇一起承担本书的一些基础性工作。除此之外，我的学生徐晓阳、罗浩、褚亮、赵昕阳、郑泽煜等均参与了本书的相关工作，发挥了各自的才能，在这个过程中受益良多。

需要说明，本书附录一收录了5篇行政诉讼案例评析，这5篇案例均是在浙江省高级人民法院行政审判庭原资深法官惠忆老师的悉心指导下写就的。2013年夏天，我很幸运地在本科毕业后的那个暑假跟着惠老师实习。他带我审理的第一个案件是范某某诉浙江省嘉善县人民政府环保行政复议案，并指导我以该案为基础写作《信访投诉与行政履职申请之甄别》一文，后该文发表在浙江省高级人民法院编的《案例指导》（2014 年卷，中国法制出版社 2015 年版）。该案成为最高人民法院于 2014 年 2 月 18 日公布的人民法院保障民生典型案例之一，刊载于《最高人民法院公报》2014 年第 10 期，获评浙江省法院优秀案例。这个学习行政诉讼法律实务的高起点极大地增强了我的研究信心。之后几年，我们俩陆续在《浙江审判》《人民法院报》等业界知名期刊、报纸上发表了《环评复议案件复议申请人资格的司法审查》《小区业主公共利益与个人合法权益的甄别》《正当程序原则在行政程序中的独立价值》等文章，它们成为我重要的研究成果。现将 5 篇案例收录本书，既是为了与本书第八章行政诉讼的相关内容相呼应，也作为我十余年来向惠老师求学的宝贵纪念。作为惠老师多年老友的陈建华老师也乐于见到这样的安排。

还要介绍我和浙江省民族宗教事务委员会副主任、党组成员、一级巡视员陈振华老师的师生缘。与陈老师结缘 5 年有余了，我几乎不称他“陈主任”，而是惯称“陈老师”。因为他早年任职于嘉兴学院，后常年担任浙江大学紫领计划导师，是一位资深师长。我在从事专职律师工作时就有幸成为省民宗委的法律顾问，陈老师一直在委里分管政策法规工作，但他没有领导架子，习惯亲自接待、亲自听取汇报、亲自改稿、亲自布置工作。几次遇到摔伤、发烧等身体欠佳的情况，他都是匆匆去完医院后便抱病投入工作。从陈老师身上可以看到，作为一名领导干部，必须工作思路清、领导艺术高、工作态度勤、业务素质精、担当意识强、为人处世正。这又何尝不是一种广义的政府法律实务呢？自两年前我入职浙江理工大学后，便将教学科研摆在工作的首位。陈老师则是不遗余力地支持我的科研工作，他不仅亲自指导我研究多个省部级课题，而且亲自安排我赴省民宗委锻炼学习以便开展相关的研究。尤其令我感动的是，在近一年的时间里，陈老师于百忙之中与我合作了两篇论文《浙江省宗教领域行政执法“大综合一体化”改革的探索实践》《浙江省宗教领域纳入“大综合一体化”行政执法改革的理论与实践》，均发表在《中国宗教》。借将两篇论文融入本书第五章之机，向陈老师致以最诚挚的敬意，感谢他为我描绘了为人师者大写的模样。

三

写到这里，不禁感叹，良师在年轻学子的成长过程中是多么重要。我是如此幸运，不仅师从多位学界名师，而且还能结识如陈建华老师、惠忆老师、陈振华老师这般乐于提携后辈的实务界师长，他们仨是我十五余年来学习政府法律实务最重要的三位授业老师，是我一生的恩师。

十四年前，我因上过陈老师的政府法律实务课程，有幸与他结缘，从他身上学习善良、勤学和谈吐，并为本书的出版埋下了深刻的伏笔。如今，我组织学生们编写本书，出版这本沉甸甸的作品，他们无疑是幸运的，因为他们不仅能从陈老师的授课实录中汲取知识，而且可以从他的为人处世中有所感悟。

我坚定地认为，成就学生是人民教师最大的志业。基于此，教师指导学生的职责绝不仅限于知识的传授，还须带领学生们走出去，增加他们的阅历，开阔他们的眼界，将优质的文字书写在丰沃的实践土壤上。我希望这段难得的经历能够锻炼他们的能力，给他们信心；这份厚重的成果能够滋养他们的心境，给他们底气。

我更希望学生们能够将这般正能量传递下去，不断惠及后学之人。

谨以本书向从事法律实务工作近四十年、从教近二十年的陈建华兼职教授致敬，并祝福我的学生们！

赵青航

2025 年 5 月 10 日于浙江理工大学